Hermenêutica e ciência social

FUNDAÇÃO EDITORA DA UNESP

Presidente do Conselho Curador
Mário Sérgio Vasconcelos

Diretor-Presidente / Publisher
Jézio Hernani Bomfim Gutierre

Superintendente Administrativo e Financeiro
William de Souza Agostinho

Conselho Editorial Acadêmico
Divino José da Silva
Luís Antônio Francisco de Souza
Marcelo dos Santos Pereira
Patricia Porchat Pereira da Silva Knudsen
Paulo Celso Moura
Ricardo D'Elia Matheus
Sandra Aparecida Ferreira
Tatiana Noronha de Souza
Trajano Sardenberg
Valéria dos Santos Guimarães

Editores-Adjuntos
Anderson Nobara
Leandro Rodrigues

Zygmunt Bauman

Hermenêutica e ciência social
Abordagens da compreensão

Tradução
Fernando Santos

Título original: *Hermeneutics and Social Science: Approaches to Understanding*

© 1978 Zygmunt Bauman
Todos os direitos reservados. Tradução autorizada da edição em língua inglesa publicada pela Routledge, membro da Taylor & Francis Group.
© 2022 Editora Unesp

Direitos de publicação reservados à:
Fundação Editora da Unesp (FEU)
Praça da Sé, 108
01001-900 – São Paulo – SP
Tel.: (0xx11) 3242-7171
Fax: (0xx11) 3242-7172
www.editoraunesp.com.br
www.livrariaunesp.com.br
atendimento.editora@unesp.br

Dados Internacionais de Catalogação na Publicação (CIP) de acordo com ISBD
Elaborado por Vagner Rodolfo da Silva – CRB-8/9410

B347h

Bauman, Zygmunt
    Hermenêutica e ciência social: abordagens da compreensão / Zygmunt Bauman; traduzido por Fernando Santos. – São Paulo: Editora Unesp, 2022.

    Inclui bibliografia.
    ISBN: 978-65-5711-133-8

    1. Filosofia. 2. Hermenêutica. 3. Ciência social. 4. Zygmunt Bauman. I. Santos, Fernando. III. Título.

2022-2137   CDD 100
                             CDU 1

Editora afiliada:

Sumário

Introdução – O desafio da hermenêutica   7

1   A ascensão da hermenêutica   29
2   A compreensão como obra da história: Karl Marx   65
3   A compreensão como obra da história: Max Weber   95
4   A compreensão como obra da história: Karl Mannheim   123
5   A compreensão como obra da razão: Edmund Husserl   155
6   A compreensão como obra da razão: Talcott Parsons   183
7   A compreensão como obra da vida: Martin Heidegger   207
8   A compreensão como obra da vida: de Schütz à etnometodologia   241
9   A compreensão como a expansão da forma de vida   273
10   Consenso e verdade   317

Referências bibliográficas   347
Índice remissivo   355

Introdução
O desafio da hermenêutica

Este livro se preocupa com as diversas respostas da ciência social ao desafio da hermenêutica.

A hermenêutica (do grego *hermēneutikós*, "relacionado à explicação"; o termo "explicação" é usado aqui no sentido de "esclarecimento", de tornar o obscuro evidente, o confuso claro) foi, durante muitos séculos, uma subdisciplina da filologia. Como a maior parte dos textos considerados essenciais no mundo cristão estavam disponíveis em versões contraditórias, apresentando sinais de desleixo e desatenção numa sequência infinita de copistas anônimos, a questão da autenticidade, da versão verdadeira *versus* as versões distorcidas, se tornaria a principal preocupação dos eruditos. A hermenêutica foi desenvolvida originalmente para resolver essa questão. Empregando principalmente métodos filológicos, ela se ocupou do escrutínio crítico de textos contraditórios, com a retomada da versão autêntica – do "verdadeiro significado" do documento – como seu objetivo supremo. À época, considerava-se que recuperar o verdadeiro significado equivalia demonstrar a autenticidade do texto. Por motivos óbvios, a historiografia foi o cliente mais entusiasta e agradecido da hermenêutica.

Foi no século XVI que a hermenêutica emergiu da relativa obscuridade e rapidamente passou a ocupar o centro do debate acadêmico. Sua importância repentina se deveu à disputa entre católicos e protestantes a respeito do texto autêntico da Bíblia e àquilo que era considerado basicamente o mesmo problema, ou seja, o verdadeiro significado da sua mensagem. A urgência prática da questão, que tinha adquirido muito mais que uma mera importância técnica, fez com que a hermenêutica passasse a ocupar um lugar fundamental nas humanidades. A "crítica filológica" atraiu os historiadores e filósofos mais brilhantes e criativos. Seu prestígio foi potencializado por meio de uma série impressionante de feitos indiscutíveis (que remontam a Lorenzo Valla) ao revelar a falsidade de documentos cuja autenticidade não fora questionada durante séculos. A hermenêutica elevou a crítica das fontes históricas ao grau de conhecimento sistemático. Como tal, ela se tornou, e permaneceu, um ramo indispensável da historiografia, mesmo quando seus motivos iniciais perderam grande parte da urgência. Por motivos diferentes, embora evidentes, seu refinamento técnico também foi estimulado pela preocupação dos juristas com a interpretação da lei.

Não foi nessa qualidade, contudo, que a hermenêutica se tornou um desafio para as ciências sociais em geral, e a sociologia em particular. Enquanto a tarefa de "esclarecer" que a hermenêutica estabeleceu para si foi vista, acima de tudo, como uma busca pela mensagem original e não distorcida das fontes escritas, ela foi considerada, corretamente, como uma simples ferramenta, ainda que poderosa e indispensável. Uma ferramenta ajuda a resolver problemas; ela não os cria. No final do século XVIII, porém, ocorreu uma mudança decisiva. A reflexão filosófica sobre a atividade e os resultados da hermenêutica ultrapassou a mera crítica de textos e começou a fazer perguntas difíceis a respeito da natureza e dos objetivos do conhecimento histórico como tal; na verdade, do conhecimento social em geral.

Introdução: o desafio da hermenêutica

Lenta e, no começo, imperceptivelmente, o sentido atribuído ao significado buscado pela investigação hermenêutica começou a mudar. Os textos com os quais a antiga hermenêutica se ocupava eram frequentemente anônimos; mesmo se o nome de um autor tivesse sido ligado a eles, eles adquiriam suficiente valor próprio através dos séculos para torná-los, em grande medida, independentes de seus criadores. O conhecimento disponível sobre a vida dos autores genuínos ou putativos era, no geral, ainda menos confiável que os textos existentes e dificilmente poderia ajudar a esclarecê-los. Uma concentração quase total no próprio texto, como o único guia para o seu significado, era a resposta mais evidente. A filologia, não a psicologia, era a estrutura óbvia para a busca da autenticidade.

Talvez a harmonia fundamental entre a tarefa assim definida e a predisposição cognitiva da época fosse ainda mais importante. A percepção do autor como o legítimo "dono" de suas ideias estava apenas começando a atrair a atenção. Os artistas ainda eram considerados artesãos guiados pelas regras anônimas da corporação, não por sentimentos e visões individuais e "privados". Em meados do século XVIII assistiu-se a um renascimento genuíno da estética clássica – com sua ênfase na própria obra de arte, em sua forma e estrutura, sua harmonia e sua lógica inerente – e a um total desinteresse pelas intenções do autor. Para Winckelmann, de longe o mais influente teórico do período, a beleza – esse significado recôndito da obra de arte – tinha a ver com as proporções internas do produto artístico; o produto não podia transmitir nenhuma informação além da contida em sua forma acabada. Essa estética não tinha lugar para a personalidade do autor; ela considerava ruim qualquer arte que ostentasse de maneira visível demais uma marca da individualidade de seu autor. A teoria da arte de Winckelman, e, na verdade, a opinião esclarecida de seu tempo, partilhava a visão pré-kantiana crédula e excessivamente confiante do conhecimento em geral – como um reflexo engenhoso do mundo "tal como ele é".

Introdução: o desafio da hermenêutica

A descoberta de Kant com relação ao papel decisivo do sujeito em todo processo cognitivo (que veio, ela mesma, na esteira do estabelecimento sociopolítico do indivíduo como o único dono legítimo de tudo que estivesse relacionado à sua identidade social) logo foi seguida pela descoberta do artista por trás de toda obra de arte, uma personalidade pensante e sensível por trás de cada criação. Para descobrir o significado de uma obra de arte, escreveu W. H. Wackenroder em 1797, era preciso contemplar o artista em vez de seus produtos a ponto de "aceitar toda a sua individualidade específica". Pouco tempo depois, Novalis mencionou, confiante, o "universo interior" do artista cuja representação é a obra de arte. Nas palavras de Shelley, o artista se transforma no "legislador do mundo". Com a liberdade pessoal se tornando rapidamente o cânone inviolável da nova estética (como, de fato, da visão de mundo dominante da nova era), não havia muito interesse em procurar por significado no texto enquanto se ignorava o autor. Com os autores retomando a posse de seus textos, foi negado aos leitores o direito de opinar.

A nova imagem do artista e de sua obra (como, de fato, de toda criação humana) ficou registrada na história intelectual do Ocidente com o nome de Romantismo. Embora as teorias artísticas do Romantismo sobrevivessem com dificuldade aos vigorosos movimentos poéticos e artístico-visuais que elas acompanharam, tiveram efeitos duradouros nos eventos posteriores das ciências sociais. Em particular, elas ajudaram na transformação decisiva do tema e da estratégia da hermenêutica.

Foi o Romantismo que descobriu que a obra de arte (como a criação humana em geral) era, acima de tudo, um sistema dotado de propósito. O texto, a pintura e a escultura passaram a ser vistos como a encarnação de ideias que, embora representadas no resultado, não se esgotavam nele. Somente na experiência do artista é que elas estavam em plena consonância, e, se fosse possível descobri-las, era ali que isso poderia ocorrer. Subitamente, a obra de arte pareceu menos importante como um reflexo da realidade "lá de fora" do que

Introdução: o desafio da hermenêutica

um reflexo de uma intenção do autor, de seus pensamentos e emoções. Ficou evidente que o significado genuíno do texto não podia ser encontrado por meio da análise imanente. Era preciso ir além do texto. Para que seu o verdadeiro significado não lhe escapasse, o leitor deveria examinar as profundezas impenetráveis da experiência espiritual do autor. Nesse esforço, o leitor não poderia ser guiado por regras rígidas e estáveis. Existem poucas leis de uniformidade no ato de criação; a obra de arte adquire seu valor a partir da individualidade, da singularidade e da irregularidade da experiência da qual ela se origina. A menos que o leitor fosse capaz de uma experiência similar, o significado da arte permaneceria para sempre um livro fechado para ele. Para compreender o significado, o leitor tinha de usar sua imaginação e se assegurar de que ela fosse suficientemente rica e flexível para ser realmente proporcional à do artista.

Para permanecer fiel à sua tarefa, a hermenêutica tinha agora de estender suas preocupações para além da descrição fidedigna e da análise estrutural do texto. Ela tinha de interpretar, de avançar hipóteses relacionadas ao significado oculto do texto. O próprio texto só poderia aconselhar o leitor quanto à plausibilidade da sua interpretação; ele não poderia oferecer uma prova conclusiva de que a escolha tinha sido correta. Certamente, era possível determinar se as descrições eram verdadeiras ou falsas; mas, na melhor das hipóteses, era possível falar da "plausibilidade" ou da "implausibilidade" das interpretações. Os métodos da filologia, tão úteis no teste de autenticidade, não bastavam quando se entendia que o verdadeiro significado estava situado em algum lugar "debaixo" do texto propriamente dito, de uma natureza completamente diferente do próprio texto. A crítica filológica continuou sendo um elemento fundamental da hermenêutica, embora com um *status* secundário. A principal preocupação da hermenêutica se deslocou para a verdadeira área "fronteiriça", a interpretação do significado. As questões metodológicas surgidas ali apresentaram dificuldades jamais confrontadas antes, e que ameaçaram abalar os próprios fundamentos da ciência social.

Introdução: o desafio da hermenêutica

A ciência social se desenvolveu, durante todo o século XIX e em grande parte do século XX, "à sombra dos triunfos da ciência natural".[1] Esses triunfos foram espetaculares e convincentes. No deslumbrante esplendor dos feitos tecnológicos pelas quais a ciência natural reivindicava crédito, com razão, e das quais ela extraiu estoques sempre renovados de confiança, mal se percebiam cantos escuros de dúvida. Os pregadores da nova ciência social, feita sob medida para a nova era autoconfiante, sonharam imitar, no conhecimento social, "o mesmo tipo de esclarecimento impressionante e poder explicativo produzido pelas ciências da natureza".[2]

As evidentes conquistas da ciência natural eram incontestáveis e inebriantes demais para que seus partidários perdessem tempo em achar defeitos – ou, na verdade, em refletir sobre a adequação da abordagem dos cientistas naturais para o estudo da vida social. A época também não era propícia (pelo menos no início) para refletir sobre a natureza precisa e os limites intrínsecos do "método científico" enquanto tal; os filósofos da ciência não chegaram nem perto do nível de sutileza e autoconsciência alcançado muito depois por filósofos da ciência como Bachelard ou Popper. Era uma época exuberante, e a autoimagem otimista que condiz com tal época não admitia obstáculos ao controle do mundo pelo ser humano senão os erigidos temporariamente pela indolência pecaminosa da inventividade e do engenho humanos.

Uma característica, que até mesmo o olhar mais superficial para a história de sucesso natural-científico revelava, era a ausência impressionante nos relatos científicos da categoria de "propósito". A ciência natural desenvolveu gradualmente uma linguagem na qual descrições exaustivas podiam ser feitas sem nenhuma referência a "vontade", "propósito", "intenção". Esse novo atributo da linguagem científica tinha sido expresso por Comte como a substituição

---

[1] Giddens, *New Rules of Sociological Method*, p.12.
[2] Ibid., p.13.

do "teológico" ou "metafísico" pelo "positivo"; a maioria, que desconhecia a terminologia de Comte, falaria de triunfo da sobriedade secular sobre a ilusão religiosa. Não que o cientista natural tivesse de ser agnóstico para produzir resultados científicos; mas seus resultados eram científicos na medida em que se referiam ao "que tinha de acontecer" e não davam espaço a um "propósito divino" essencialmente voluntarista que, em princípio, poderia privar os fenômenos da sua regularidade observada e registrada. A ciência natural quase podia ser definida pela ausência de milagres e, na verdade, de qualquer coisa bizarra e extraordinária indicativa de um sujeito consciente, deliberante, maquinador e intencionado. Nessa abordagem, a "compreensão" dos fenômenos se transformava em "explicação". Sem "significado", no sentido de propósito, "compreensão", isto é, apreensão intelectual da lógica dos fenômenos, era o mesmo que "explicação", isto é, demonstração das regras gerais e das condições específicas que tornavam a ocorrência de determinados fenômenos inevitável. Só esse tipo de "compreensão" parecia compatível com uma ciência da sociedade que desejava rivalizar com as realizações magníficas da ciência da natureza.

A hermenêutica, inspirada pela visão romântica da criação, representou um sério desafio para este conceito emergente de uma "ciência natural do social". Na verdade, ela questionou a própria possibilidade de que pudéssemos purificar nosso conhecimento do social afastando a consideração de propósito. Sim, deveríamos parar de buscar em vão a "intenção" e o "objetivo" na natureza; se havia tal motivo e tal objetivo, em primeiro lugar ele não seria nosso, humano – e, portanto, era inútil esperar que fôssemos capazes de compreendê-lo um dia. Isto, no entanto não se aplica às questões humanas. Neste caso, a presença da intenção e dos objetivos é inquestionável. Os homens e as mulheres fazem o que fazem de propósito. Os fenômenos sociais, por serem basicamente atos de homens e mulheres, pedem para serem compreendidos de uma forma diferente da mera explicação. Sua compreensão deve conter um elemento ausente da explicação dos fenômenos naturais: a recuperação do propósito, da intenção, da configuração ímpar de pensamentos e sentimentos que precedeu um fenômeno social e encontrou sua única manifestação, imperfeita e incompleta, nas consequências observáveis da ação. Compreender um ato humano, portanto, era compreender o significado com o qual a intenção do autor o investiu; como se podia perceber facilmente, uma tarefa essencialmente diferente daquela da ciência natural.

Quem quer que concordasse com essa proposta de hermenêutica era confrontado imediatamente com uma série de dificuldades básicas. A mais persistente era a dúvida legítima de que o estudo do social pudesse um dia alcançar o nível de precisão e exatidão, o "poder explicativo", que passara a ser associado à ciência. A imagem romântica da obra de arte serviu de exemplo para o modelo de ação social em geral; os atos de escrever e ler, de agir e de interpretar a ação, pareciam pertencer à mesma família e ostentar uma convincente imagem de família. Compreender a obra de arte era recuperar a intenção do artista, um trabalho artístico em si mesmo; interpretar qualquer ato humano era recriar a teia de motivos e intenções do agente. Ambos os casos exigiam, acima de tudo, forjar a afinidade em experiência compartilhada, uma espécie de autoidentificação empática com outro ser humano. Tal como o ato essencialmente voluntarista e orientado pela intenção a ser compreendido, a empatia criadora que provocaria tal compreensão não podia ser reduzida a um conjunto de regras que eliminasse o papel desempenhado pelo propósito subjetivo e por decisões subordinadas ao propósito. Portanto, a compreensão era uma arte, e não uma ciência.

A natureza artística, e não científica, da compreensão era um obstáculo natural para o consenso de interpretações, uma primeira etapa essencial na construção de uma atividade comunitária chamada ciência. Mesmo durante os períodos de ruptura e discordância que pontuam a história de cada ciência, seus praticantes podem obter consolo e confiança na crença de que existem, ou podem ser

Introdução: o desafio da hermenêutica

descobertas, algumas regras específicas de conduta que controlarão o acordo comunitário e, por meio disso, assegurarão o consenso comunitário quanto ao resultado. A intenção dessas regras não combina bem com a imagem da criação artística. Diante da necessidade de optar entre diversas interpretações concorrentes, os praticantes da hermenêutica não podiam se referir tranquilamente a regras impessoais que podiam controlar inteiramente um ato pessoal de *insight* empático e de autoidentificação. Aparentemente, a formação do consenso interpretativo apresentou complicações sem precedentes na ciência da natureza.

Essa dificuldade, considerável por si só, representou um contratempo relativamente secundário comparado à complexidade da questão da verdade. A imagem de ciência do século XIX ia além do objetivo de alcançar um consenso de que resultados específicos eram válidos "para além da dúvida razoável". Um elemento fundamental da imagem, e uma razão importante do prestígio desfrutado pela ciência natural, era que a validade dos resultados tivesse uma base mais sólida e duradoura que o consenso dos praticantes contemporâneos da ciência; em outras palavras, que as regras que fundamentam um consenso aqui e agora também possam sustentar uma esperança razoável de que os resultados sejam conclusivos e definitivos. Os resultados da ciência natural eram considerados, em princípio, não apenas como universalmente aceitos, mas como verdadeiros, isto é, provavelmente aceitos para sempre. Essa crença se baseava na impessoalidade laboriosamente observada das operações, que levavam, de um modo comunitariamente controlado, à formulação dos resultados. Por mais importante que seja o papel do gênio e do *insight* individuais, do acidente afortunado ou do lampejo de inspiração na *formulação* da nova ideia, deveria haver um conjunto de regras universais (que não dependiam especificamente de fatores únicos e pessoais) utilizado para *validar* a pretensão da ideia ao *status* de verdade. A ciência era vista como uma atividade legal-racional, portanto, impessoal e democrática. A descoberta era uma questão de genialidade ou de talento, mas a validação se baseava em regras que podiam ser aplicadas por todos aqueles que dominavam as práticas acessíveis publicamente, as quais, consequentemente, evitavam as diferenças decorrentes da personalidade dos cientistas. Portanto, a validação era completamente impessoal; como os fatores pessoais não intervinham nesse processo, não havia por que duvidar de que tudo que tivesse sido validado permaneceria válido durante várias gerações de especialistas.

Era óbvio, contudo, que a validação das interpretações do significado não podia ser elevada facilmente ao nível da impessoalidade ou, na verdade, da almejada atemporalidade alcançada pelas descobertas da ciência natural. Para a hermenêutica, a "compreensão" consistia numa espécie de "união espiritual" do escritor e do leitor, do agente e de seu intérprete. A união, fosse ela realizável ou não, era obrigada a partir de uma posição histórica e biográfica específica, sempre única, até certo ponto. Mesmo se os intérpretes pudessem encontrar os meios para neutralizar as diferenças pessoais entre eles, ainda permaneceriam "historicamente circundados" pelo volume e pelo tipo de experiência que a tradição lhes disponibilizava. O consenso, portanto, não assegurava a verdade. Os recursos utilizados para validar as suas interpretações podiam, no máximo, ser impessoais somente dentro do período histórico determinado. Nesse caso, a impessoalidade não era equivalente à atemporalidade. Pelo contrário: a impessoalidade do ato de interpretação (e, consequentemente, a possibilidade de um consenso entre intérpretes) só podia ser concebida se estivesse baseada na participação compartilhada dos intérpretes na mesma tradição histórica, no fato de eles extraírem recursos do mesmo reservatório de experiências históricas comuns. Parecia que o consenso só podia ser temporário, vinculado à tradição e, portanto, organicamente incapaz de satisfazer os critérios de verdade. Sua própria base de realização e validação, enquanto consenso, impedia que ele fosse tratado como atemporal e conclusivo.

Em suma: o desafio da hermenêutica à ideia de que as ciências sociais deveriam estar à altura dos padrões de irrefutabilidade e autoridade das ciências naturais compunha-se de dois problemas: o do consenso e o da verdade. Consequentemente, a ciência social, ao reivindicar seu *status* de ciência, era obrigada a provar que suas regras de consenso e seus critérios de verdade para a interpretação do significado podiam alcançar uma irrefutabilidade comparável à alcançada no estudo da natureza. Este livro se dedica a discutir as tentativas mais célebres de apresentar essa prova.

Na verdade, os esforços contínuos para se esquivar do desafio da hermenêutica não esgotam a história da sociologia. Uma poderosa corrente no interior da ciência social (predominante no século XIX, mas de modo algum marginal no século XX) ou ignora o desafio ou teima em minimizar sua gravidade. Essa corrente retira sua confiança do pressuposto de que não existe nenhuma diferença significativa entre as situações nas quais as ciências natural e social atuam. A defesa desse pressuposto é feita com base em um destes dois fundamentos: que "significados subjetivos", intenções, motivos e experiências "internas" similares não são acessíveis à observação, e, portanto, devem ser deixados de fora do estudo científico, cujo único objeto legítimo é o comportamento observável; ou que os fatores subjetivos não apresentam nenhum problema metodológico próprio, já que podem ser inteiramente reduzidos a fenômenos externos, passíveis de tratamento científico normal. O direito de recusar o desafio da hermenêutica é justificado pela visão de que o aspecto subjetivo da vida social não apresenta nenhum problema especial ao estudo científico ou – na medida em que apresente – deve ser deixado no lugar que lhe cabe, na esfera da poesia ou da filosofia. Este livro não se propõe a tratar da escola sociológica que tem origem nessa postura. Só foram selecionados para análise os pontos de vista que admitem que o aspecto subjetivo dos fenômenos sociais, diferentemente dos naturais, apresenta de fato um problema extremamente complexo, mas que, no entanto, esperam encontrar uma

Introdução: o desafio da hermenêutica

solução que neutralize seu impacto ou reconcilie a ciência social com seu destino inescapável: a necessidade de ficar presa à tradição e fazer afirmações reconhecidamente relativas e temporárias. Esses pontos de vista consideram que a relatividade do conhecimento é um problema particularmente agudo no estudo do social.

O efeito involuntário dos meus critérios de seleção é que este livro favorece ideias desenvolvidas dentro da tradição intelectual predominantemente germânica, dedicando relativamente menos atenção aos franceses. Os criadores franceses da moderna ciência social deram pouca atenção à peculiaridade da realidade social enquanto condicionada pelo caráter subjetivo da ação social, ficaram extremamente indiferentes à complexidade resultante da estratégia de pesquisa. Eles permaneceram surpreendentemente desinteressados pelos profundos exames de consciência da hermenêutica filosófica; na verdade, é possível acompanhar o desenvolvimento da sociologia francesa de Saint-Simon a Durkheim, Halbwachs ou mesmo Mauss enquanto se desconsidera a presença, do outro lado do Reno, das preocupações que a tradição hermenêutica obrigou os cientistas sociais a considerá-las como suas. Nem Comte nem Durkheim, nem o mais célebre de seus herdeiros, estavam seriamente preocupados com o perigo da relatividade no estudo do social; e estavam ainda menos dispostos a suspeitar que a relatividade poderia ser uma doença crônica resistente a todos os remédios conhecidos. Acreditando que os fatos sociais são "coisas" como todas as outras, isto é, que eles existem por si mesmos "lá fora" como entidades reais, fora do âmbito da experiência individual, eles concluíram naturalmente que: primeiro, podemos estudar as realidades sociais sem considerar necessariamente os processos de sua produção social; e, segundo, quem quer que faça esse estudo com método e aplicação adequados certamente chegará aos mesmos resultados. Afinal de contas, era assim que a atividade das ciências naturais era vista no século XIX. Fiéis à inabalável tradição racionalista francesa, eles consideravam o conhecimento como sendo, acima de tudo (se não exclusivamente), uma questão de método e de sua aplicação sistemática.

Introdução: o desafio da hermenêutica

A razão cognoscente e o objeto de seu escrutínio não eram feitos do mesmo material nem estavam sujeitos às mesmas leis. Autônoma e atendo-se apenas às regras da lógica, a razão (incluindo sua marca sociológica) era considerada, em geral, imune aos limites históricos, ou a outras restrições (na verdade, à concretude histórica), típicos de seu objeto. Em suma, a razão não fazia parte da realidade social que ela estava empenhada em estudar.

Este era, precisamente, o pressuposto recusado pela tradição intelectual germânica, na qual as reflexões sobre a atividade e os problemas hermenêuticos desempenharam um papel predominante. Nela, a interpretação da realidade social se revelou como um diálogo entre uma época histórica e outra, ou entre uma tradição assentada na comunidade e outra; mesmo um estudo "interno" e imanente da própria realidade social de alguém era considerado, portanto, como um caso particular da atividade de compreensão ligada à tradição. Para qualquer pessoa preocupada em alcançar um conhecimento objetivamente válido, o relativismo era um perigo real que não podia ser afastado simplesmente descartando os métodos errados ou com ceticismo em relação a pressupostos e "evidências" não controlados. Os dois participantes da conversa chamada "compreensão" ou "interpretação" eram historicamente específicos e ligados à tradição, e o estudo do social só podia ser visto como um processo contínuo de reavaliação e recapitulação, não como um passo audacioso da ignorância para a verdade. Numa caracterização excelente feita por Isaiah Berlin, a Alemanha, durante o período romântico, defendia que as formas humanas de vida

podiam ser sentidas, ou intuídas, ou compreendidas por uma espécie de conhecimento direto; elas não podiam ser divididas em pedaços e reagrupadas, mesmo em pensamento, como um mecanismo composto de partes isoláveis submetido a leis causais universais e inalteráveis.

Devido a contingências de sua própria história, que remontavam pelo menos à Reforma, os pensadores alemães do período "estavam extremamente conscientes das diferenças entre o seu mundo e o universalismo e racionalismo profundamente incrustado no ponto de vista das civilizações a oeste do Reno".[3]

É possível demonstrar que a antiga disciplina técnica da hermenêutica recebera sua nova profundidade filosófica e relevância teórica principalmente por meio da influente visão da filosofia de Hegel. Antes de Hegel, nenhum sistema filosófico chegou perto de condensar razão e seus objetos, conhecimento e história numa unidade monolítica de forma tão bem-sucedida como ele; nem de apresentar a separação e a oposição entre eles como simplesmente um momento do desenvolvimento, a ser superado com o decorrer da história. Na filosofia de Hegel, a consciência de cada período histórico é uma etapa no progresso da razão, que passa a conhecer a si e se descobre gradualmente como a única "essência" do ser: "Todo o processo da História [...] dirige-se no sentido de tornar esse impulso inconsciente em consciente". Por meio das ações históricas dos povos, a Razão "se completa numa totalidade autocompreensiva". O esforço dirigido à autocompreensão é, ao mesmo tempo, a consumação da Razão.[4] A história e a sua compreensão se tornam essencialmente o mesmo processo; a compreensão do passado, o esforço para penetrar e captar o significado das ações humanas é, ele mesmo, história. Atuando como um agente dessa compreensão, o historiador está sujeito à lógica da história. Ele não tem nenhuma base transcendental a partir da qual possa contemplar o processo do qual faz parte de forma inevitável. Da sua posição no processo, ele pode ver tanto quanto pode ser visto.

Essa compreensão repercutiu na hermenêutica filosófica no conceito de "círculo hermenêutico". A compreensão significa andar em círculos: em vez de um progresso linear na direção de um conhecimento melhor e menos vulnerável, ela consiste em uma

---

[3] Berlin, Foreword. In: Meinecke, *Historism: The Rise of a New Historical Outlook*, p.ix-x.

[4] Hegel, *The Philosophy of History*, p.25, 78, 456-7.

Introdução: o desafio da hermenêutica

recapitulação e uma reavaliação constantes das memórias coletivas; cada vez mais volumosas, mas sempre seletivas. É difícil perceber como qualquer uma das sucessivas recapitulações pode afirmar ser final e conclusiva; mais difícil ainda seria provar essa afirmação. A dificuldade passou a ser vista como algo específico do estudo do social, apresentando às ciências "compreensivas" problemas desconhecidos à ciência que se inclinava à mera "explicação".

O desenvolvimento das ideias hermenêuticas ao longo do século XIX atingiu o ápice na obra de Wilhelm Dilthey, na qual elas encontraram sua mais profunda e – de certo modo – suprema expressão. Filósofo brilhante e historiador magistral, aparentemente, Dilthey foi quem levou mais adiante essa noção do histórico e da natureza da compreensão ligada à tradição. Como a mais completa exploração do ato da compreensão levou Dilthey a abandonar sua esperança inicial de oferecer à história um conjunto finito de regras metodológicas rígidas e geradoras de verdade, a inconclusão inerente à compreensão pareceu estar demonstrada de forma definitiva. Esse desafio tinha de ser enfrentado, senão a ciência social teria de renunciar à sua pretensão de resultados científicos. Este livro se interessa pelas principais estratégias empregadas por aqueles que concordaram que a questão do conhecimento válido do social não pode ser resolvida sem enfrentar as dúvidas evocadas pela reflexão hermenêutica.

Começaremos com a discussão das estratégias desenvolvidas por Marx, Weber e Mannheim. Não obstante todas as evidentes diferenças entre eles, os três célebres sociólogos partilham uma característica importante: todos trabalharam, em grande medida, dentro da temática hegeliana da "autocompreensão da história"; ou, dito de maneira mais simples, a história trazendo à tona condições nas quais torna-se possível ou inevitável não apenas uma interpretação de suas diversas manifestações, mas a *verdadeira* interpretação. Para eles, essas condições não existiram no passado; mas os três olhavam confiantes para o presente, ou para o futuro imediato, em busca de uma situação cognitiva qualitativamente diferente e

Introdução: o desafio da hermenêutica

claramente melhor que todos os pontos de vista de interpretação anteriores. Para os três, sua convicção de que um conhecimento verdadeiro do social é acessível se encontrava nas transformações já realizadas ou iminentes do tecido social: eles consideravam a fusão da compreensão e da ciência como um objetivo para o qual tanto a cognição como seu objeto tinham de se dirigir.

Karl Marx traduziu a teoria hegeliana da história e do conhecimento da linguagem filosófica para a linguagem da sociologia. Isso já tinha sido feito antes de Dilthey tirar conclusões metodológicas abrangentes da teoria hegeliana contida apenas no discurso filosófico. Embora precedendo Dilthey cronologicamente, Marx estava, portanto, à frente dele ao perceber que o problema da verdadeira compreensão de uma história, que é, ela mesma, histórica, pode ser resolvido, quando muito, como um problema sociológico: como tal, ele é uma transformação da comunidade humana que a torna tanto capaz de uma compreensão objetiva como acessível a ela. Ao contrário de Marx, Max Weber foi confrontado com a obra de Dilthey na qual a historicidade da compreensão tinha sido explorada ao máximo e apresentada, na verdade, como um eterno dilema das humanidades. Portanto, Weber teve de se ocupar diretamente da questão da natureza científica do estudo social como algo dependente da plausibilidade de uma compreensão objetiva de uma realidade essencialmente subjetiva. Embora enfrentando um adversário relativamente novo e uma nova tarefa, Weber pôde, no entanto, recorrer às descobertas de Marx e à sua "tradução sociológica". Foi Weber que fez com que a teoria sociológica de Marx, moldada no debate com o historicismo de Hegel, assumisse uma clara relevância no debate hermenêutico.

Uma proposição importante que Dilthey estabeleceu firmemente na metodologia das humanidades foi que a "comensurabilidade" essencial das duas tradições que se encontram no ato da compreensão é condição necessária para a validade da interpretação. Consequentemente, a tarefa de Weber consistiu em demonstrar que

Introdução: o desafio da hermenêutica

a nossa sociedade (em sua tendência, se não ainda em sua realidade) torna o preenchimento dessa condição extremamente plausível. Pela primeira vez na história, o sujeito e o objeto da compreensão se encontram no terreno da racionalidade – essa característica extremamente notável do movimento de busca da verdade que chamamos ciência. Conhecimento objetivo é conhecimento racional; é possível, portanto, compreender objetivamente as ações humanas tal como são e na medida em que elas podem ser consideradas ações racionais. Não obstante, a ação racional se torna, de fato, o modo de conduta predominante na sociedade moderna.

Esta última proposição, no entanto, foi contestada por Karl Mannheim. Em sua própria análise das condições estruturais do conhecimento na sociedade moderna, a racionalidade não surge como um modo de pensar prestes a se tornar predominante e universal. Pelo contrário, tendo seguido o curso da divergência de significados até sua origem – até a própria realidade da estrutura social e da diferenciação posicional da sociedade –, Mannheim concluiu que a parcialidade, a distorção e a controvérsia são e continuarão sendo uma característica universal do conhecimento social e representarão um obstáculo à compreensão entre os diversos grupos sociais. A história aumentou a probabilidade de um consenso baseado na verdade não porque a conduta da sociedade como um todo está se tornando mais racional, mas porque surgiu no interior da estrutura social um grupo singular – os intelectuais – que é direcionado por sua localização estrutural a pensar e agir racionalmente. É esse grupo que pode (ou melhor, é compelido a) incorporar a compreensão na ciência. Os intelectuais agem como uma espécie de messias coletivo, introduzindo a verdade na compreensão humana.

Embora sem fazer referência à transformação das estruturas sociais ou, na verdade, à história, o mesmo papel foi atribuído por Edmund Husserl à atividade de análise filosófica. Husserl procurou resolver o problema da verdadeira compreensão dentro do contexto do conhecimento humano como tal, e não como uma questão específica do conhecimento do social. Husserl tendeu a incorporar a ciência na atividade universal da compreensão, e não o contrário. Em vez de mostrar como a compreensão da ação humana pode alcançar a precisão do conhecimento científico, ele demonstrou que todo conhecimento – incluindo a ciência – está, em última análise, fundamentado na atividade da compreensão, na qual a sua validade está, ou deve estar, baseada.

Em Husserl, o discurso hermenêutico incorpora o legado franco-cartesiano do racionalismo. O encontro tem amplas consequências: a esperança de que os significados possam ser apreendidos de maneira adequada parece residir agora na possibilidade de libertar o significado do seu contexto ligado à tradição, em vez de encontrá-lo ali em seu hábitat "natural". A tradição histórica e estruturalmente determinada só pode produzir uma compreensão intrinsecamente proteiforme e contingente. Os significados só podem ser apreendidos em sua verdade apodíctica e absoluta fora dessa tradição, podendo se criar raízes num solo em que as divisões históricas e estruturais não tenham impacto. Husserl postula que a "subjetividade transcendental" é esse solo, uma espécie de "comunidade de significados" fora da história que gera e sustenta os fenômenos no único modo relevante de existência, no modo de "ser congnoscível". Os verdadeiros significados podem ser vislumbrados somente se acedermos a essa "subjetividade transcendental". Isso pode ser feito por meio de uma contemplação fenomenológica dos "significados puros", tal como são revelados pela experiência dos fenômenos despidos de sua forma histórico-estrutural.

Mostraremos que a sociologia de Talcott Parsons é uma tentativa de aplicar os preceitos de Husserl para alcançar uma compreensão da ação humana que será, em grande medida, independente dos contextos histórico-estruturais do significado. Partindo do fenômeno da ação social em seu estado dado de "ser conhecido", Parson passa a revelar as características transcendentais e apoditicamente atribuídas da ação, que incluem a presença da sociedade e de um

Introdução: o desafio da hermenêutica

sistema cultural. Com todo o seu significado intrínseco plenamente revelado, a ação social adquire uma estrutura "imanente" na qual o seu significado se baseia e na qual ele pode ser objetivamente compreendido. Embora admitindo que a ação humana é uma entidade significativa que precisa ser compreendida, pode-se, então, passar a estudá-la objetivamente como deve ser, em vez de como costuma acontecer neste ou naquele contexto ligado à tradição.

No entanto, alguns dos princípios mais importantes de Husserl foram contestados e revisados por Heidegger. Acima de tudo, foi posta em dúvida a suposição fundamental de que os significados, a compreensão e a interpretação podem ser encontrados em outro universo que não o "mundo da vida", o mundo da existência. Os significados são constituídos e a compreensão é convocada e realizada não no ato de contemplação pura e a-histórica, que é sempre uma atividade dentro de uma tradição, e uma atividade que consiste em recapitular essa tradição. A verdade, embora de modo algum dissolvida num mero consenso comunitário, torna-se, então, uma característica da existência-se-revelando, e não uma relação entre a existência e algo (como uma afirmação comprovada por uma obra da razão) que se destaca fora da existência. O demônio do relativismo perde grande parte do seu pavor quando se demonstra que a noção de verdade não pode ser fundamentada razoavelmente fora do contexto ligado à tradição; portanto, o fracasso em fundamentá-la assim não deve atormentar mais a consciência dos homens de ciência.

Schütz e a etnometodologia são examinados neste livro como exemplos da sociologia hermeneuticamente consciente que funciona dentro da estrutura heideggeriana do mundo da vida como o fundamento básico, e o único hábitat, dos significados e do ato de compreensão. Ali, a comunidade de membros interativos é mostrada como um universo com poder suficiente para estabelecer, manter com vida e assegurar a interpretação dos significados, e o único universo capaz de fazê-lo. Em certo sentido, a busca por uma resposta adequada ao desafio da hermenêutica fechou o ciclo; a etnometodologia nos

Introdução: o desafio da hermenêutica

leva de volta ao ponto de partida, à percepção de que todo significado e toda compreensão são essencialmente "internos".

A busca não cessou com o advento da etnometodologia, nem é provável que o faça. Nossa história é inconclusa, já que até agora nenhuma solução para o desafio da hermenêutica conseguiu construir um consenso e escapou da crítica a suas próprias limitações específicas.

Algumas sugestões recentes sobre como a relação entre consenso e verdade poderia ser postulada e explorada de maneira satisfatória são avaliadas na última parte deste livro. O autor acredita que essas sugestões indicam uma linha de investigação interessante, talvez a mais madura até o momento, e um papel estimulante a ser desempenhado pelas ciências sociais. Mas este livro não é uma história com um começo, um enredo completo e – acima de tudo – um final conclusivo (feliz). Ele precisa ser lido como um relato incipiente de um debate que ainda está longe do fim. O livro não tem nem a pretensão de apresentar uma história completa do debate. Em vez disso, atitudes importantes (e ainda influentes) ao longo do debate são evocadas e apresentadas sistematicamente, se possível cada uma em sua forma mais pura e pronunciada. O fato de deixar de fora da história o grande número de "intermediários", de concessões e de soluções ecléticas acentua o caráter e a originalidade inconfundíveis das teorias examinadas. Até certo ponto, os capítulos do livro são ensaios autônomos e podem ser consultados separadamente, se, por exemplo, se procura a resposta de Weber ou de Parsons ao desafio da hermenêutica.

Minha dívida tanto para a crítica como para o estímulo de Anthony Giddens excede o que as palavras inevitavelmente formais de gratidão podem expressar. Também tive a sorte de contar com Robert Shreeve como editor e *publisher*, e Gianfranco Poggi como leitor atento e crítico dos originais. Seria impossível exagerar a ajuda e a inspiração que eu devo a Janet Wolff, Richard Kilminster, Robert

Tristam, Joseph Bleicher, Kevin Dobson e outros participantes do debate amistoso, embora elevado, que constitui e sustenta a comunidade sociológica de Leeds.

Zygmunt Bauman

1
A ascensão da hermenêutica

O princípio condutor da hermenêutica na Alemanha durante o século XIX foi que – a exemplo do indivíduo – todo sistema cultural e toda comunidade tem um ponto focal dentro de si.[1] Esse ponto focal é constituído, acima de tudo, por uma concepção da realidade e sua avaliação.

Essa visão da comunidade era um reflexo razoável de uma prática secular dos historiadores, sobretudo dos historiadores alemães, gerada e sustentada pelo espírito do Romantismo. De fato, esta é a forma como a historiografia era praticada: como um *insight* impressionante dentro da mente da nação, vista como um sujeito coletivo, cheia de desejos e emoções intuitivos, um senso de destino único, tonalidades de percepção do mundo claramente individuais. As obras históricas da época são redigidas como tratados psicológicos, tamanha a quantidade de termos tomados de empréstimo diretamente da psicologia, ou então calculadas para remeter a imaginação do leitor para as profundezas insondáveis do Espírito.

É difícil dizer se a concepção romântica da obra de arte estimulou a imaginação dos historiadores românticos ou se foi o contrário.

---

[1] Cf. Weintraub, *Visions of Culture*, p.7.

Mas certamente ambas se alimentaram, ao menos em parte, do nascente nacionalismo alemão – uma ideologia muito mais apaixonada e atraente por seu papel como prelúdio e substituto temporário do Estado nacional do que pelo seu adorno espiritual. Ao contrário dos pregadores entusiasmados do *Machtstaat* [Estado de poder] no final do século, os patriotas alemães do período romântico não tinham uma estrutura política nem um simbolismo gerado pelo Estado a que recorrer. Na falta de objetos mais bem definidos, eles se voltaram para a ilusória e intangível *Volksseele* [alma popular] com a mesma naturalidade espontânea com que seus sucessores se voltariam para os poderes extremamente tangíveis do *Kaiserdom* [império] prussiano; e eles procuraram basear seu anseio nacionalista numa continuidade da tradição espiritual com o mesmo pragmatismo com que seus sucessores iriam baseá-lo nas alegações da *Sttaträson* [razão de Estado]. Era *der deutsche Stamm* [a linhagem alemã] que, nas palavras de Schlegel, era *alt und stark* [antiga e vigorosa]. Consequentemente, era "o caráter moral original de um povo, seus costumes e suas peculiaridades" que "devem ser considerados sagrados".[2] A inescrutável e impenetrável, mas resoluta e indômita, "alma do povo" era a única fonte da qual a história poderia extrair seu significado e a vida humana poderia extrair seu valor. A história em geral, e especialmente suas obras mais grandiosas e memoráveis, tinha sido feita apenas dessa matéria-prima criativa.

Herder chamou a Alemanha de "*Reich* de dez povos". Os alemães do início do século XIX não encaravam sua nacionalidade como um aspecto da natureza, como algo inevitável, cuja presença não dependia de reflexão e apropriação ativa. Pelo contrário, os alemães a encaravam como um fenômeno inteiramente espiritual, que devia ser apreendido intelectualmente antes de poder ser possuído. Herder conclamou seus contemporâneos a buscar a essência da sua nacionalidade vasculhando as profundezas das ricas tradições das

---

[2] *Apud* Kohn, *The Mind of Germany*.

antigas canções, que eram a expressão mais antiga e pura do espírito criativo da nação. Fichte tentou localizar o mistério do destino histórico da Alemanha nos traços psíquicos específicos do povo alemão; *Charakter haben und deutsch sein* [ter caráter e ser alemão] certamente significavam a mesma coisa.[3] O Espírito passou a ocupar o centro vazio da nação sem Estado; na falta de reis cuja crônica poderia constituir o sujeito da historiografia, "o povo" usurpou naturalmente o papel vago de sujeito da história. Como todos os sujeitos, ele era visto como ser espiritual, movido por pensamento e por emoções, agindo a partir de suas próprias decisões, portador (ao menos potencialmente) do *poïein* (fazer) e não do *paschein* (sofrer). Ao contrário de outros sujeitos, porém, o povo era múltiplo e anônimo. A psiquê individual ainda servia como seu protótipo, mas ela só poderia ser adaptada ao novo propósito se fosse submetida a uma transformação sutil: o que tinha sido uma característica individual se tornou um poder supraindividual; o que tinha sido a *Seele* individual se transformou num *Geist* coletivo, e mais tarde em *Kultur*; o que tinha sido um nome para designar a autonomia e a liberdade individuais se tornou a expressão teórica da submissão do indivíduo a uma comunidade maior, o *Volks* ou *Zeitgeist* que nenhum indivíduo poderia transcender, já que somente dentro dele poderia realizar a sua individualidade.

Ainda assim, ao menos na aparência, a semelhança entre os dois era impressionante. Na visão dos românticos, o artista representava o indivíduo humano em seu melhor, o espírito humano no máximo de sua capacidade. Quanto à essência do trabalho artístico, "toda arte começa com o estado mental e termina com uma obra de arte", que sempre foi um resíduo concreto de "uma tentativa da parte do artista de descobrir o equivalente formal de um estado mental".[4] A criação artística é, portanto, uma luta entre a visão do artista e o

---

[3] Stern, *The Politics of Culture Despair*, p.338-9.
[4] Newton, *The Romantic Rebellion*, p.56.

meio, decidido a rejeitar a forma que o artista deseja impor. A obra é um compromisso entre os dois. Porém, dos dois elementos que se encontram para produzi-la, somente um contém a semente da vida e do significado; o outro é pura resistência, pura negatividade, capaz apenas de distorcer, nunca de criar. Portanto, se queremos alcançar o significado original e puro da obra de arte, temos de ir além do resultado, além do próprio objeto, e voltar ao "estado mental" no qual a visão do artista, fonte única de todo significado, ainda gozava de uma pureza imaculada. Em outras palavras, compreender uma obra de arte é reconstruir a intenção do artista que o objeto artístico, seu produto final, só consegue transmitir de uma forma modificada, mediada e necessariamente ambígua. A intenção é sempre mais rica que seus traços tangíveis, já que estes são invariavelmente resíduos das suas derrotas.

Se nos voltarmos, então, para a visão romântica da obra artística (lembrem-se de que o artista é a encarnação mais completa da potência humana) projetada na grande tela da história, encontramos padrões de pensamento surpreendentemente semelhantes ancorados, contudo, em um "artista coletivo" da nação criativa. As instituições nacionais, a lei, a literatura, as formas de governo, os modos da vida em família e todo o resto são considerados resíduos do trabalho secular do gênio nacional; todos eles são uma espécie de obra de arte superior; existe uma intenção do artista em sua origem, embora dessa vez o artista seja o povo, *Volk*, esse "coletivo singular" tipicamente germânico. Gustav Hugo já tinha ensinado no século XVIII que a lei é um produto do gênio nacional; a ideia foi apropriada por seu célebre discípulo Karl Friedrich Eichhorn e explorada plenamente na monumental *Deutschen Staats- und Rechtsgeschichte* [História das leis e instituições alemãs], a obra que serviu de modelo para toda a historiografia do século XIX. Karl von Savigny e Jacob Grimm logo juntaram forças com Eichhorn e usaram toda a sua habilidade e inteligência para fazer com que a ideia de que a lei é o fruto do *Volksgeist* se tornasse uma verdade corriqueira durante pelo menos um século.

Ela alcançaria sua expressão mais impressionante na obra de Karl Lamprecht, já contemporâneo de Dilthey, que impressionou o público erudito com uma generalização radical do século da experiência historiográfica romântica: o que determina a história de qualquer período é uma combinação única de traços psíquicos dominantes, o *Zeitgeist*, que se irradia por meio de todos os acontecimentos históricos importantes e que deveria ser recuperado deles.

Foi essa prática historiográfica sustentada pelos dois pilares da nacionalidade espiritual improvisada de uma nação-em-busca-de--um-Estado e da visão romântica do trabalho criativo que constituiu a formação discursiva dentro da qual a hermenêutica do século XIX nasceu e se manteve.

O autor da análise mais abrangente dessa hermenêutica, Joachim Wach,[5] situou os primórdios de todos os tópicos importantes do discurso hermenêutico em Friedrich Ast (1778-1841), recuando a data de nascimento da moderna teoria da compreensão para bem antes de Schleiermacher, seu aclamado criador. Depois da vitória final dos "modernos" sobre os "antigos", o mundo antigo, perfeito com suas realizações artísticas, filosóficas e legais, foi confrontado pela primeira vez pela Europa como uma etapa da sua história, e não como um protótipo de perfeição atemporal. O mundo antigo estivera presente na consciência europeia durante a maior parte da Idade Média e certamente a partir do princípio da era moderna, mas ele se mostrara anteriormente como um modelo pré-fabricado e atemporal de realizações excepcionais, ou como uma entidade fechada em si mesma com poucos, ou nenhum, pontos de contato com os acontecimentos presentes. Somente quando a Europa despertou para a sua própria historicidade é que a Grécia e a Roma antigas puderam ser reveladas como sociedades históricas, como o passado da Europa, como uma contribuição para a tradição europeia. Ast fez parte da longa série de filólogos que se esforçaram bastante para

---

[5] Wach, *Das Verstehen, Grundzüge einer Geschchte der hermeneutischen Theorie im 19.*

fazer um balanço completo das consequências da nova situação, que tentaram, acima de tudo, articular a tarefa global de incorporar a antiga mensagem na tradição europeia emergente como uma série de postulados metodológicos.

Para eles, o que estava em jogo era a restauração da verdade, que tinha sido encoberta ou distorcida por séculos de tratamento escolástico, ou, como dizia Ast, o problema da *Verständnis versus Missverständnis* (compreensão *versus* mal-entendido).

Ao enfrentar a tarefa, Ast explicitou todos os principais problemas que continuariam existindo, durante muitos anos, bem no centro do pensamento hermenêutico. Acima de tudo, o próprio conceito de compreensão tinha recebido a verdadeira interpretação romântica que veio a ser praticamente identificada com a ideia de hermenêutica: *die Erfassung des Geites*,[6] a captura do Espírito, que se expressa em monumentos da criação intelectual e artística, e vive por meio deles, bem como nas formas comuns da vida pública. Por causa disso, o legado visível e tangível do passado – textos, pinturas, códigos legais, costumes registrados – foi postulado como *Äusserungen* – exteriorizações do Espírito, restos sensíveis da autoalienação [*self-estrangement*] do Espírito, testemunhos da sua capacidade de expressão; no entanto, considerou-se que o verdadeiro objeto de compreensão se encontrava atrás deles, jamais sendo esgotado por eles, sempre mais completo e mais rico que qualquer de suas expressões.

Ast, e várias gerações de hermeneutas depois dele, esperava que o caminho pudesse ser trilhado em ambas as direções. Já que os objetos de análise histórica surgem do Espírito, no qual seu protótipo imaculado está guardado, já que eles emanam das profundezas secretas do Ser espiritual, parece não haver motivo para que não se possa, partindo dos objetos conhecidos, realizar uma viagem intelectual de retorno ao ponto de partida: dos objetos para as suas origens espirituais, das cópias imprecisas para a clareza imaculada

---

[6] Cf. Ibid., v.1, p.33.

do protótipo. A hermenêutica, pelo menos nessa etapa inicial, estava segura, para não dizer que estava despreocupada, quanto às dificuldades que aquela empreitada poderia envolver.

Essa autoconfiança se baseava filosoficamente no pressuposto da unidade essencial do Espírito. Acreditava-se que nenhuma compreensão seria possível entre dois mundos completamente singulares e desconectados. (Wittgenstein diria mais tarde: se os leões pudessem falar, nós não os compreenderíamos.) Se existe qualquer compreensão, sua própria presença já contém a prova de uma unidade e uma homogeneidade primevas ocultas atrás das mensagens. Nas palavras de Goethe, que Wach cita como sendo consoantes com a opinião de Ast,

> *Wär' nicht das Auge sonnenhaft,*
> *Die Sonne könnt es nie erblicken,*
> *läg' nicht in uns des Gottes eigne Kraft,*
> *wie könnt uns Göttliches entzücken?*

> Se os olhos não estivessem cheios de sol,
> Eles não distinguiriam o sol;
> Se não tivéssemos o poder divino,
> Como o Divino poderia nos encantar?

Uma estranheza total seria totalmente insensível. Não existe compreensão sem afinidade de espíritos. *Dem Verwandten erschliesst sich das Verwandte*[7] – qualquer objeto só pode revelar seu significado a um espírito congênere. Só conseguimos compreender, com nosso esforço, os objetos que tiverem se originado essencialmente do mesmo Espírito que impregna nosso próprio pensamento. Se a opacidade dos objetos nos atinge como uma perturbação do que deveria ser uma percepção clara e desimpedida, se ela nos insta a preencher o vazio entre nós e o objeto, a "restaurar" a verdadeira compreensão, é só porque nossa alienação é relativa e temporária, com um dos

---

[7] Ibid., p.38.

elementos temporariamente desconectado dos progressos espirituais do outro.

Portanto, toda compreensão começa com o estabelecimento de uma afinidade entre o seu sujeito e o objeto; ou melhor, entre dois sujeitos, situados respectivamente no início e no fim da comunicação. Podemos resgatar o significado da Antiguidade do esquecimento se o nosso Espírito formar uma unidade com o Espírito da Grécia ou da Roma antigas; uma unidade talvez perturbada temporariamente, desfigurada por uma alienação passageira, mas, ainda assim, unidade, lutando contra tudo e contra todos por sua própria restauração. O que se aplica à Antiguidade pode, na verdade, ser estendido à humanidade como um todo. Por mais insuperável que a diferenciação da espécie humana possa parecer a uma curta distância, uma perspectiva verdadeiramente histórica a reduzirá, acertadamente, a uma etapa intermediária que separa a unidade primitiva da unidade futura. Tudo na história humana emanou do Espírito universal e tudo retornará ao Espírito universal no fim.

O intérprete (um historiador, um filólogo, um teórico da arte) tem papel crucial nessa viagem do Espírito humano de volta à sua unidade original. Em certo sentido, ele é um intermediário cultural que faz a mediação entre as eras e as nações e produz a reunificação gradual da humanidade dividida. Ele se torna, portanto, um genuíno agente da história; é ele que desata os nós feitos pela ação espontânea e desordenada do Espírito. Se o Espírito, obedecendo a seu insaciável impulso criativo, se externaliza em suas próprias criações, ocultando assim a sua universalidade atrás de uma miríade de suas próprias encarnações particulares, o hermeneuta revela o conteúdo espiritual oculto das obras do Espírito, restaurando, assim, a totalidade perdida no particular. O hermeneuta é, de certa maneira, obrigado a fazer isso. Não é uma questão de escolher livremente o método de ação, e menos ainda uma questão de ideal cultural preferido. A compreensão enquanto tal só pode ser alcançada por meio de uma nova "universalização" do Espírito, oculto na variedade infinita da criação cultural humana. O célebre "círculo hermenêutico" (outra ideia que Wachs atribui a Ast) não é um método de análise particularmente engenhoso e eficaz; ele é, na realidade, a própria lógica da compreensão enquanto tal. Não existe compreensão da história fora do eterno movimento do particular para o todo e de volta para o particular, a fim de tornar transparente o que antes, em sua particularidade irredutível, era impenetrável à nossa interpretação. Na verdade, seria melhor falar de espiral hermenêutica; na busca pela afinidade perdida, na ânsia de se reapropriar de criações completamente alienadas do Espírito congênere, de fato, nunca terminamos a nossa tarefa. Mas nós passamos do particular para o universal e deste para o particular em círculos cada vez mais amplos, cada vez mais próximos, de novo, do ideal do Espírito, mas agora de forma consciente e unificada.

Coube a Schleiermacher, membro ativo do movimento romântico e amigo pessoal de Schlegel, Novalis, Herz e Mendelssohn, sistematizar essas ideias e, por meio disso, lançar as bases da hermenêutica histórica. A contribuição de Schleiermacher foi, sobretudo, estender a noção de hermenêutica e de círculo hermenêutico para além dos limites da filologia, da exegese e da crítica de arte. A exemplo de Hegel, embora, naturalmente, de forma diferente, ele trouxe o problema da compreensão e da interpretação para o centro da experiência humana universal; como disse Wach, ele as colocou na prática da vida, na vida cotidiana, na experiência vivida.[8] Com Schleiermacher, a hermenêutica deixou de ser a análise dos textos deixados por outros escritores feita por um filólogo; ela passou a ser o esforço de um membro de uma cultura para compreender a experiência de outra, um habitante de um período histórico tentando compreender a prática da vida de outra era, sua "cotidianidade", o tipo de experiência que só pode ser transmitida pela palavra alemã *Erlebnis*. É fácil perceber a origem romântica dessa mudança considerável de atenção. Daquele

---

[8] Ibid., p.92.

momento em diante, o legado mais importante do Romantismo – os conceitos evasivos e polissêmicos de *Leben* e *Erlebnis* – assombraram para sempre a autorreflexão das humanidades.

Schleiermacher também foi responsável por outra inovação, talvez ainda mais importante. Como diz Gadamer,

> A contribuição específica de Schleiermacher é a interpretação psicológica. Ela é basicamente um processo divinatório, uma colocação de si mesmo dentro da mente do autor, uma apreensão da "origem interna" da composição de uma obra, uma recriação do ato criativo. A compreensão, portanto, é uma reprodução relacionada a uma produção original, um conhecimento daquilo que foi conhecido (Boeckh), uma reconstrução que começa no momento vital da concepção, da "decisão embrionária" enquanto ponto de organização da composição.[9]

Isso situa inteiramente a busca pelo significado do ato no projeto do agente. Para compreender esse significado, é preciso literalmente se "identificar" com o agente. A simpatia é o seu principal instrumento de personificação. A ideia de "se perder" ao longo da cognição, de se esquecer de si a fim de "se lembrar" dos significados de outras pessoas, a estratégia da investigação livre de preconceitos em termos de "categorias inatas", tudo isso está contido embrionariamente no programa de Schleiermacher de *psychologische Interpretation*. Apenas embrionariamente, por certo. A psicologia de Schleiermacher ignorava as ambições introspectivas do final do século XIX e não se definia como a busca pelos pensamentos e sentimentos "íntimos". Ela não perguntava "Como a intenção olhou para o seu dono?", "O que o agente sentiu quando vivenciou isto ou aquilo?". A psicologia de Schleiermacher era mais parecida com as visões "humanistas" que gente como Maslow, Murray ou Biswanger iria desenvolver, em suas respectivas formas, quase um século e meio depois. Para Schleiermacher, a psicologia significava a arte de perceber um ato como uma parte orgânica da totalidade da *Leben*.

---

[9] Gadamer, *Truth and Method*, p.164.

O postulado da interpretação psicológica significa simplesmente que a hermenêutica deve realizar, com um esforço contínuo e meticuloso, o que os conversadores comuns alcançam sem perceber e com naturalidade. Quando duas pessoas se comunicam por meio da conversa, suas palavras estão tecidas na estrutura da vida que elas compartilham (já que falam e se entendem); suas palavras, portanto, chegam até elas não como sons isolados, mas como elementos inseparáveis da totalidade da sua vida em comum. Os diversos labirintos e as inúmeras referências são conhecidos, e, portanto, raramente dão motivo para perguntas. O discurso resolve o problema da sua compreensibilidade utilizando seus próprios recursos, e o faz de passagem, durante o seu próprio desenvolvimento, raramente parando para refletir em sua realização. Isso é possível graças ao imediatismo do discurso. O discurso normalmente é coerente com o resto da vida, em seu "hábitat natural", não admitindo nenhum equívoco quanto à localização correta. Daí a sua transparência: a vida se revela por meio das palavras. Palavras revelam a vida assim que são ouvidas. A compreensão correta é alcançada sem interpretação. O fim e os meios viram uma coisa só.

Um texto escrito, uma obra de arte na praça da cidade ou no museu, um código legal ou um ritual apresentam – ao contrário do discurso direto –, de fato, o problema da compreensão-por-meio- -da-interpretação, porque eles perderam o vínculo original com a vida que lhes dava significado. O que se mostra para nós como a opacidade de fenômenos cujo significado nos escapa é o nosso desconhecimento do seu contexto natural, da forma de vida que bombeia sangue em suas veias e os faz pulsar com significado. A incorporação do ato na totalidade da vida, que no discurso é alcançada facilmente, exige aqui uma ação especial e intencional. É essa ação que Schleiermacher define como "interpretação psicológica". Sua psicologia, como podemos ver, significa, acima de tudo, tratar um ato como um elemento na totalidade da vida; consequentemente, a interpretação psicológica significa a restauração dessa totalidade perdida, esquecida ou mal compreendida.

Portanto, *Leben* passa a substituir o *Geist* como o conceito ontológico fundamental e o princípio metodológico principal. O postulado do círculo hermenêutico sofre uma transformação similar: ele consiste agora de uma construção laboriosa da totalidade da vida – que é, ao mesmo tempo, desconhecida e indisponível ao *insight* direto – a partir dos fragmentos de vida que são acessíveis por meio dos sentidos, mas, ainda assim, incompreensíveis. O círculo começa com a adivinhação da totalidade à qual o elemento confrontado pertence; se o palpite estiver certo, o elemento em questão revela parte do seu significado, o que, por sua vez, serve de pista para uma reconstrução melhor, mais completa e mais específica da totalidade. O processo continua em círculos cada vez maiores, até ficarmos satisfeitos com o fato de o resíduo de opacidade que ainda resta em nosso objeto não impedir que nos apropriemos do seu significado.

Portanto, a interpretação é muito mais trabalhosa e difícil que o tipo de compreensão alcançado pelos interlocutores sem recorrer à reflexão. Por outro lado, no entanto, as possibilidades de conhecimento e compreensão que ela abre são consideravelmente mais amplas. Já que o discurso contém a sua própria interpretação, ou melhor, alcança a compreensão sem a ajuda dela, ele raramente, ou nunca, obriga os interlocutores a realizar a tarefa de esquadrinhar conscientemente a totalidade do contexto de vida no qual seu discurso faz sentido. O contexto é por demais evidente para ser perceptível, para se condensar num objeto alienado, para oferecer resistência. Por causa da facilidade da sua tarefa, os interlocutores são punidos com a ignorância do contexto integral de sua ação.

O leitor moderno reconhece facilmente nessa ideia o conceito de Garfinkel das inúmeras "inferências" presentes de maneira inerradicável, embora invisível, no simples ato de conversar. Para Schleiermacher, essas "inferências" se entrelaçam para tecer o tecido da vida, mas nem a trama nem a textura podem ser projetadas por aqueles que estão dentro dele. Só do ponto de vista privilegiado do observador externo é que o tecido se torna visível em sua totalidade, permitindo traçar seu projeto preciso. Daí a célebre declaração de Schleiermacher sobre a superioridade cognitiva do intérprete em relação ao autor. Inevitavelmente, e sem nenhuma relação com seus próprios méritos intelectuais, o intérprete conhece mais da textura da vida da qual o elemento específico em análise faz parte. Ele conhece mais não porque seus métodos são melhores, não porque lhe ensinaram as habilidades especiais da arte de interpretar, nem mesmo por ser "mestre de obras feitas" ou por ter acumulado experiências que o autor original naturalmente não tinha. Ele conhece mais pura e simplesmente porque, ao contrário do autor, confronta o objeto como um objeto, de fora, como um fenômeno desconhecido; esse modo de confrontação põe em movimento o processo de interpretação e pode, portanto, levar à reconstrução da totalidade da vida. Em princípio, nada impede o autor de participar dessa viagem interpretativa; porém, uma vez iniciada a viagem, ele perde a sua relação específica de "autor" com a sua obra, e se junta à longa série de intérpretes da mesma condição. Enquanto se apega à sua posição original de autor, isto é, enquanto se recusa a confrontar sua obra "de fora", ele não ocupa nenhuma posição privilegiada no debate interpretativo; suas opiniões não são evidências melhores nem mais confiáveis que todos os outros dados a respeito do contexto de vida no qual sua obra foi situada.

Para Wilhelm Dilthey, o célebre codificador da hermenêutica do século XIX, o Espírito – simultaneamente, o sujeito e o objeto da compreensão histórica –, já era plenamente idêntico à noção romântica de *Leben*: esse modo primitivo de existência humana, indefinível e irredutível a quaisquer outros fatores, proeminente por sua capacidade de ter experiências (experiências vívidas, experiências internas, experiências "vistas de dentro", *Erlebnis* em sua oposição a *Erfahrung*; experiências que ressaltam tudo aquilo que em *poïein* é diferente de *paschein*), de expressar essas experiências em acontecimentos passageiros ou duradouros, mas sempre materializados e observáveis, e de reapropriar esses acontecimentos em seu significado empírico. Contudo, o que para os românticos deveria ser um modo universal de existir-no-mundo, para Dilthey, o desenvolvimento pleno do verdadeiro potencial humano acorrentado e paralisado pela ilusão científica da era moderna era a matéria de uma crítica da razão histórica,[10] de um método de conhecimento histórico, o instrumento especial que os homens podem utilizar para compreender sua – e unicamente sua – própria ação. Como afirmou Makkreel recentemente, Dilthey esperava demonstrar que

> os românticos tinham razão em afirmar que alguma forma de intuição intelectual era possível, mas não em pensar que a natureza pudesse ser compreendida dessa maneira. A natureza não é um texto que deve ser interpretado por seu significado concreto, da maneira que as ações humanas podem ser comparáveis a documentos históricos ou às expressões poéticas e analisadas por sua importância.[11]

Kant negava a validade do *insight*, da intuição, da "sensação" como um método de conhecimento científico. Para o filósofo, a objetividade do conhecimento científico era um ideal incontestável, e a objetividade só é imaginável na medida em que o eu "se cala diante da existência real do objeto natural; temos aqui um objeto definido a ser conhecido, o sujeito se dirige para ele, lutando pela validade objetiva".[12] Só na esfera da liberdade, do julgamento moral é que o eu se afirma acima da natureza; mas, nesse caso, não é uma esfera da ciência ou, aliás, do conhecimento científico. O ambicioso projeto de Dilthey da quarta *Crítica*, da razão histórica, visa corrigir Kant nesse ponto. É verdade que a adivinhação inspirada com relação à natureza

---

[10] Dilthey, Der Aufbau de Geschichtlichen Welt in den Giesteswissenschaften. In: *Gesammelte Schriften*, p.191.

[11] Makkreel, *Dilthey, Philosopher of Human Studies*, p.248.

[12] Medicus, On the objectivity of historical knowledge. In: Klibansky; Paton (orgs.), *Philosophy and History: Essays Presented to Ernst Cassirer*, p.138.

não é uma possibilidade acessível ao ser humano. Um *insight* direto e não mediado a respeito da natureza só pode ser atribuído a Deus, nunca pode ser um atributo dos homens. Na medida em que a natureza pode ser considerada como a *Äusserung* da vontade de Deus, a "exteriorização" do seu propósito, podemos confiar que Deus, o criador da natureza, tem a capacidade de penetrar intuitivamente em Sua própria criação, de "compreendê-la", de reconhecer nela a vontade e o propósito que Ele conhece intimamente e sem qualquer mediação de objetos exteriorizados. Mas não os homens, que se chocam com a natureza em toda a estranheza insensível e entorpecida de um objeto cuja origem e, consequentemente, propósito estão destinados a continuar desconhecidos para sempre; objetos de palpites esperançosos e, talvez, crenças profundas, mas nunca de conhecimento objetivo.

No entanto, o homem não é o *Deus occasionatus* a que Nicholas Cusa se referiu séculos atrás? O homem não é, de vez em quando, "ocasionalmente", igual a Deus, sempre que ele faz suas escolhas livres e se comporta, portanto, como o criador? E a história não é o campo no qual as ocasiões de livre escolha surgem como uma regra geral? Consequentemente, a capacidade ímpar do *insight*, atribuída somente a Deus em relação ao mundo como um todo, também não poderia ser atribuída ao homem no campo mais modesto da história humana? Se a história é feita pelo homem, os homens podem se reconhecer em suas criações exteriorizadas, exatamente como Deus pode Se reconhecer no mundo. Deus pode compreender o mundo, mas os homens podem compreender a história. A esperança romântica de apreender intuitivamente o significado oculto da natureza é filosoficamente ridícula e metodologicamente absurda. Mas a história humana pode, de fato, ser vista como o *gefühlte Welt* – o mundo "oferecido por meio do sentimento" – de Goethe. Nós podemos compreender a nossa história precisamente porque, para nós, ela não tem existência própria, assim como a natureza em relação a Deus. Ela só existe em nós e por meio de nós.

Portanto, a compreensão é um método especial que só as "ciências do Espírito", o estudo da história humana, podem aplicar. Seu recurso a esse método não é o sinal da sua deficiência ou, na verdade, da sua posição inferior em relação às ciências da natureza. Pelo contrário, elas gozam de um privilégio inacessível às ciências naturais. A compreensão é o passatempo dos deuses; ao se esforçarem para compreender a história e esperarem que seu esforço seja bem-sucedido, os homens galgam as alturas do conhecimento divino, que os cientistas naturais só podem sonhar em alcançar...

Obviamente, não podemos compreender uma árvore;[13] dizer que não podemos compreender a árvore significa que a árvore não tem relevância nem valor. Só têm relevância os objetos que estão, a princípio, abertos à compreensão. A compreensão e a descoberta de relevância, ou valor, andam juntas. Mas a compreensão também é a superação da resistência. Só podemos pensar seriamente na compreensão como uma atividade planejada e deliberada na medida em que se tenha encontrado resistência, em que a relevância do objeto não seja apresentada de forma natural à primeira vista. Portanto, o campo no qual a compreensão se torna o objeto de um método elaborado de maneira sistemática está limitado em dois aspectos: a compreensão começa no ponto em que a apreensão pré-reflexiva e espontânea mostra os primeiros sinais de insuficiência; e termina onde ela encontra uma barreira de estranhamento total, impenetrável à identificação empática. Entre esses dois extremos se estendem os vastos domínios das *Lebensäusserungen*, expressões da vida, que constituem o objeto apropriado da compreensão, ou interpretação (*Auslegung*), metódica. Aqui, e somente aqui, as faculdades cognitivas humanas estão no mesmo nível das de Deus, e a adivinhação do significado é tanto possível como imperativa.

A natureza e o mundo espiritual são duas formas de cognição. É a mente cognitiva que estabelece os objetos de seu conhecimento

---

[13] Dilthey, op. cit. p.259.

como, respectivamente, natureza ou história. No primeiro caso, ela se dispõe a explorar as conexões e as dependências entre os objetos como eles são em si. Ela formula a sua tarefa com espírito eleático, como a investigação de seres estáveis, estáticos e coerentes que já estão ali, imóveis e inexoráveis, encerrados em si mesmos e completos, cujos atributos não dependem da mente cognitiva. De acordo com o *insight* profundo de Ortega y Gasset, esse modo cognitivo "naturalista" "é, na realidade, intelectualismo, isto é, a projeção no real do modo de ser peculiar dos conceitos";[14] ou, acrescentaríamos, a projeção de métodos científicos que dotam seus resultados, os conceitos científicos, de um modo de ser que reflete, como um espelho, a autoimagem dos cientistas e as definições que tem das suas atividades. No segundo caso, contudo, a mente cognitiva estabelece objetivos mais importantes para si; remove as limitações impostas pela atitude naturalista; não se contenta com a mera descrição das coisas como elas são – deseja somente compreender seu significado, o sentido oculto que transformaria o cientista natural em teólogo, caso fosse à procura dele. Somente o modo cognitivo das ciências do Espírito é que nos permite o luxo de eliminar a linha divisória entre ciência e teologia, explicação e o conhecimento do propósito.

A escolha do método (ou, de uma maneira mais geral, do método cognitivo) é livre ou pré-determinada pela natureza do objeto cognoscido? Esta não é uma pergunta simples cuja resposta é sim ou não. Por um lado, tratar os objetos como parte da natureza é uma possibilidade ilimitada, diferentemente do método das ciências do Espírito. Temos a liberdade de abordar os fenômenos da maneira desenvolvida dentro do método eleático e estabelecer limites rígidos a nossa própria pesquisa. Podemos decidir não esperar uma comunicação recíproca, não permitir que o objeto que está sendo examinado se revele como um sujeito, e, sobretudo, um sujeito intencional, com propósito. Podemos decidir interpretar a conduta do objeto

---

[14] Ortega y Gasset, History as a system. In: Klibansky; Paton (orgs.), op. cit., p.300.

apenas em termos de *poïein*, e, consequentemente, visar uma explicação causal: atribuir o que é visto às observações anteriores e não ao "interior" invisível do objeto, algo que só pode ser intuído por meio da identificação empática. É fácil perceber que a probabilidade de tal decisão aumenta muito com o crescimento da distância entre o sujeito cognoscente e o objeto cognoscido. Para dar apenas um exemplo: pessoas que estão muito distantes dos centros de poder estatal, privadas de qualquer experiência com as tomadas de decisão, com a política como expressão de um plano intencional, tendem naturalmente a considerá-la como um fenômeno quase natural, e a explicam usando a linguagem das conexões causais, das determinações e das tendências inexoráveis. Essa visão talvez seja contestada veementemente pelas pessoas bem-informadas, que veem o mesmo processo como uma disputa de intenções, como o resultado da união de políticos afins, criticando assuntos controversos, trazendo para o debate seus respectivos propósitos e intenções, barganhando, discutindo, chegando a um compromisso, levando vantagem sobre seus adversários ou não conseguindo realizar o que desejavam. Ambos os relatos são, em certo sentido, viáveis, e têm seus bons motivos. Não existe nada nas questões humanas que torne inaplicável, em princípio, a abordagem científico-natural. Sua aplicação só pode ser contestada, quando muito, com base nas intenções e preferências práticas. No entanto, todos os argumentos provenientes (real ou supostamente) da "natureza do objeto" devem ser infundados.

Essa universalidade, porém, não se aplica no sentido inverso. Podemos postular que tudo é natureza, mas somente algumas partes da realidade se permitiriam ser tratadas como história:

> Compreender é redescobrir você em mim; o Espírito se restaura em níveis cada vez mais elevados de configuração; a identidade do Espírito em mim, em você, em cada sujeito da nossa comunidade, em cada sistema de cultura, finalmente, na totalidade dos espíritos e na história universal, torna possível essa colaboração de seus diferentes propósitos nas humanidades. Nesse ponto,

o sujeito do conhecimento está unido com o seu objeto, que – em todos os níveis – é a sua objetivação.[15]

Este é o ponto mais crucial da teoria de Dilthey e, na verdade, da questão toda da compreensão como um método particular que constitui as ciências humanas e as diferencia de seus vizinhos "naturalistas". A compreensão é a redescoberta de mim em ti: não posso me descobrir numa árvore, muito menos posso me *re*-descobrir ali, já que não havia nada que estabelecesse nossa afinidade no passado. No entanto, posso me redescobrir em ti, já que tu e eu somos particularizações do mesmo "Espírito", idêntico, em última análise, a si mesmo em todas as suas múltiplas encarnações. Para me redescobrir, isto é, para compreender, eu preciso ser confrontado com um objeto com o qual a minha unidade já foi estabelecida. Se a compreensão histórica, enquanto método, é uma questão de escolha, o conjunto de objetos ao qual ela pode ser aplicada não é.

Resumindo: compreensão, na visão de Dilthey, significa uma *escolha* da oportunidade *determinada* pela natureza de alguns objetos potenciais de cognição, mas não dos outros. Entretanto, pelo que essa oportunidade é determinada? O que está na base da significativa diferença entre esses objetos que podem, em princípio, ser compreendidos, e aqueles que estão eternamente condenados a serem vistos apenas externamente? É aqui que entra *der Geist*: "Esses dados são sempre expressões da vida. No mundo do significado, eles são expressões do espiritual; isso nos permite conhecê-los".[16]

Os objetos potenciais da nossa compreensão são, portanto, expressões do Espírito. *Podemos* compreendê-los *porque* são expressões do Espírito. A frase tem a estrutura gramatical de uma explicação causal. No entanto, será que ela oferece uma? Se perguntarmos o que é *der Geist* e como saber que o que vemos é, de fato, a sua mani-

---

[15] Dilthey, op. cit., p.191.
[16] Ibid., p.205.

festação, provavelmente a única resposta que receberemos seja esta: saberemos quando sentirmos que podemos compreender aquilo que vemos e, consequentemente, apreender o seu significado. A explicação aparentemente causal se mostra uma tautologia, ou melhor, um dispositivo para evitar ou ocultar a tautologia. O raciocínio circular nunca nos permite perguntar em que se baseiam, em última análise, a universalidade e a unidade do Espírito; nosso esforço para compreender e a nossa satisfação com seus resultados evitam que nos preocupemos com a questão. Podemos compreender qualquer coisa que seja uma manifestação do Espírito; qualquer coisa que podemos compreender é uma manifestação do Espírito. Quando nos envolvemos ativamente na empreitada da compreensão, o próprio conceito que supostamente dava legitimidade ao nosso projeto recua para o segundo plano, parecido com o "mandato popular" durante a correria administrativa cotidiana. Ou melhor, o conceito revela o seu papel como mais um "suporte metafísico" – o papel atribuído por Parsons à "mão invisível" que supostamente guiava o mercado, que, de todo modo, podia perfeitamente se sustentar com todas as leis que descobrimos ou atribuímos a ele.

As regras destinadas a sustentar o ato da compreensão foram, na verdade, enunciadas por Dilthey de uma forma que não deixa nenhum papel ao Espírito, exceto o de "suporte metafísico". Aprendemos com Dilthey que a compreensão se baseia na troca (*Wechselwirkung*) constante com a experiência interior (*Erleben*); é na compreensão da nossa própria experiência interior, que supostamente se deu de forma não problemática e sem recorrer a uma metodologia especialmente desenvolvida, que a compreensão das manifestações estranhas da vida e das outras pessoas ganha corpo gradualmente.[17] A esfera da experiência interior é o local de treinamento desse *insight*, com o qual podemos penetrar nas profundezas das criações do Espírito que, de outra forma, seriam impenetráveis.

---

[17] Ibid.

A ascensão da hermenêutica

Nem todos os objetos feitos pelo homem exigem um *insight* como esse para serem compreendidos. Dilthey parece sugerir que pelo menos duas categorias amplas de ações humanas e seus produtos podem ser apreendidas de uma maneira mais simples. Uma categoria é a dos conceitos, dos juízos ou mesmo das estruturas mentais mais abrangentes. Seu conteúdo mental pode ser apreendido em seu próprio contexto. Isso pode ser interpretado como uma afirmação de que, por natureza, o trabalho intelectual independe do contexto, ou como uma contestação do caráter sociológico ou psicológico do conhecimento científico; podemos ignorar as experiências e as sensações do autor de uma teoria científica – elas não são relevantes para compreender a própria teoria. A "razão pura" produz seu próprio significado, e para ter significado não depende de nada além de si mesma.

A outra categoria é constituída pela conduta humana, supostamente o que classificamos como comportamento humano observável. Ela se relaciona com o seu fim (qualquer que seja ele) de forma habitual. O componente "espiritual" do comportamento se resume a essa relação do ato com seu fim. Portanto, compreender o significado de um ato significaria explicitar a regra que controla a relação entre fins e meios. Ao contrário do primeiro caso, é preciso ir além do objeto a fim de apreender o seu significado; porém, ao fazê-lo, podemos utilizar o instrumento da observação científica sistemática (supostamente apoiada por suportes estatísticos) em vez de qualquer método particularmente *Geisteswissenschaftliche*. Nossa busca por significado cessa quando nomeamos o fim ao qual a atividade observada foi subordinada. Não que o agente cujo comportamento observamos não tenha "experiências internas" enquanto age; ele certamente as tem o tempo todo. Porém, essas experiências internas são irrelevantes para a tarefa de tentar compreender o comportamento *enquanto* comportamento. Enquanto os objetos da primeira categoria continham todo o seu significado passível de ser descoberto em si, os objetos desta segunda categoria implicam que todos os elementos necessários à sua compreensão estejam no campo da sua relação com o produto final da ação (como na célebre ilustração que Weber fez dessa ideia de Dilthey, no campo entre o balanço rítmico do machado e a pilha de madeira cortada). Nenhuma das categorias nos leva para dentro das profundezas misteriosas e impenetráveis das sensações e das outras experiências internas do agente.

Só a terceira categoria de "manifestações da vida" é que apresenta problemas de complexidade única. Para transmitir a atmosfera dessa complexidade, Dilthey recorre a uma curiosa mistura de lírica e misticismo:

> É completamente diferente com uma expressão experiencial! Tal expressão [...] emerge das profundezas não iluminadas pela consciência. [...] Ela não pode ser julgada em termos de verdade e mentira, somente em termos de veracidade e falsidade. É assim porque o fingimento, a mentira e o engano rompem a continuidade entre a expressão e a entidade espiritual expressa. [18]

A profundeza, que o conhecimento não pode iluminar... algo que não pode ser julgado como verdadeiro ou falso, somente como genuíno ou mentiroso... simulação, mentira e engano conspirando para romper a suposta conexão entre o ato de balançar o machado e a pilha de madeira cortada; na medida em que concordamos em definir a ação em termos de seus resultados finais, nossas descobertas são verdadeiras ou falsas. Podemos conferir e reconferir qual é o caso observando as coisas objetivamente, isto é, como coisas. No entanto, se considerarmos a mesma atividade como uma manifestação da "experiência interna", abrimos uma caixa de Pandora de perigos ontológicos e armadilhas metodológicas. Ao hesitarmos entre verdade e mentiras, não podemos contar com a ajuda da observação objetiva. A escuridão impenetrável do Espírito não será dispersada pela luz do conhecimento objetivo das regularidades

---

[18] Ibid., p.206.

estatísticas. Cada caso é único, e não pode ser incluído numa regra geral. "A compreensão tem sempre o particular como seu objeto."[19]

Esse particular é, acima de tudo, o individual. A tarefa da compreensão é compreender objetos e acontecimentos como "manifestações de vida" de outros indivíduos. Ao fazê-lo, somos guiados por regras metodológicas reconhecidamente deficientes e obscuras. Em última instância, essas regras são estabelecidas na esperança de que a empreitada é, em princípio, viável e pode ser aperfeiçoada. Uma vez mais a *Leben* fornece o apoio: *Leben* é uma atividade partilhada, e existe uma comunidade (*Gemeinsamkeit*) que permeia todos e cada um dos indivíduos. Podemos imaginar a comunidade como uma "essência comum" na qual qualquer *Leben* individual está esculpida e que é, simultaneamente, a portadora da atividade chamada compreensão. De forma mais apropriada, podemos conceber a comunidade como uma similaridade-com-afinidade postulada, uma espécie de semelhança familiar na qual a magia empática da compreensão se basearia. Dilthey nunca se preocupou em explicar as bases da esperança. A esperança entra em sua reflexão como um lugar-comum, apoiada por um século ou mais de crença romântica. É verdade que Dilthey está procurando por um método de compreensão, mas as categorias que ele cunha para construir o método desempenham, na verdade, a função etiológica; seu principal papel consiste em explicar o mistério da compreensão entre indivíduos, e não em facilitar tal compreensão.

Existem três dessas categorias supostamente metodológicas, embora, na verdade, etiológicas: "Pôr-se no lugar de alguém" (*Sichhineinversetzen*), "copiar" (*Nachbilden*), "reviver" (*Nacherleben*). A primeira categoria é fundamental, já que oferece a base para as outras duas. Ela se refere novamente à ideia da nossa comunidade essencial que reúne os indivíduos. Graças a ela, o indivíduo pode se colocar no lugar do outro, "transportar a si mesmo para dentro

---

[19] Ibid., p.212.

de determinados conteúdos de manifestações da vida".[20] Dilthey pressupõe, evidentemente, que essa atividade, realizada diariamente em cada ato de comunicação, por mais simples que seja, é trivial, comum. O fato de essa atividade ser tão comum, fácil e descomplicada é que nos dá a esperança de que as outras duas categorias mais exigentes sejam alcançadas. Copiar e reviver são atividades de "tipo mais elevado"; só em seu decorrer é que se apreende a "totalidade da vida espiritual". Copiar e reviver são considerados claramente a esfera privilegiada das pessoas dotadas de qualidades que não são concedidas com frequência. Reviver é um ato de criação; portanto, para reviver, não basta participar na *Leben* como todo mundo faz. A "comunidade" que está na base do ato de reviver é a comunidade da criatividade.

As formas mais elevadas de compreensão dizem respeito às artes, às habilidades e aos dons especiais. É verdade que para reviver é necessário, em primeiro lugar, empatia (*Mitfühlen*), que intensifica a força do ato.[21] Mas a fantasia é um dos principais pilares que sustentam a empatia; graças à fantasia, emoções e aspirações encarnadas numa determinada manifestação da vida podem ser empaticamente apreendidas e reexperimentadas, e, consequentemente, ganhar vida nova. Contudo, o número de portas que a fantasia pode abrir depende de qual o tipo de chave de uma fantasia específica. "Quanto mais dotada a pessoa é, maiores são as suas possibilidades [de compreender]."[22] Reviver grandes acontecimentos históricos ou grandes obras de arte é uma possibilidade acessível apenas a um número pequeno de escolhidos; às pessoas que, devido ao talento, à formação e ao conhecimento acumulado podem se erguer às mesmas alturas em que os agentes originais dos acontecimentos ou os autores das obras de arte atuaram. Portanto, as formas mais sublimes

---

[20] Ibid., p.214.
[21] Ibid., p.215.
[22] Ibid., p.225.

A ascensão da hermenêutica

de compreensão são sustentadas, em parte, por um método e, em parte, por um talento especial; a natureza desses suportes impede a sua acessibilidade universal e as transforma em arte ou numa proeza histórica proporcional aos seus objetos. Em suas formas mais sublimes, a compreensão se torna "um processo intelectual que exige o máximo de esforço".[23]

No entanto, desde Schleiermacher se aceita que o ato de reviver, definido de maneira restrita como a recriação da experiência individual que acompanhou o ato de criação histórica, não encerra o ato da compreensão. Envolver-se inteiramente com os motivos e emoções de agentes de dramas históricos falecidos há muito tempo seria, na verdade, um esforço desprezível de desenterrar um cadáver. A compreensão tem a ver com a apreensão do significado de um acontecimento ou de uma obra de arte. Como recordamos, só se pode apreender o significado de um objeto que é, em si mesmo, significativo (não uma árvore!). Então nos dizem que só são significativos (isto é, podemos apreender o seu significado) os momentos do passado que não se transformaram em cadáveres, ou seja, que devem sua importância a algo mais que os motivos e as aspirações que outrora levaram à sua concepção. "Um momento do passado é significativo na medida em que ele condiciona o futuro."[24] Em outras palavras, um momento da história retira a sua importância da sua relação com uma totalidade maior, do fato de relacionar o passado ao futuro, a existência individual à humanidade. Evidentemente, quanto maior a totalidade à qual podemos e escolhemos relacionar o acontecimento histórico, mais o seu significado – que, de outro modo, permaneceria oculto – ganha destaque. Portanto, a compreensão não é apenas um processo pessoal, é um processo histórico também. Já sabemos que ela depende das qualidades do historiador enquanto pessoa. Agora descobrimos que ela também depende das

---

[23] Ibid., p.227.
[24] Ibid., p.233.

qualidades do historiador enquanto um contemporâneo de um período histórico. "Aquilo que estabelecemos como um objetivo para o futuro condiciona a nossa determinação do significado do passado."

Se é assim, nossa compreensão das criações históricas não está fadada a permanecer para sempre parcial e volátil? Como podemos saber que a nossa compreensão hoje é melhor que ontem e pior que amanhã? A ideia de uma totalidade que cresce suavemente não é outra versão da crença acrítica no progresso?

Dilthey está plenamente consciente de que tais conclusões são possíveis. Ele sabe que uma compreensão plena e definitiva, que não esteja aberta a nenhuma mudança, só é concebível como uma esperança. Sua possibilidade foi comprovada assim como a existência de Deus o foi por Santo Anselmo: a totalidade revelada da história humana está crescendo continuamente por meio da acumulação de novos acontecimentos e novas criações culturais; ela deve, em algum momento, revelar tudo de si e, consequentemente, fornecer uma estrutura plenamente exposta e fixa na qual o significado final de tudo será determinado de uma vez por todas. Essa esperança, contudo, tem bases tão frágeis como as da prova ontológica de Santo Anselmo. "É preciso esperar até o fim da história para apreender o material em sua totalidade determinada." Mas por que devemos concordar que a história um dia chegará ao fim? Por que devemos aceitar que seu movimento no tempo pode, de fato, ser descrito como um movimento *na direção* de um fim? Essa é uma questão crucial, já que da aceitação de um "fim" ideal da história depende a possibilidade de encarar a história como um movimento unidirecional, como um processo com um guia durante o qual algumas características (no nosso caso, a compreensão do passado) se fortalecem gradualmente.

A fragilidade do pressuposto sobre o qual a "objetividade processual" da compreensão histórica se baseia foi prontamente desmascarada por críticos radicais das soluções hesitantes e contemporizadoras de Dilthey, sobretudo Benedetto Croce e seu discípulo inglês, R. G. Collingwood. Para Croce, o pressuposto do "direcionamento" da história é fora de propósito e, sobretudo, insustentável: nossa crença na veracidade do pressuposto é ela mesma história e, naturalmente, tem tanto fundamento quanto os outros acontecimentos históricos, cujos significados mudam de tempos em tempos.

> Todo julgamento é julgamento histórico, é, de fato, história [...] A teoria de que o verdadeiro conhecimento é o conhecimento histórico não se opõe [...] em nenhum sentido verdadeiro à ciência natural, pois esta, como a história, realiza seu trabalho neste mundo, neste pobre mundo. A teoria se opõe àquela filosofia, ou, mais precisamente, à ideia tradicional de filosofia que tem seus olhos voltados para o Paraíso e dali obtém – ou espera – a verdade suprema.[25]

Desse modo, somente a nossa "espera pelo fim da história", a ideia ilusória capaz de deleitar e entusiasmar apenas filósofos, mas que, por outro lado, não tem nenhuma relação direta com nossos afazeres diários, é que separa a confiança dyltheyana na objetividade suprema da compreensão histórica do "historicismo absoluto" ao estilo de Croce. Como diz Raffaello Franchini, o arguto estudioso de Croce:

> Segundo Croce, a história nunca é uma totalidade abstrata da qual poderíamos extrair, de vez em quando, uma parte que nos interessa. Pelo contrário, a história nasce dos nossos interesses de vida [...] Não existe história em si, história de fatos – observa Croce –, pelo mesmo motivo de que não existem "casos" historiográficos "em si". Os fatos ganham destaque somente por meio dos interesses da vida presente, e são elaborados e reelaborados por eles.[26]

É o nosso interesse atual que dá origem aos chamados "fatos da história", que os força a uma reelaboração sempre renovada. A possibilidade do "historicismo absoluto" está contida na própria ideia de compreensão como a ação de relacionar o passado a uma totalidade em constante transformação, e sujeitada apenas pelo recurso duvidoso da "unidirecionalidade" dessa transformação;

---

[25] Croce, *Philosophy, Poetry, History: An Anthology of Essays*, p.561, 563.
[26] Franchini, *La teoria della storia di Benedetto Croce*, p.96, 98.

"historicismo absoluto" significa, na prática, a fusão total da compreensão da história com a própria história. Não existe história fora de uma "história compreendida", isto é, fora do passado tal como é intelectualmente acessível para nós. E o que o torna intelectualmente acessível é o nosso interesse atual. Induzidos por nossa ânsia filosófica pela "verdade absoluta", o que quer que isso signifique, recorremos a outra muleta metafísica na forma de uma imagem do passado como um enorme reservatório de "fatos" do qual extraímos um número cada vez maior de unidades, deixando cada vez menos no recipiente. Na visão de Croce, o passado não é um reservatório como esse; sobretudo, não teria importância mesmo que fosse, pois nunca poderíamos ter certeza disso. Nossos julgamentos da história são extraídos da mesma rocha da história que nós "julgamos", isto é, eles mesmos são história. A esperança de que, com a ajuda de alguns métodos maravilhosos (novamente históricos!), podemos escapar de nós mesmos e da historicidade dos nossos julgamentos só pode se basear na ingenuidade ou na fantasia.

> O fato passado não atende a um interesse passado, mas a um interesse presente, na medida em que ele está unido a um interesse da vida presente [...] Só em nosso peito é que pode ser encontrado aquele cadinho em que o *certo* é convertido no *verdadeiro* [...][27]

As ideias de Croce expressas, de certa forma, poeticamente, ganharam uma exposição sistemática e pertinente com as obras de Collingwood. A relatividade da historicidade inescapável do pensamento já estava contida no próprio ato em que um acontecimento se torna "histórico".

> A peculiaridade que torna [um objeto] histórico não é o fato de ele acontecer no tempo, mas o fato de ele se tornar conhecido para nós quando reconsideramos o mesmo pensamento que criou a situação que estamos investigando

---

[27] Croce, *Theory and History of Historiography*, p.12, 26.

A ascensão da hermenêutica

e passamos, portanto, a compreender essa situação [...] É o próprio historiador que se encontra no tribunal, e ali ele revela sua própria mente em sua força e fraqueza, em suas virtudes e vícios [...] Ao compreendermos historicamente [um acontecimento] nós o incorporamos ao nosso pensamento [...][28]

E assim, qualquer que seja o *status* ontológico de um acontecimento, ele se torna histórico por causa do nosso esforço em penetrá-lo, em apreendê-lo, em compreendê-lo e, por meio disso, incorporá-lo ao nosso presente. Todos esses esforços são acionados por nossos interesses atuais, e não pelas supostas peculiaridades intrínsecas do próprio acontecimento. Portanto, a forma inconstante da história tal como a conhecemos, tal como nos é apresentada a qualquer momento que pensamos nela, deve ter a sua origem buscada menos na lógica dos acontecimentos "em si mesmos", do que nas nossas preocupações atuais. O círculo hermenêutico inclui, como a sua fonte de energia rotativa, a prática presente da qual nós, os historiadores, fazemos parte de forma irremediável.

Onde isso deixa a "verdade absoluta" na compreensão histórica, a ideia do conhecimento histórico se aproximando cada vez mais da sua objetividade? O que quer que seja considerado objetividade em qualquer momento específico é, ele mesmo, história, e, portanto, está sujeito às mesmas regras que foram explicitadas para os acontecimentos históricos em geral. Não surpreende, portanto, esta declaração de Colingwood:

Como podemos nos convencer de que os princípios a partir dos quais pensamos são verdadeiros senão continuando a pensar segundo esses princípios e verificando se surgem críticas irrespondíveis a eles enquanto trabalhamos? Criticar as concepções de ciência é tarefa da própria ciência enquanto segue adiante; querer que essa crítica seja precedida pela teoria do conhecimento é querer que essa teoria preceda a história do pensamento.[29]

---

[28] Colingwood, *The Idea of History*, p.218-9, 230.

[29] Ibid, p.230.

Com essas palavras, Colingwood se reconcilia, e nos convida a fazer o mesmo, com a necessidade de viver, trabalhar e tentar compreender, sem certeza e, talvez, sem esperança, que o fim da estrada que inspira nossos esforços será um dia alcançado. Já que nunca podemos saber se estamos no caminho certo, o único conselho sensato é seguir em frente, devagar e sempre. É bem provável que mais cedo ou mais tarde abandonaremos o caminho, como abandonamos tantos outros antes, e seremos persuadidos a pegar outro em razão dos nossos novos interesses; mas não existe nenhuma garantia de que o novo caminho será, em alguma medida, "melhor" ou "mais definitivo" que o anterior. "Cada nova geração tem de reescrever a história do seu próprio jeito. [...] O próprio historiador, junto ao aqui e agora que compõe o conjunto das provas a seu dispor, faz parte do processo que está estudando."[30] Alguém poderia objetar que essa afirmação provoca uma regressão interminável. Alguém pode atribuir a complacente crença positivista numa verdade histórica ancorada no passado – "da forma como aconteceu de uma vez por todas" – à era de fé e certeza da qual os historiadores positivistas faziam parte; do mesmo modo, alguém poderia atribuir o ceticismo sereno de Colingwood à era de incerteza e falta de fé da qual ele, por sua vez, fazia parte. Objeção essa que Colingwood aceitaria sem dificuldade, acrescentando apenas uma réplica: essa regressão interminável, outro nome do círculo hermenêutico em constante rotação, é uma necessidade que o seu conceito de compreensão histórica acolhia com uma amplitude que a ideia positivista de conhecimento histórico jamais poderia imaginar.

Deliberadamente ou não, a crítica radical de Croce e de Colingwood expôs as ambiguidades intrínsecas da concepção de compreensão histórica de Dilthey. Ela mostrou que os conceitos de círculo hermenêutico e conhecimento histórico objetivo só podem ser reconciliados por meio da edificação de uma construção frágil

---

[30] Ibid, p.248.

apoiada em pressupostos metafísicos infundados. De duas uma: ou o nosso conhecimento histórico está sujeito à lei do acréscimo linear e, portanto, os historiadores deixam os acontecimentos históricos "falarem por si mesmos"; ou os fatos históricos são ativados (na verdade, criados) pelos raios de luz emitidos por nossa própria experiência histórica, e, nesse caso, são um elemento fundamental do fluxo atual da história. As tentativas frenéticas de Dilthey de pôr um pé em cada canoa estavam condenadas desde o começo.

O outro aspecto da crítica de Croce e de Colingwood é uma mudança de ênfase, talvez involuntária, mas evidente. O conceito de compreensão de Dilthey estava sujeito, por assim dizer, a ficar "entre a cruz e a caldeirinha": de um lado, a mente dos agentes históricos (que o historiador é chamado a reviver); do outro, a totalidade tal como é acessível ao historiador (a qual condiciona as formas e os limites desse reavivamento). Embora ambos os críticos demonstrem um respeito mais que ocasional ao primeiro fator, sua atenção está voltada diretamente para o segundo. Com a totalidade presente desencadeando a intenção e o conteúdo da compreensão, por que precisamos da mente do agente morto, exceto para nomear o que estamos descrevendo? "Aquilo que estabelecemos como um objetivo para o futuro condiciona a nossa definição do significado do passado." Não é fácil reconciliar essa afirmação com a ideia de hermenêutica de Dilthey como um *método* para penetrar no espírito das pessoas e dos acontecimentos do passado. Na obra de Croce e de Colingwood, ela se parece mais à consciência da necessidade. É assim que a compreensão da história funciona; e não "isto é o que você tem de fazer para compreendê-la".

Portanto, a ambiguidade intrínseca da hermenêutica de Dilthey só pode ser resolvida de duas maneiras: insistindo que a mente dos agentes históricos (líderes, artistas famosos etc.) contém o critério supremo de veracidade de toda compreensão; ou admitindo que a liberdade interpretativa do historiador é, para todos os efeitos práticos, irrestrita, movendo-se continuamente sem nunca parar. A

A ascensão da hermenêutica

primeira solução é de pouca valia, já que ainda não foram inventadas regras satisfatórias de "penetração da mente" que não incluam a própria experiência (a rachadura na represa que cerca o mar da subjetividade) do "penetrador". A segunda solução é uma rendição inequívoca à inevitabilidade do relativismo histórico, que Dilthey se esforçou tanto para repelir ao postular que a compreensão era um *método* em cuja aplicação os historiadores são assistidos pelo avanço inabalável da história rumo à sua consumação.

Naturalmente, trata-se de um julgamento de valor definir a reconciliação da compreensão histórica com a historicidade como uma capitulação. É uma capitulação do ponto de vista de um ideal de ciência, e de cientistas como senhores absolutos e únicos reservatórios de uma verdade à qual eles têm acesso privilegiado e sobre a qual têm direitos exclusivos, graças aos instrumentos que só eles podem manejar. É uma fonte de um potencial infinito de crescimento, e certamente não uma capitulação, do ponto de vista da retomada que ilumina o "resgate" do passado (como em Heidegger) e, desse modo, é um elemento primordial de um desenvolvimento histórico posterior. Certamente não é uma capitulação, mas uma fonte de otimismo, como Johan Huizinga declara que

> Os interesses históricos de toda civilização independente são determinados pela pergunta: quais são as coisas que interessam a ela? [...] O passado, sem outras especificações, significa simplesmente o caos. [...] *O* passado está sempre limitado de acordo com o tipo de sujeito que procura compreendê-lo. Toda civilização tem um passado *só seu*.[31]

Esse é, de fato, um motivo para ser otimista e ficar encorajado com o esforço profundo da nossa civilização para compreender todo o passado da humanidade em seu conjunto, já que "faz parte da essência de uma civilização que qualquer coisa que seu intelecto

---

[31] Huizinga, A definition of the concept of history. In: Klibansky; Paton (orgs.), op. cit., p.7.

conceba se torne parte dela". Portanto, é uma fonte de alegria para todos nós que consideramos a riqueza cultural uma virtude que "a nossa civilização seja a primeira a ter como passado o passado do mundo, e a nossa história seja a primeira a ser história mundial". Aqui nos deparamos, por fim, com um fundamento sobre o qual a crença num caráter essencialmente progressista da compreensão histórica pode ser colocada sem perigo. Mas esse fundamento não é o de Dilthey, não é a atividade sistemática de historiadores que controlam a "reunião" gradual de uma soma de conhecimentos cada vez maior. É um fenômeno que se estende muito além dos limites de qualquer atividade historiográfica tradicional. O fundamento da crença é a própria civilização, sempre ultrapassando os limites que ela estabeleceu para si um momento antes, passando a identificar gradualmente a noção de "nós" com "gênero humano", e alcançando finalmente a velha profissão de fé: *Nihil humani a me alienum puto* [Nada do que é humano me é estranho]. "Todo conhecimento da verdade histórica está limitado por uma capacidade de assimilação, que, por sua vez, tem origem no estudo da história. A própria história, e a consciência histórica, se torna um elemento fundamental da civilização." Afinal, "a história é a forma intelectual pela qual uma civilização presta contas a si do seu passado".[32]

Quanto mais rica é a nossa própria prática historicamente desenvolvida, mais rico é o passado que consideramos um problema a ser compreendido, e cuja compreensão somos capazes de alcançar. Quanto mais rico o passado tratado por nós dessa maneira, mais rica se torna a nossa civilização e a sua capacidade de absorção adicional. O círculo hermenêutico não é apenas um método que deve ser apropriado pelos historiadores. O círculo hermenêutico é o modo pelo qual a própria história se move.

Em relação à tarefa que Dilthey estabeleceu para si mesmo e para a ciência da hermenêutica que ele tentou codificar, essa con-

---

[32] Ibid., p.8-10.

clusão significa uma derrota. Dilthey esperava inventar um método que, no final das contas, nos conduzisse não apenas à compreensão da história, mas à sua *verdadeira* compreensão. Porém, tendo reconhecido um dia o papel crucial da "troca" com a experiência interior do sujeito cognoscente, e, por consequência, a importância fundamental do horizonte historicamente acessível do sujeito, Dilthey abriu uma lacuna entre a compreensão e a verdade que um grande número de pensadores tentaria mais tarde preencher, com sucesso parcial. Veremos nos capítulos posteriores que é possível apresentar toda a história do problema da compreensão como uma série de tentativas recorrentes de escapar do relativismo da compreensão revelado por Dilthey, talvez contra as suas intenções.

Em regra, essas tentativas tomaram dois caminhos diferentes. Eles podem ser descritos, em linhas gerais, como: primeiro, a busca por um conjunto de *métodos* infalíveis que, em última instância, tornariam a compreensão correta possível e atraente; e, segundo, o desenvolvimento de uma *teoria da história* que apresentaria a história do conhecimento como um progresso no sentido da verdadeira compreensão. O pressuposto crucial subjacente ao primeiro caminho é que a compreensão é uma tarefa da razão; o corolário desse pressuposto é que a razão só pode atingir essa compreensão se conseguir se emancipar de tudo que venha de outras fontes (paixões, interesses historicamente limitados, lealdades de grupo etc.). O pressuposto crucial do segundo é que a compreensão é uma tarefa da história. Seu corolário é a crença de que a verdadeira compreensão não pode se tornar universal até que o desenvolvimento histórico abra caminho para o império da razão. Por uma questão de concisão, chamaremos as duas categorias de solução de "racionalista" e "historicista", respectivamente.

A principal característica das soluções racionalistas é a sua desatenção aos cenários historicamente determinados em que a compreensão é tentada. Para elas, o conhecimento, como a ignorância, é atemporal, podendo ser alcançado a qualquer momento. O fato de ele ser alcançado ou não depende unicamente da adequação dos métodos. Se ele não foi alcançado, a culpa é dos métodos errados. As pessoas que não conseguem alcançar a compreensão obviamente olham para direções erradas ou são enganadas por pressupostos inadequados. Para corrigir seus erros, elas precisam dos métodos corretos. Junto de seus resultados admiravelmente convincentes, os métodos corretos, uma vez inventados ou descobertos, serão adotados sem resistência; sua "adequação" será o único argumento necessário para lhes garantir o sucesso.

As soluções historicistas se diferenciam pela recusa em acreditar que a compreensão correta é possível em todas as condições, confirmada a acessibilidade a métodos eficazes. O conhecimento, como a ignorância, é historicamente determinado. A história precisa "evoluir" na direção da compreensão objetiva. A amplitude de aperfeiçoamento que pode ser alcançada, por meio de melhores métodos, na autoconsciência de uma era é, e continuará limitada, até que a história "transcenda a si mesma" e crie condições para que a compreensão possa ser libertada das limitações históricas e se eleve ao nível da objetividade. Os métodos corretos de compreensão não podem chegar antes do seu tempo, mas, mesmo se pudessem, não seriam eficazes. Nenhuma proposição verdadeira é "obrigatoriamente evidente" sem um ambiente histórico adequado.

Como todas as classificações, esta acentua demais as diferenças entre as categorias e minimiza as semelhanças. Embora as duas categorias sejam apresentadas aqui como puras, na prática teorias específicas misturam as duas tendências em proporções variadas. Não obstante, a classificação parece captar a principal controvérsia que sempre ocupou o centro das discussões sobre a compreensão. A maior parte das atitudes na discussão pode ser mais bem compreendida dentro da lógica de uma ou de outra das duas categorias. Sua apresentação neste estudo está baseada nesse pressuposto.

2
A compreensão como obra da história:
Karl Marx

Não foi a hermenêutica alemã, na forma descrita no capítulo anterior, que forneceu o estímulo ou o rumo para a teoria social de Karl Marx. Em nenhum lugar da sua obra Marx enfrentou diretamente problemas reconhecidamente hermenêuticos, segundo a definição de Dilthey ou de seus antecessores; nem considerou a obra de nenhum dos pensadores analisados por nós até o momento relevante para as suas preocupações. No entanto, a contribuição de Marx para as respostas que a ciência social daria posteriormente ao desafio da hermenêutica foi formidável e, talvez, decisiva. Foi Marx que lançou as bases sólidas sobre as quais a resposta "historicista" se ergueu posteriormente: ele tomou a ideia de história como o progresso da razão na direção da autocompreensão, tal como foi desenvolvida em sua forma filosófica por Hegel, e traduziu-a em termos sociológicos.

Hegel deu dimensão histórica às duas ideias revolucionárias de Kant: que o "objeto do conhecimento" é essencialmente distinto do "objeto da realidade" (e não seu reflexo passivo, sua cópia ou réplica); e que o sujeito do conhecimento é e deve continuar sendo um agente ativo, de cujo impacto nenhum objeto do conhecimento pode se livrar. O sujeito foi promovido de um elemento distorcedor e indesejável do ato cognitivo para um papel de condição indispensável de todo conhecimento. Foi demonstrado que a subjetividade é inseparável do conhecimento; portanto, um conhecimento objetivo só podia ser alcançado, quando muito, por meio da subjetividade.

No entanto, o "sujeito" de Kant era uma entidade a-histórica que passou a ser analisada em seu aspecto mais universal, como uma condição transcendental de cada ato de cognição considerado separadamente. Dentro dos limites de um ato cognitivo isolado, o sujeito e seu objeto concreto pareciam, de fato, se opor claramente um ao outro e ser autônomos, mediados apenas pela produção do objeto do conhecimento. Contudo, essa oposição se dissolveu quando Hegel ultrapassou as fronteiras do ato cognitivo isolado e se lançou nas vastidões do processo histórico. Ficou evidente, então, que sujeito e objeto – que se confrontam dentro do ato de cognição e podem ser abstraídos dele como entidades importantes por si mesmas – não são tão opostos quando considerados numa perspectiva histórica. Eles não passam de abstrações analíticas da história, que não passa de um avanço inexorável na direção da autoconsciência do espírito humano. A opacidade e a impermeabilidade de uma coisa qualquer que, por acaso, seja postulada como um objeto do conhecimento numa determinada condição histórica representa uma aparência deturpada de uma situação incipiente demais para ser autoconsciente. O esforço para compreender o processo histórico terá de incluir uma operação realizada não apenas sobre o seu sujeito, mas sobre o seu objeto também: os produtos sociais e culturais do espírito humano. O esforço atingirá seu objetivo quando o Espírito, emergindo de um período verdadeiramente revolucionário da história, for capaz, pela primeira vez, de "enxergar através" de si, de compreender seu próprio significado, já que esse significado será um correlato direto da sua própria ação consciente e do seu próprio autocontrole total.

É essa ideia que Marx traduziu para a linguagem sociológica.

Como Hegel, Marx considerava o problema da compreensão clara e verdadeira como condições de autoconsciência historicamente

A compreensão como obra da história: Karl Marx

adquiridas. Ele fundou a expectativa de que uma compreensão completa e desimpedida da existência e da ação humana seria possível de ser alcançada a partir da visão de que a história, ao longo de seu desenvolvimento, tende sempre a uma universalidade mais completa, e descarta, uma após outra, as sucessivas particularidades que escondem a "essência" do fenômeno social por trás de uma tela opaca de aparências enganadoras. Não basta que a coruja da sabedoria abra as suas asas ao entardecer (como no caso de Dilthey), ou que a história conduza ao triunfo de um método de pensamento que inclui e subordina todos os outros métodos (como no caso de Weber), ou que a história choque uma raça especial de intelectuais que desfrutem de uma posição marginal particularmente propícia à busca da verdade (como no caso de Mannheim). Segundo Marx, a história vai eliminar a diferença entre aparências e essências, vai expor a verdadeira essência humana das relações e ações sociais, e, portanto, tornará possível compreendê-las de maneira genuína e objetiva enquanto aplica os instrumentos de cognição mais triviais e práticos. A própria existência de uma ciência social elaborada e sofisticada é a prova de que tal etapa ainda não foi alcançada. A ciência social precisa mediar a compreensão humana na medida em que a verdadeira natureza das relações humanas é mediada por aparências distorcidas. Consequentemente, se a ciência social está genuinamente comprometida com a tarefa de alcançar a compreensão verdadeira e objetiva, a conclusão prática que ela deveria tirar é "abandonar a tarefa" para facilitar o surgimento da "transparência" da vida social que tornará a ciência social desnecessária. Se existe um método que pode se ajustar a essa tarefa, ele não pode ser simplesmente um conjunto de regras que apenas guie a atividade intelectual; ele precisa ser um conjunto de regras que conecte a atividade intelectual ao desenvolvimento real das relações sociais, assegurando, assim, a efetividade prática da ciência. O caminho para a verdadeira compreensão passa por uma revolução *social*, não metodológica.

Desse ponto de vista, a própria oposição entre indivíduo e sociedade aparece como uma manifestação da "indisponibilidade" essencial das relações sociais para a compreensão. As duas soluções radicalmente opostas do problema (explicar as ações fazendo referência causal à sociedade como "realidade natural", ou compreendê-la por meio de referência teleológica aos pensamentos e sentimentos individuais) devem continuar parciais e, portanto, insatisfatórias, já que desejam transcender no campo das ideias o que é contraditório na realidade. Como na ciência em geral, os objetivos declarados da hermenêutica só podem ser alcançados nas condições sociais que a privam da sua problemática: condições que, na realidade, não apenas no intelecto, fazem com que as consequências das ações sociais estejam ligadas de forma transparente às intenções dos agentes, e o seu significado redutível às suas intenções. Até essa etapa ser alcançada, o único modo pelo qual a ciência social pode apressar a realização da sua tarefa é ajudando a "autoexplicitar as lutas e desejos do período".[1]

Marx acusou Hegel, enquanto filósofo, de "se colocar como o padrão do mundo alienado"[2] ao descrever o processo histórico como um movimento do pensamento, como a superação da contradição entre o pensamento abstrato e a realidade sensível, que começa e termina dentro do próprio pensamento. Hegel se colocou uma tarefa própria deste mundo alienado, esperando que a contradição que deu importância à tarefa pudesse ser resolvida sem que o mundo deixasse de ser alienado. Se, em vez disso, ele tentasse investigar as condições que deram origem à própria tarefa, provavelmente descobriria que a mesma realidade histórica que criou a tarefa tornou sua solução impossível, e que a única solução genuína da tarefa é torná-la supérflua – junto ao tipo de realidade que lhe deu origem e relevância. A descrição hegeliana da história equivale a aceitar as

---

[1] Marx, *Early Writings*, p.209.
[2] Ibid., p.384.

A compreensão como obra da história: Karl Marx

aparências distorcidas por seu valor de face; contradições genuínas e insolúveis do mundo são incorporadas à teoria como seus pressupostos, em vez de serem trazidas ao centro da análise; em razão disso, se acredita na ilusão de que as imperfeições do mundo têm origem nas falhas do intelecto e se transforma essa ilusão em teoria. A tarefa é então articulada como uma solução das contradições do pensamento: uma versão que torna a tarefa irrealizável e irrelevante para corrigir as próprias condições que a tornam urgente e impossível. Acreditando que "só a mente é a verdadeira essência do homem", a *Fenomenologia* de Hegel tinha de ser uma "crítica dissimulada e mistificadora, uma crítica que ainda não havia alcançado o autoentendimento". E assim são todos os projetos que, como o de Hegel, estão empenhados em corrigir as falhas da compreensão enquanto deixam incólumes as condições de vida em que a compreensão universal e objetiva é inatingível.

Em sua forma hegeliana distorcida, diz Marx, a transcendência da alienação se apresenta como a "superação da objetividade". Isso era de se esperar, já que Hegel concebia a própria alienação como a situação na qual as impressões sensoriais – que não passam, essencialmente, de fragmentos cortados do tronco da razão originalmente indivisa e, por isso, natural – assumem a aparência de "realidades objetivas". Não admira que a objetividade aparente pareça a causa principal da "consciência inapropriada" da razão dividida. Porém, culpar a objetividade pelas condições de alienação significa justamente aceitar as aparências que Hegel pretendia contestar. A realidade social cheia de conflitos e alienada gera a ilusão de que o homem pode se livrar da sua condição infeliz apenas "olhando através" da opacidade dos seus pensamentos e descobrindo a sua verdadeira estrutura, percebendo, por exemplo, que conceitos aparentemente objetivos como Estado, lei, classe etc., não passam de significados subjetivos condensados. Por isso, para Marx, a visão de Hegel é somente uma crítica "aparente": "O homem, que percebeu que na lei, na política etc. leva uma vida alienada, leva, consequentemente, a sua verdadeira vida humana nesta vida alienada".[3] Parafraseando Wittgenstein, poderíamos dizer que a crítica filosófica de Hegel da alienação do pensamento é apenas uma crítica aparente, porque ela "deixa o mundo alienado como estava".

Marx considera a "superação da objetividade" como uma tarefa equivocada. "Um ser não objetivo é um não ser", diz Marx, é uma impossibilidade lógica e empírica. De uma forma que Heidegger aplaudiria, Marx mostra que "ser em si" só é possível tendo um objeto fora de si e sendo um objeto para outro ser. De uma forma que Husserl deploraria, Marx mostra que, fora dessa relação "objetiva" entre ao menos dois seres, cada um existindo fora do outro, só uma condição artificial de solidão é imaginável; e a solidão, longe de garantir o verdadeiro conhecimento e a verdadeira emancipação, não significa conhecimento nem sensorial nem conceitual; não existe, nem pode existir, um sujeito sem um objeto fora dele. Mas de uma forma que nem Husserl nem Heidegger conseguiriam acomodar em suas filosofias, Marx mostra que a objetividade, como uma condição "natural" da existência humana, está sujeita à história; nem a natureza objetiva nem a subjetiva, os dois lados da moeda chamada vida, "está imediatamente dada, numa forma adequada, ao ser *humano*". A subjetividade humana e a objetividade do mundo humano, paixão e sofrimento, o *poïein* e o *paschein* aristotélicos, "como tudo que é natural, precisa nascer". O que está errado com o mundo humano não é que ele é objetivo, como Hegel concluiu, mas que é objetivo de maneira errada, historicamente imatura e inumana (ou melhor, pré-humana). O principal obstáculo no caminho da autoconsciência plena e sem limites não é a objetividade em si, mas sua forma alienada. O mundo é e continuará sendo real e objetivo; no momento, porém, ele é objetivo como "algo externo" ao ser humano, algo que não pertence ao seu ser "e que o subjuga". Daí a sensação de que existe um poder dominante que opõe sujeito e objeto, que nada

---

[3] Ibid., p.393.

mais é que um reflexo necessariamente deturpado do fato de que o homem não tem nenhum controle sobre este mundo, que para ele o mundo é uma força alienada, impiedosa e inumana. Antes que essa exteriorização do mundo possa ser transcendida intelectualmente, ela tem de ser superada na prática. A recuperação do controle é um prelúdio e uma condição necessários dessa transparência do mundo, dessa "subjetividade do objetivo", o que torna a compressão clara e verdadeira e a autocompreensão do sujeito possíveis.

Portanto, alcançar a verdadeira compreensão significa refazer o mundo. Se os homens continuam a enxergar a compreensão como um problema, como uma tarefa ainda não realizada, não é porque eles ainda têm de alcançar a sua própria maturidade intelectual, é porque o mundo ainda precisa alcançar a sua maturidade, ainda não está maduro para ser compreendido como um mundo humano. E é por isso que o mundo é, de fato, inumano e alienado, um produto da ação prática humana que se transformou num obstáculo para essa ação.

Esta é a principal característica da abordagem que Marx faz do problema do conhecimento e da compreensão objetivos: a rejeição de qualquer forma contemplativa do conhecimento objetivo, considerando que o caminho para o conhecimento objetivo envolve a transformação *tanto* do sujeito cognitivo *como* do mundo, enquanto a história leva à destruição da própria oposição entre sujeito e objeto (oposição que não está na natureza da vida, mas que é um atributo da vida alienada).

Em todos os estudos e textos de Marx, é possível perceber uma estrutura de pensamento persistente dentro da qual foram inseridos conteúdos constantemente renovados à medida que a análise marxiana (e a esperança de emancipação) passou da esfera política para a econômica. A estrutura é, em linhas gerais, a seguinte: o que desafia a compreensão da verdadeira natureza e da realidade dos fenômenos sociais é a forma particularista e, portanto, distorcida por meio da qual eles aparecem na história humana. Em geral, porém, a história é uma viagem para uma universalidade cada vez mais plena; durante o processo, a natureza verdadeira, universal e "simplesmente humana" do mundo social amadurece e é revelada. Como a mortalha do particularismo cai da realidade, assim também as escamas caem dos olhos dos homens.* Os homens tomam conhecimento da natureza humana da sua própria existência enquanto essa natureza humana é revelada pelo avanço da própria existência.

Essa estrutura de pensamento foi moldada nas primeiras obras de Marx e, desde então, nunca foi abandonada. Talvez ela tenha aparecido pela primeira vez na *Crítica da filosofia do Direito de Hegel*, escrita em março-abril de 1843. À época um democrata radical em guerra com as monarquias não liberais da Alemanha, Marx concentrou sua atenção na distorção particularista própria da monarquia, que dificulta todo conhecimento da natureza do estado político. Sua principal afirmação é que só a democracia, isto é, a superação da monarquia, pode revelar a verdade da monarquia, a verdade que a monarquia ocultava. "A democracia é a verdade da monarquia; a monarquia não é a verdade da democracia." "A monarquia não pode ser explicada em seus próprios termos; a democracia pode." [4] Ambas são apenas "momentos do *demos*", mas a monarquia esconde o que a democracia revela. A monarquia é o povo cuja vontade e soberania foram alienadas e transformadas num poder de comando hostil; na democracia, a origem e a base desse poder vêm à tona.

> A democracia é a solução para o enigma de toda constituição. Nela encontramos a constituição baseada em seu verdadeiro chão: seres humanos concretos e o povo concreto; não apenas de maneira implícita e em essência, mas na existência e na realidade.

Na democracia, portanto, a forma exterior e a aparência da constituição política se tornam finalmente idênticas à sua essência.

---

* Referência ao episódio bíblico da conversão de Saulo (Atos 9:18) em que Ananias lhe impõe as mãos e ele volta a enxergar. (N. T.)

[4] Marx, op. cit., p.87.

A compreensão como obra da história: Karl Marx

Nela, "a constituição é na aparência o que ela é na realidade: a criação livre do homem". Posteriormente, Marx alterou sua imagem um tanto impoluta da democracia; ele descobriu outras distorções e aparências que fingiam ser essências nas manifestações concretas da "soberania do povo". Outros fenômenos assumiram o lugar da dupla democracia-monarquia (logo depois, a dicotomia entre sociedade civil e Estado político enquanto tal; mais tarde, aquela entre trabalho social *versus* propriedade privada), mas a estrutura do pensamento permaneceu extraordinariamente estável do começo ao fim.

O pressuposto fundamental dessa estrutura é que sempre que uma instituição social aparece numa forma abstrata, como uma entidade em si, levando aparentemente a sua própria existência e sujeitos a leis autônomas, podemos suspeitar que por trás dela se encontra o ato histórico da alienação, da transformação de uma parte da capacidade humana numa força que se opõe ao seu fundamento natural. A solução desse mistério é sempre prática; longe de ser apenas uma explicação intelectual das origens, ela envolve a transcendência *tanto* da causa *como* do efeito e a sua abolição. Em 1843, Marx acreditava, por exemplo, que a "reforma eleitoral no Estado político abstrato equivale a exigir a sua dissolução, o que significa a dissolução da sociedade civil".[5] A verdadeira compreensão só é possível por meio da criação de condições práticas que a tornem possível; e isso significa, em primeiro lugar, transcender as falsas oposições e pseudoabstrações que postularam o problema da verdadeira compreensão em contraste com a compreensão ilusória. Para compreender o verdadeiro caráter da sociedade política, é preciso dissolver a autonomia do Estado no governo democrático do povo, abolindo, assim, tanto a separação do Estado *como* da sociedade civil, transformada numa entidade independente pela oposição do Estado. Para compreender o caráter social do trabalho, é preciso dissolver a propriedade privada na soberania dos produtores, abolindo, assim, tanto a propriedade,

---

[5] Ibid., p.191.

enquanto tal, quanto o trabalho, reduzido a um "fator econômico" pela oposição da propriedade:

> A solução das próprias antíteses teóricas só é possível de maneira prática, somente através da energia prática do homem. [...] por esse motivo, a sua solução não é apenas, de modo algum, um problema do conhecimento, mas um problema concreto da vida, um problema que a filosofia foi incapaz de resolver justamente porque o tratou com um problema puramente teórico.[6]

A solução de problemas postulados por engano, pelo caráter misterioso do ambiente no qual as ações humanas acontecem, é um problema prático, porque os erros de julgamento e as suas consequências na má orientação da ação não se devem às deficiências intelectuais, e, portanto, não podem ser corrigidos por ações envolvidas apenas com o intelecto. Num mundo alienado, não é a consciência que é falsa (como muitos comentaristas e discípulos de Marx afirmaram posteriormente, em particular desde Lukács); é a própria realidade que está distorcida. Portanto, a compreensão errada é o reflexo verdadeiro da realidade falsa. Para desfazer o erro, é preciso restaurar a realidade em sua verdadeira forma, isto é, a forma afinada com a sua essência. Não pode haver consciência transparente enquanto a realidade permanecer opaca, envolta num manto espesso de falsas aparências. Quanto mais a consciência humana se esforça para ser adequada e fiel ao seu objeto, mais completa e implacável é a sua capitulação à falsidade da realidade alienada. Refletir com precisão o mundo alienado é apresentar as coisas como diferentes de si:

> A alienação não aparece apenas no fato de que os meus recursos vitais pertencem a outro e o meu desejo é a propriedade inacessível de outro, mas também no fato de que todas as coisas são diferentes de si mesmas, que a minha ação é diferente de si e que, finalmente [...] um poder inumano reina sobre tudo.[7]

---

[6] Ibid., p.354.

[7] Ibid., p.366.

Em suma, o que está errado com a nossa compreensão e o que impede que o nosso conhecimento se torne realmente objetivo é a falsidade contida no mundo alienado, não a inépcia dos nossos métodos. Portanto, a conquista da verdade deve ser uma operação realizada no espaço da vida humana. A mistificação é a verdade da realidade enquanto a realidade for alienada.

A mistificação consiste na troca de lugar entre as aparências e as essências. Na fase inicial, quando ainda tendia a situar a origem da alienação na esfera política, Marx deu como exemplo dessa ideia a relação entre a burocracia estatal e a consciência pública, como parece ser e realmente é. A realidade de um Estado alienado apresenta a burocracia como a verdadeira forma, a representação adequada da essência do Estado; enquanto "a mente do Estado real e concreta, a consciência pública" é "uma simples mixórdia feita com os pensamentos e as opiniões da Multidão". Este registro fiel das aparências "atribui à burocracia uma essência estranha a ela", enquanto atribui "à verdadeira essência a forma inadequada de mera aparência".[8] Quando critica Hegel por tomar a separação entre sociedade civil e Estado político como seu ponto de partida, Marx admite que "essa separação existe de fato no Estado *moderno*", mas observa que "o simples fato de Hegel chamar a atenção para a estranheza dessa situação não significa que ele tenha eliminado a alienação que ela acarreta".[9] Em outra utilização da mesma ideia fundamental, Marx aponta que a dependência é a experiência mais comum de uma sociedade na qual o homem "vive pela graça de um outro"; a consciência é "incapaz de compreender a existência autossustentável (*Durchsich-selbstsein*) da natureza e do homem, já que este ser contradiz todas as evidências palpáveis da vida real". Pelo mesmo motivo, a criação é "uma representação muito difícil de desalojar da consciência do povo".[10]

---

[8] Ibid., p.124.

[9] Ibid., p.137, 145.

[10] Ibid., p.356.

De novo: a consciência não distorce a realidade que ela reflete, ao contrário, a consciência se engana porque ela reflete fielmente a única experiência que a realidade é capaz de oferecer. Não é preciso a bateria pesada dos "Aparatos Ideológicos de Estado" ou um polvo sinistro de um Ministério da Verdade para manter a consciência num estado de erro e de confusão; a própria realidade cuida disso, pois criou um mundo que distorce o espírito no qual quanto mais precisa é a reflexão intelectual, mais ela se debate no pântano das falsas aparências.

Na fase posterior, quando Marx passou a se preocupar com a esfera da vida econômica – a "verdadeira anatomia da sociedade civil" –, a mesma ideia ainda é claramente perceptível. Marx aponta que ilusões gêmeas, a liberdade individual e a natureza "impessoal" das suas restrições, longe de serem simples gafes de um intelecto caprichoso ou hipócrita, são registros fiéis da forma pela qual a sociedade moderna aparece aos seus membros. Nas relações monetárias, pelo menos é o que dizem, quando todas as formas de laços de dependência pessoal foram rompidas, os indivíduos parecem independentes uns dos outros, livres para entrar em conflito ou celebrar contratos. Consequentemente,

> A definição dos indivíduos, que no primeiro caso aparece como uma restrição pessoal do indivíduo por outro, aparece no segundo caso como transformada numa restrição objetiva do indivíduo por relações que independem dele e se bastam.

Já que essas relações só podem se expressar em ideias, elas tendem a se apresentar como o domínio das ideias, dos valores, dos princípios de legitimação etc. Esse erro é "tão mais fácil de cometer" uma vez que o poder exercido pelas relações realmente aparece "dentro da consciência dos indivíduos como o domínio das ideias".[11]

---

[11] Marx, *Grundrisse*, p.163-5

A imagem teórica da realidade social e o senso comum entrincheirado na rotina cotidiana e cotidianamente reforçado estão, portanto, de pleno acordo; nenhum deles pode ser acusado de mera estupidez, nem mesmo de falhas técnicas que os impeça de enxergar a verdade. A falsidade que eles refletem com tanta fidelidade *é* a verdade da realidade que, na prática, tinha falsificado a essência universal e humana da relação social muito antes que os teóricos começassem a teorizar, ou que o senso comum transformasse a prática cotidiana em sabedoria popular. Eles acreditam piamente na ilusão justamente por causa do seu esforço sincero para serem objetivos e se submeterem à prova da prática, e não apesar dele; é preciso, primeiro, que a ilusão desapareça (ou pelo menos se cubra com um número suficiente de fissuras que revelem a essência previamente oculta) para que eles passem pela "crise de consciência" que leve, finalmente, a uma nova imagem da realidade social.

> Toda a aparência de que o governo de uma determinada classe é apenas o governo de determinadas ideias termina naturalmente por si só assim que a dominação de classe deixa de ser a forma de organização social, ou seja, assim que não é mais necessário representar um interesse particular como geral ou aparentar que o "interesse geral" é que manda.[12]

Esta é a mensagem crucial e a principal característica inconfundível da teoria de Marx: a compreensão objetiva não é alcançada a menos que a crítica da ciência e do senso comum se transforme na crítica da realidade social que tanto a ciência como o senso comum *verdadeiramente* refletem. Para eliminar a "falsa realidade", o método para alcançar a verdadeira e objetiva compreensão precisa incluir a ação prática. Para ser eficaz, a crítica de tudo que seja falso na consciência dominante precisa ter como alvo o desvelamento das características da realidade que levam a reflexão cognitiva a resultados incorretos; ela não pode ser eficaz se ficar confinada, como

---

[12] Marx; Engels, *The German Ideology*, p.95.

em tantos casos, a comentários espirituosos sobre as imperfeições da própria consciência.

> As reflexões do homem sobre as formas da vida social e, consequentemente, também a sua análise científica dessas formas tomam um rumo diretamente contrário ao real desenvolvimento histórico delas. Ele começa, *post festum*, com os resultados acabados do processo de desenvolvimento. As características que identificam os produtos como mercadorias, e cuja implantação é uma preliminar imprescindível para a circulação das mercadorias, já adquiriram a estabilidade das características naturais da vida social antes que os homens tentem dar conta, não do seu caráter histórico, uma vez que elas já são consideradas imutáveis, mas do seu significado. [...] [Essas formas] são socialmente aceitas e, portanto, são formas objetivas de pensamento que expressam as relações de produção de um modo de produção definido e historicamente determinado, isto é, a produção de mercadorias. Portanto, todo o mistério da mercadoria, toda a magia e a feitiçaria que envolvem os produtos do trabalho desde que eles assumem a forma de mercadorias desaparecem assim que passamos para outras formas de produção.[13]

Nesta última ideia – que o avanço da compreensão exige que a história passe para um estágio "mais elevado" de desenvolvimento –, Marx pensa segundo diretrizes não muito distantes das de Dilthey, Weber ou Mannheim. Diverge radicalmente delas e, a propósito, de literalmente todas as outras teorias do conhecimento, porque ele, e somente ele, não situa esse "movimento histórico" que serve de base ao avanço da compreensão no desenvolvimento de uma perspectiva cognitiva mais ampla, ou na introdução de formas de pensamento mais confiáveis, ou no assentamento de um grupo selecionado de pessoas livres das restrições históricas, mas na própria exposição cada vez maior da universalidade da realidade, que revela que as suas próprias etapas anteriores eram distorções particularistas. Marx é o único que não situa as origens da incompreensão na mente do sujeito cognoscente, mas na estrutura do objeto cognoscível; em última análise, dentro da estrutura de dominação que constitui o objeto.

---

[13] Marx, *Capital*. In: *Selected Writings*, p.97-8.

A compreensão como obra da história: Karl Marx

Isto é, Marx transforma epistemologia em sociologia. A crítica do conhecimento nunca está completa sem a crítica da realidade que tornou o conhecimento vulnerável à crítica e merecedor dela. E a crítica do conhecimento é o único caminho disponível que pode levar à crítica da realidade; essas contradições do pensamento que a análise intelectual pode revelar oferecem um *insight* valioso das contradições da realidade que elas refletem e, enquanto a refletem, se envolvem em contradições.

> Uma crítica realmente filosófica da atual constituição não se contenta em demonstrar que ela contém contradições; ela as explica, compreende a sua gênese e a sua necessidade. Ela apreende seu significado particular. Contudo, esse ato de compreensão não consiste, como Hegel pensa, em descobrir as determinações dos conceitos de lógica em cada ponto; ele consiste na descoberta da lógica particular do objeto particular.[14]

O projeto da "hermenêutica-transformada-em-sociologia" é posto em prática em toda a obra de Marx. Um exemplo famoso é a análise que Marx faz da religião. Sua ideia fundamental é que a religião "é uma consciência invertida do mundo, porque [este Estado e esta sociedade] são um mundo invertido. A religião é a teoria geral deste mundo". Se alguém se dedica a desmascarar as falsas imagens religiosas, tem de estar ciente daquilo que está necessariamente envolvido nisso. "Conclamar [as pessoas] a abandonar as suas ilusões a respeito da sua condição é conclamá-las a abandonar uma condição que exige ilusões. Portanto, a crítica da religião é, embrionariamente, a crítica do vale de lágrimas do qual a religião é a auréola." Resumindo, "a crítica do Céu se transforma na crítica da Terra, a crítica da religião se transforma na crítica do direito e a crítica da teologia se transforma na crítica da política".[15] Posteriormente, Marx acrescentou à sua lista as estruturas sociais,

---

[14] Marx, *Early Writings*, p. 158-160.
[15] Ibid., p.244-5.

baseadas nas relações de produção, e, com uma maestria incomparável, transformou sua crítica da economia política na crítica da economia do capitalismo.

Para resolver as tarefas da hermenêutica, Marx recorre a um tipo específico de sociologia. Uma sociologia que se limite a apontar as origens terrenas das gafes espirituais não serve. Lembrem-se: "O homem, que percebeu que, no Direito, na política etc., leva uma vida alienada, leva, consequentemente, a sua verdadeira vida humana nesta vida alienada"; uma "sociologia registradora" deixa tudo como está; a simples consciência das origens terrenas das distorções ainda não é, por si, uma crítica verdadeiramente radical, pois ela se recusa a lidar com as coisas "em suas origens". Uma sociologia verdadeiramente dedicada à tarefa da compreensão histórica não deve ter medo de extrair conclusões práticas de suas descobertas e de transformar a análise intelectual em prática social.

> Se eu reconheço a religião como a autoconsciência alienada, então o que eu reconheço nesta como religião não é a minha autoconsciência, mas a minha autoconsciência alienada ratificada nela. Eu reconheço, portanto, que a autoconsciência que pertence à essência do meu próprio eu não é ratificada na religião, mas na destruição e na substituição da religião.[16]

Porém, como já sabemos, a destruição e a superação da religião só podem ser realizadas quando as condições das quais a religião é um simples reflexo forem destruídas e superadas.

Sem uma reforma concreta da realidade, a crítica do seu reflexo teórico é incompleta e, além do mais, ineficaz. Esse tema foi amplamente elaborado em *A ideologia alemã*. Somos informados de que a crítica espiritual não é suficiente para destruir formas de consciência. Não é suficiente para transformar essas formas em "autoconsciência", ou para apresentá-las como fantasmas, meras aparências ou ilusões. Só a abolição prática das relações sociais concretas que dão

---

[16] Ibid., p.393.

origem continuamente a formas de consciência criticadas pode fazer com que a crítica realize as suas tarefas. A ideia de que o homem pode mudar a sua situação simplesmente adquirindo a consciência certa, por meio de um *insight* dos aspectos mais sombrios da sua condição (e a própria ideia de que tal *insight* é plausível numa escala realmente social enquanto a condição ainda está em pleno vigor), é, em si, um exemplo de consciência distorcida, isto é, uma consciência que aceita a realidade distorcida por seu valor de face. Desse modo, não é possível transcender o "fetichismo da mercadoria" simplesmente compreendendo que as relações aparentes entre as coisas só escondem e mascaram as relações entre as pessoas; seria necessário, além disso, submeter as forças "coisais" ao poder dos indivíduos humanos e abolir essa divisão do trabalho que transforma as coisas em supostos senhores dos homens.

Uma conclusão de particular interesse e importância para a sociologia contemporânea está relacionada à descoberta, feita praticamente por cada geração sucessiva de especialistas por cerca de dois séculos, de que a aparente oposição entre sociedade e indivíduos é ilusória; o chamado "interesse comum", a exigência da sociedade como um todo, não passa de um produto das atividades difusas de indivíduos humanos dispersos. Saber que a oposição é ilusória, já que na "realidade" não existe sociedade, apenas ações individuais geradoras de sociedade, não muda nada na contradição real (embora logicamente incorreta) entre a sociedade e o indivíduo, entre as intenções humanas e as restrições impostas à sua realização, entre as necessidades privadas e as necessidades socialmente determinadas. Portanto, descobrir a unidade, onde a experiência cotidiana e o senso comum que ela alimenta nos informam de uma oposição, significa pouco – a menos que o que se siga seja a aniquilação material do modo de existência que gerou essa unidade e a sua oposição; em outras palavras, a destruição prática da oposição junto com a sua unidade. Há um século e meio, Marx já transcendera a descoberta à qual a nossa geração de sociólogos, como cada geração anterior, tinha chegado com um esforço penoso e com tal estado de espírito triunfante – "finalmente conhecemos a verdade".

Desse modo, a reconstrução da realidade é indispensável para avançar na direção da compreensão objetiva. No entanto, que dizer da etapa intelectual do processo? A simples "estabilização" espiritual da realidade virada de cabeça para baixo é apenas um começo do processo; mas, pelo menos, esse começo depende unicamente do poder do *insight*, da perspicácia, de proezas metodológicas de analistas profissionais? E, desde que a genialidade de um único especialista já tenha descoberto a verdade, a sua visão (nesta fase é apenas uma visão, já que contradiz todas as evidências materiais da rotina do senso comum) pode ser concretizada, se tornar a verdade prática da existência humana?

A resposta de Marx a essa questão crucial está contida numa afirmação frequentemente citada, mas não tão frequentemente aceita em todas as suas consequências: "Não basta que o pensamento tenda à realidade; é preciso que a realidade mesma tenda ao pensamento".[17] Ou seja, a revolução que completa o esforço de compreensão pode vir a ocorrer somente quando a realidade estiver madura para aceitar a verdade acerca de si ("A teoria não se realiza jamais num povo senão na medida em que ela é a realização das necessidades do povo"). Por isso, outra declaração de Marx igualmente famosa: "A humanidade não se propõe nunca senão os problemas que ela pode resolver, pois, aprofundando a análise, ver-se-á sempre que o próprio problema só se apresenta quando as condições materiais para resolvê-lo existem ou estão em vias de existir"[18] As condições para transcender erros historicamente determinados são, elas próprias, historicamente determinadas.

---

[17] Ibid., p.252.

[18] Marx, Preface to *A Contribution to the Critique of Political Economy*. In: _____, *Selected Writings*, p.68.

A compreensão como obra da história: Karl Marx

Consideremos, por exemplo, a análise de Marx das condições em que a universalidade do trabalho como a fonte de todo valor, o "trabalho abstrato", pôde ser descoberta, e como a veracidade da descoberta pôde ser apreciada. Somos informados no *Grundrisse* que só o advento do capitalismo, com a sua dominação total do mercado e a consequente permutabilidade universal dos produtos do trabalho humano, expôs o aspecto "abstrato" e universal do trabalho.

> A indiferença em relação a trabalhos específicos corresponde a uma forma de sociedade em que os indivíduos podem facilmente mudar de um trabalho para outro, e onde o tipo específico é uma questão de oportunidade para eles e, portanto, de indiferença. Não só a categoria trabalho, mas o trabalho, na verdade, se tornou o instrumento de criação de riqueza em geral.[19]

Só nesse momento, portanto, é que a essência universal do trabalho como a origem de todos os valores se torna evidente para todos. De um modo similar a Weber na forma, mas claramente distinto na essência, Marx conclui que até mesmo as categorias mais abstratas, que, em razão da sua generalidade são válidas para todas as épocas (embora aplicáveis somente em retrospecto), se mostram, no entanto, como produtos de relações históricas específicas. É assim que a realidade "tende ao pensamento". Em *O capital* Marx pondera por que era impossível que Aristóteles, apesar de sua genialidade incontestável, descobrisse que "na forma de valores mercantis todo trabalho é expresso como trabalho humano equivalente". A resposta é que a sociedade de Aristóteles era uma sociedade escravocrata, enquanto

> o segredo da expressão do valor, isto é, a igualdade e a equivalência de todos os trabalhos, porque e na medida em que são trabalho humano em geral, só pode ser decifrado quando a ideia da igualdade humana já adquiriu a firmeza de uma convicção popular. Mas isso só é possível numa sociedade em que a forma da mercadoria se tornou a forma geral dos produtos do trabalho, onde,

---

[19] Marx, *Grundrisse*, p.104.

por conseguinte, a relação social dominante é a relação entre os homens como produtores e permutadores de mercadorias.[20]

Só a genialidade permitiu a Aristóteles perceber que, em tal sociedade, uma igualdade se expressava em valores de mercadoria; mas mesmo sua genialidade não podia compensar a imaturidade da sua era, e ele não chegou a compreender de fato essa igualdade.

Isso significa que, em algumas condições históricas, a mente contemporânea, mesmo se munida de uma capacidade analítica inigualável, não consegue perceber um nível de universalidade superior àquele já revelado na rede de relações humanas existente. A universalidade já está presente; contudo, ela continua invisível ao olhar contemporâneo. Por isso, "a anatomia humana contém a chave para a anatomia do macaco. [...] Do mesmo modo, a economia burguesa fornece a chave da economia antiga etc.".[21] Como a racionalidade insuperável da época moderna em Weber, assim a universalidade incomparável das relações sociais capitalistas em Marx legitima a aplicação, em retrospecto, das leis sugeridas pela economia moderna para a análise das sociedades passadas. Como em Weber, essa "imposição" de categorias concebidas numa sociedade sobre a imagem teórica de outra não é considerada relativista. Ocorre o contrário, a crença de que a lógica de uma "época superior" pode ser legitimamente aplicada a "épocas menos desenvolvidas" permite que tanto Marx como Weber reconciliem o historicismo com a confiança inabalável na possibilidade do conhecimento objetivo.

À luz dessa visão, o tipo de historicismo (tal como representado particularmente na historiografia que inspirou a obra metodológica de Dilthey) que exige que cada era seja analisada e "compreendida" em seus próprios termos se torna inaceitável. Não porque nós,

---

[20] Marx, *Capital*. In: _____, op. cit., p.100.
[21] Marx, *Grundrisse*, p.351.

A compreensão como obra da história: Karl Marx

membros de outra sociedade, sejamos incapazes de "perceber" valores e conceitos estranhos; Marx nunca considerou isso uma restrição importante. Esse tipo de historicismo é inaceitável porque desconsidera as coisas reveladas por épocas posteriores e porque se recusa a aceitá-las como categorias que refletem a realidade do passado mais plena e mais profundamente que as ideias necessariamente limitadas dos pensadores do passado. Para Marx, a exigência de aplicar somente categorias "contemporâneas", "locais", "nativas", "êmicas" (ou com qualquer outro nome que elas apareçam) na busca pelo verdadeiro significado de um cenário historicamente determinado equivale a exigir que os historiadores

> compartilhem em cada época histórica as ilusões daquela época. Por exemplo, se uma época se imagina influenciada por motivos puramente "políticos" ou "religiosos", embora "religião" e "política" sejam apenas aparências dos seus verdadeiros motivos, o historiador aceita essa opinião.[22]

Tendo aceitado isso, nosso historiador se torna partícipe da representação enganosa de períodos que ele certamente quer compreender. As ideias dos contemporâneos, às quais ele se apega na esperança de penetrar na verdadeira essência da época, foram desmascaradas por acontecimentos posteriores que mostraram o que elas realmente são: imagens de relações imaturas que, longe de revelarem a verdade, impediram que ela fosse revelada.

Desse modo, pesquisadores da Índia ou do antigo Egito tendem a acreditar que as ideias de casta, pureza, hierarquia etc. são essenciais para compreender esses sistemas sociais peculiares. Eles evitariam interpretações que fossem além dos horizontes cognitivos dos membros dessas sociedades; a ideia que a hierarquia de castas era apenas uma forma primitiva de divisão incipiente do trabalho os espantaria como uma grave distorção da verdade histórica, em contradição com a tarefa de compreender as formações históricas

---

[22] Marx, *German Ideology*. In: _____. *Selected Writings*, p.72.

A compreensão como obra da história: Karl Marx

como elas realmente eram. Para Marx, a evolução da história – ou melhor, a evolução da prática material humana que é chamada história – consiste em expor a falsidade de cada ilusão sucessiva que tem de permear a ação humana numa formação "não amadurecida" para o controle intelectual pleno e sem limite. Se é assim, então dar as costas à verdade revelada por períodos posteriores da história e se apegar a crenças já refutadas é um erro imperdoável que só pode ser explicado por novas ilusões que a própria época do historiador ainda defende. Nós já sabemos o que os indianos e os antigos egípcios não sabiam e não podiam saber: que a rotina banal e mecânica da multidão ao produzir as condições da sua própria vida é a força responsável pelo modo no qual as pessoas podem viver, e de fato vivem, as suas vidas. Para descobrir essa verdade simples, foram necessários milênios de tortuosa evolução histórica; várias máscaras impressionantes (religiosas, políticas, legais) tiveram de ser retiradas do rosto da necessidade histórica; membros artificiais das igrejas, monarquias hereditárias e sistemas de propriedade tiveram de ser destruídos e afastados para que as próprias pernas concretas da necessidade se tornassem visíveis. E, por último, mas não menos importante, para ser revelada como o resultado imprevisto da ação consciente humana, essa necessidade (chamada de "sociedade" ou "história") precisa ter alcançado uma forma na qual ela possa estar sujeita ao controle consciente de seus criadores. Agora tudo isso aconteceu e, finalmente, temos a possibilidade de examinar os verdadeiros fundamentos das sociedades passadas com um olhar mais aguçado que nunca. Agora podemos compreender em que realmente consistiam as vidas dos nossos antepassados.

Nós podemos, mas nossos antepassados não podiam. Como a sua própria prática ainda estivesse longe de completar o círculo, eles só podiam refletir sobre uma realidade imatura e opaca; incapazes de assumir o controle das condições da sua vida (sua época dificilmente podia postular o controle como uma tarefa, já que "as condições materiais da sua solução" ainda estavam ausentes), eles não podiam se enxergar como seu próprio produto; em vez disso, tinham de inventar poderes imaginários (ídolos, deuses, direitos dinásticos sagrados, nobreza de berço, leis da história – muitos nomes, um referente: um poder que precisa ser obedecido porque não pode ser subjugado) para explicar a estreiteza do seu horizonte de escolha. Suas teorias da vida em sociedade tinham de ser tão imaturas como seu objeto. Essas teorias lhes serviram para explicar a sua vida, mas um especialista que se dedica à compreensão objetiva dificilmente pode lhes atribuir um papel privilegiado. Elas eram inferiores às nossas teorias na mesma medida em que as condições sociais (e, consequentemente, as possibilidades cognitivas) refletidas nelas eram inferiores às nossas. Por essa razão, Marx – ao contrário dos historiadores idealistas que ele recriminou – nunca se entusiasmou muito com a análise "imanente" das crenças passadas. Ele as considerava especialmente não atraentes como fonte potencial de esclarecimento. Embora nunca tivesse utilizado tais termos, ele não acreditava que essas "teorias nativas" (como Lévi-Strauss posteriormente as denominou) contivessem uma "mensagem querigmática" especial (como Paul Ricoeur insistiu em sua polêmica com Lévi-Strauss) que lhes conferisse um valor intrínseco permanente além do seu papel transitório de compreensão vicária de um tipo específico de prática histórica. As "teorias nativas" só interessavam a Marx por uma única característica: como ilusões que comprovam a imaturidade e a natureza contraditória de condições que só podiam se refletir de uma forma distorcida e ilusória. O significado das teorias nativas que a nossa compreensão tem de alcançar não está dentro, e sim fora delas: a falsidade das teorias nativas, tão claramente visíveis quando iluminadas por nossa própria prática histórica, é uma pista importante para compreender o verdadeiro mecanismo das práticas em que elas estavam inseridas. Seria inútil procurar no conteúdo das teorias nativas informações sobre esse mecanismo. A informação de que precisamos não está ali. Porém, uma vez que tenhamos aceitado que uma teoria que não consegue reconhecer a essência humana e concreta da sociedade é um subproduto de uma sociedade que se afastou da prática humana consciente, então a teoria pode oferecer uma ajuda valiosa em nossa busca pela compreensão. Saberíamos que, para compreender e avaliar corretamente a vida que estudamos, temos de dirigir a nossa atenção para a forma historicamente específica na qual a "necessidade externa" estabeleceu a sua autonomia e o seu poder em relação aos únicos sujeitos ativos da história. O que orienta a nossa pesquisa é a falsidade da teoria nativa, não o seu conteúdo. A teoria nativa é importante como uma pista sem a qual a nossa teoria da sociedade não pode funcionar, mas não por aquilo que ela realmente exprime, nem pelo modo como articula a sua mensagem.

Portanto, foi a pergunta "por que", e não "o que" nem "como", que a teoria da sociedade de Marx postulou como fundamental para a compreensão histórica. Compreender uma crença é descobrir por que ela assumiu a forma que assumiu, ou melhor, por que ela não conseguiu alcançar a visão clara que foi obtida a duras penas por nossa própria consciência. A resposta deve ser procurada na rede de relações sociais que uma determinada prática histórica traçou. Além disso, compreender essa rede é elucidar as condições nas quais muitas pessoas daquela época tinham de lidar com a sua vida: o leque de opções ao seu alcance, os recursos disponíveis e os inacessíveis (embora fisicamente presentes), os custos de obter acesso aos recursos – todas essas condições incontroláveis e externas nas quais o esforço humano de permanecer vivo tinha de ocorrer.

A identidade e a singularidade de uma era, que Dilthey descobriu na constelação irrepetível das crenças, Marx situou em "um tipo específico de produção que predomina sobre o resto". Os estudiosos da história sempre procuraram algo que pudesse explicar a particularidade de uma era, de uma sociedade, de uma cultura; um elo decisivo numa corrente de traços culturais, um centro ao redor do qual gira toda a roda da vida, uma substância invisível que "impregna" cada setor da vida e o marca de maneira inconfundível

A compreensão como obra da história: Karl Marx

como parte desta, e não daquela, totalidade. Aqueles que consideravam que a história era, acima de tudo, história cultural, a obra do espírito humano que refletia a forma historicamente específica da autoconsciência, tendiam a definir esse "algo" como uma ideia central, um valor finalístico superior ou – como diriam os antropólogos culturais discípulos de Boas, Sapir ou Kluckhohn – o *ethos* que caracteriza cada traço cultural singular e define a linha divisória entre o "interior" e o "exterior" de uma cultura. Na verdade, Marx descreve o "tipo específico de produção" em termos muito parecidos aos empregados por, digamos, Kluckhohn em sua descrição do *ethos*: "É uma luz abrangente que envolve todos os outros aspectos e modifica a sua particularidade. É uma quintessência particular que determina a importância específica de cada ser que se materializou dentro dela".[23]

Para compreender uma época, devemos descobrir o tipo de produção específico dela: como as pessoas produziam a vida. Esse tipo de produção circunscrevia o campo em que a sua liberdade historicamente limitada podia circular. O que quer que os habitantes do período fizessem, no que quer que acreditassem, quaisquer que fossem as suas ilusões para tornar a sua vida inteligível, revelaria sua importância e significado quando considerado como uma entre o número limitado de formas na qual a vida podia ser vivida neste campo, não em outro. Em vez de determinar o estilo de vida e as crenças, o "tipo específico de produção" estabelece os limites externos da liberdade de escolha aleatória, marcando, portanto, todas as formas que estão "dentro dos limites" com algumas características comuns que nenhuma forma "de fora" poderia ter.

Portanto, a ideia de compreensão de Marx é "representacional" e não "imanente". Para compreender as formas e as ações históricas é preciso abordá-las como representações, pistas, alusões, reflexos deturpados de algo diferente que elas mais escondem que revelam.

---

[23] Marx, *Grundrisse*, p.107.

Contudo, essa visão um pouco desabonadora das crenças historicamente conservadas, essa recusa explícita de tomá-las por seu valor de face era, para Marx, antes uma questão de necessidade que de virtude. Como em muitos outros casos, é a história que precisa dotar a compreensão imanente de valor e transformá-la no método correto de apreensão do significado da ação humana. Na medida em que persiste a ruptura entre intenções subjetivas e efeitos objetivos, entre crenças subjetivas e realidades objetivas, a compreensão imanente significa apenas desculpar o engano e o autoengano; em nenhum caso ela pode conduzir à compreensão objetiva. A sociedade precisa adquirir primeiro a transparência que transforma o subjetivo e o objetivo numa coisa só para que a compreensão imanente se torne a forma de apreensão da verdade. A sociedade precisa, primeiro, ser reduzida à ação consciente dos indivíduos (transformados em "comunidade verdadeira"),[24] para que a consciência deles se torne a verdade da sua vida social. Desse modo, a possibilidade e a validade da compreensão imanente é uma questão de revolução. A vida humana precisa se tornar "fiel a si mesma" para que a consciência humana, esse objeto da compreensão imanente, torne-se fiel à vida concreta dos seres humanos. E isso só pode ser realizado restituindo-se aos seres humanos o controle real da sua ação e das suas consequências, submetendo a "realidade objetiva" da sua condição ao controle da sua consciência.

Por enquanto, como a evolução histórica que visa a consciência imanente ainda não chegou à sua etapa final, a interpretação (compreensão representacional) precisa ocupar o lugar que ainda não está preparado para a análise da consciência-que-se-torna-uma-com-a-história. Isso é exatamente o que tem sido feito ao longo de toda a história. Formas de autoconsciência, adotadas acriticamente em uma era, eram desacreditadas como ilusões pela era seguinte. A crítica delas sempre assumiu a forma de condenação da particularidade

---

[24] Marx, *Early Writings*, p.350.

A compreensão como obra da história: Karl Marx

delas, com a visão estreita ou os interesses egoístas por trás delas, a partir de uma posição relativamente mais universal; a universalidade do distanciamento era apresentada como uma particularidade, como uma distorção da "verdadeira universalidade". Essa crítica sempre tinha como seu portador um grupo (classe) cujo modo de ser não podia se desenvolver plenamente na era anterior. Por essa razão, a classe vivenciava a sua condição como uma restrição, um limite artificial imposto às suas oportunidades "naturais", como um crime contra a verdadeira natureza do homem. A sua luta, portanto, era a luta da universalidade contra o particularismo. Toda revolução se apresenta aos seus participantes como uma guerra santa da humanidade contra uma classe egoísta, dos "direitos do homem" contra os privilégios usurpados de poucos. Depois de todas as revoluções anteriores, contudo, a "universalidade" vitoriosa revelou invariavelmente que a sua verdadeira natureza era um novo particularismo de classe, ainda que edificado sobre uma base mais ampla.

Essa aparência como a encarnação dos interesses universais do homem é, segundo Marx, uma característica indispensável de toda classe revolucionária – contanto que essa classe ainda não tenha ultrapassado o auge do seu potencial revolucionário. Ele considera a precursora da mais radical e decisiva de todas as revoluções a única em que a aparência de universalidade não se limitará ao momento fugaz entre o enfrentamento e a vitória, a única que acabará com todos os limites à verdadeira universalidade do homem, e que deixará como único limite externo da ação consciente humana as características da espécie.

Ele escreve a respeito de sua própria obra teórica:

> Minha consciência *universal* é apenas a forma *teórica* daquilo cuja forma *viva* é a comunidade e a sociedade *reais*, ao passo que no presente a consciência *universal* é uma abstração da vida real, e, como tal, se encontra em franca oposição a ela.[25]

---

[25] Ibid., p.350.

Uma teoria que descobre a universalidade negada pela vida real é uma teoria revolucionária. Ela só pode se "realizar" no ato revolucionário. Justamente por isso, uma consciência da universalidade que ainda não está presente na sociedade real está "em franca oposição a ela". Essa consciência se tornou possível porque a universalidade que ela reflete está coberta apenas com uma finíssima camada de aparências. O mercado ressaltou a natureza universal do trabalho como a origem de todos os valores, e só o *status* alienado das condições em que o trabalho "realiza" seu potencial impede que ele controle sua própria atividade, que alcance a universalidade na prática. Mas a consciência não pode se realizar sozinha. Como toda crítica teórica, ela precisa de um portador suficientemente poderoso para reorganizar as condições da vida social.

Marx acreditava que o proletariado se transformará no realizador da crítica teórica. Isso porque, na visão de Marx, o proletariado era o único elemento da sociedade que já tinha alcançado o nível de universalidade ao qual a sociedade como um todo ainda tem de ascender. A propriedade privada, que impede a vitória final da universalidade humana, já foi abolida para o proletariado. Outros obstáculos também foram abolidos, como a nacionalidade ou a família. Ou melhor, quanto mais consistente e radical for essa destruição, maior a probabilidade de que a classe na qual a destruição ocorreu se torne a portadora da revolução universal.

Tanto a escolha do proletariado como a força revolucionária, como a visão da própria revolução e como, acima de tudo, a destruição radical de *les pouvoirs intermédiaires* têm sido amplamente discutidas e criticadas desde então. De qualquer modo, a avaliação delas tem um interesse relativamente secundário para o nosso tema. Para nós, dois pontos são importantes: primeiro, a insistência de Marx na correspondência entre o grau de universalidade na posição socialmente determinada de um grupo e a proporção de universalidade que esse grupo pode incorporar em sua autoconsciência, e, acima de tudo, em sua prática histórica; segundo, a afirmação de Marx de que a análise do aspecto subjetivo da ação humana só pode levar à compreensão objetiva em condições nas quais a oposição ainda persistente entre o subjetivo e o objetivo, entre o trabalho vivo e seus produtos alienados, seja finalmente superada.

É nisso que reside a principal característica diferenciadora da abordagem de Marx sobre o problema da compreensão. É por isso que, quando ele diz que a "ciência natural substituirá com o tempo a ciência do homem do mesmo modo que a ciência do homem substituirá a ciência natural", não se trata de uma declaração metodológica, mas de uma declaração *teórica* a respeito da tendência e da lógica da totalidade da *história humana*. Na visão de Marx, a possibilidade de compreender verdadeiramente a atividade humana está de acordo com a tendência histórica à eliminação da alienação, a qual fez com que os resultados da ação humana divergissem das intenções dos agentes. Se alcançada, a identidade entre as duas tornará obsoleta a tarefa da compreensão como um problema especial distinto do conhecimento humano em geral.

3
A compreensão como obra da história: Max Weber

Como Marx antes dele, Max Weber confiou sua esperança na compreensão objetiva da história às evoluções históricas que ocorriam no mundo ocidental. Contudo, não a confiou à transformação "que se avizinhava", à morte iminente da estrutura de dominação capitalista, responsável – na visão de Marx – por produzir uma "realidade social" sem sentido a partir de atos humanos significativos e intencionais. Max Weber enxergava a possibilidade da compreensão objetiva nas próprias mudanças provocadas pelo advento do capitalismo: no papel crucial que o capitalismo atribui, num grau cada vez maior, à ação racional-instrumental. Em sua fase capitalista, a civilização ocidental afastou seus compromissos particularistas de valores de consumo arbitrariamente escolhidos, que escapam do discurso racional, e os substituiu por uma razão instrumental capaz de neutralizar o impacto das restrições resultantes do tempo e do lugar. O comportamento instrumental racional pode ser apreendido objetivamente, já que é governado por regras e autoconsciente, e, acima de tudo, em razão de sua afinidade estrutural com a ciência racional e com a própria "razão objetiva". A ciência racional moderna, que se limita de forma consciente à busca de sequências instrumentais de ação e se abstém de discutir valores finais, encontra nos

A compreensão como obra da história: Max Weber

fundamentos modernos do comportamento humano um objeto feito sob medida para seus meios e fins.

Ao contrário de Marx, Weber encarou a tarefa da "compreensão objetiva" na forma utilizada pelo debate *Geisteswissenschaften* alemão, e, sobretudo, por Dilthey e Rickert. Só numa etapa relativamente posterior, quando tinha escolhido a economia como inspiração e a sociologia como a resposta aos problemas da hermenêutica histórica, ele recorreu a um método sociológico baseado na economia como uma forma de resolver as tarefas postuladas pela compreensão histórica. Portanto, a metodologia de Weber pode ser interpretada como uma resposta ao desafio da hermenêutica num sentido muito mais direto que o de Marx.

As preocupações metodológicas permanentes de Weber, concentradas ao redor das categorias de compreensão e interpretação, tinham sido estimuladas pela divergência essencial entre os projetos de "ciência natural" e de "ciência cultural", tal como foi defendida por Dilthey e elaborada posteriormente de diversas maneiras por Windelband, Rickert e toda uma geração de historiadores e cientistas sociais alemães.

Suponhamos que, de algum modo, uma demonstração estatística empírica no sentido mais estrito seja apresentada, demonstrando que todos os homens, em toda parte, que haviam sido colocados numa determinada situação tinham reagido invariavelmente da mesma maneira e na mesma medida. Suponhamos que sempre que essa situação é reproduzida experimentalmente a mesma reação invariavelmente acontece. Ou seja, suponhamos que essa reação seja, no sentido mais literal da palavra, "calculável". Tal demonstração não nos deixaria um único passo mais próximos da "interpretação" dessa reação. Por si só, essa demonstração não ajudaria em nada o projeto de "compreender" "por que" essa reação sempre ocorreu e, além disso, "por que" ela ocorre invariavelmente da mesma maneira. Enquanto a *reprodução* "interior", imaginativa da motivação responsável pela reação permanecer impossível, não conseguiremos alcançar aquela compreensão. *Enquanto* isso não for possível, o resultado é que mesmo uma demonstração empírico-estatística teoricamente abrangente da repetição regular de uma reação ainda *não conseguirá* satisfazer os critérios relativos ao *tipo* de conhecimento que esperamos da história e das "ciências socioculturais" que, nesse sentido, estão relacionadas à história.

Uma vez mais, em conformidade absoluta com a tradição hermenêutica, essa distinção essencial entre dois tipos de conhecimento tem origem, em última análise, nos seus respectivos propósitos, tal como postulados pelos analistas; se uma análise cultural só pode alcançar a perfeição quando abriga a ação humana compreensível, isso é "porque o *interesse* 'histórico' está ancorado nesse propósito teórico". De uma forma genuinamente diltheyana, Weber inicialmente definira esse interesse especificamente "histórico" como aquele que tem como objetivo a "empatia", a "reprodução na experiência imediata", em suma, a "compreensão interpretativa".

No entanto, para Weber, a compreensão interpretativa não era o objetivo da investigação histórica; metodologicamente, ela foi concebida como um instrumento que poderia "servir o propósito de 'objetificar' o conhecimento".[1] Poderíamos dizer que Weber dedicou o resto da vida ao desenvolvimento da metodologia desse conhecimento "objetivo" da história, baseado na compreensão interpretativa e utilizando como sua ferramenta principal uma teoria da interpretação.

O impacto do discurso original na obra de Weber nunca foi inteiramente expurgado. Em sua declaração mais completa a respeito do projeto sociológico (*Wirtschaft und Gesellschaft* [Economia e Sociedade]), a compreensão, fiel ao espírito dyltheyano, ainda é conside-

---

[1] Weber, *Roscher and Knies. The Logical Problems of Historical Economics*, p.128-9, 142, 147-8, 151.

rada como a grande possibilidade, não uma limitação, das ciências humanas. Não é algo pelo qual se deva pedir desculpas; pelo contrário, graças à possibilidade da compreensão é possível estudar a ação humana muito além do que um cientista natural jamais poderia com a sua descrição e explicação dos fenômenos inanimados. Não se fazem mais referências à "unidade universal do espírito humano". Essa muleta metafísica, que Dilthey ainda considerava necessária, é descartada; os alicerces do esforço de compreensão foram lançados de uma vez por todas. Mas a diferença fundamental entre a situação das ciências naturais e das ciências humanas é defendida, embora agora em termos metodológicos, não ontológicos. Com relação aos fenômenos, Weber diz que "quanto mais precisamente eles forem formulados de um ponto de vista da ciência natural, menos eles serão passíveis de uma interpretação subjetiva".[2] Quando iniciamos a investigação das relações causais do modo típico das ciências naturais, somos afastados, e não aproximados, da compreensão: "Este caminho nunca conduzirá à interpretação do significado pretendido". Ratificando, esse afastamento é o privilégio, não a desvantagem, das ciências humanas: "Podemos realizar algo que as ciências naturais jamais poderão alcançar".[3] O espírito exultante e a autoconfiança de Dilthey se foram. Para se valer da oportunidade oferecida pelo estudo da ação humana é preciso sacrificar outros valores, uma perda muito mais importante do que Dilthey admitia. Não está em jogo apenas o problema particularmente agudo da objetividade (Dilthey partilhava totalmente essa preocupação), mas a precisão e o caráter conclusivo das descobertas e os critérios de realização que, na autoconsciência dos cientistas, estavam se transformando lentamente nas características definidoras da atividade científica em si. É com pesar, portanto, que Weber admite:

---

[2] Weber, *The Theory of Social and Economic Organization*, p.101; *Wirtschaft und Gesellschaft*, p.6.

[3] Weber, *Theory of Social and Economic Organization*, p.103.

A compreensão como obra da história: Max Weber

> Esta conquista suplementar da explicação por meio da compreensão interpretativa, ao contrário da observação externa, só é alcançada, naturalmente, por um preço – o caráter mais hipotético e fragmentário de seus resultados.[4]

A preocupação profunda em reconciliar as vantagens inquestionáveis desse conhecimento, já que pode empregar a facilidade da compreensão, com as exigências inflexíveis do código de conduta científica, tal como institucionalizado na ciência acadêmica, diferencia a obra de Weber da de Dilthey e pode ser considerada responsável pela maior parte das divergências de Weber em relação às soluções de Dilthey.

Embora aceitasse que a sociologia, ao lado de outros estudos voltados à ação social, nunca produziria interpretações e explicações iguais às das ciências naturais, Weber insistia que a sociologia devia ser exatamente como as ciências naturais – ou, pelo menos, tão parecida com elas na medida em que a aplicação e a habilidade de seus praticantes permitisse – no que diz respeito ao grau de exatidão e aceitabilidade de suas descobertas. Podemos considerar que as principais contribuições à metodologia científica social normalmente associadas a Weber têm origem em seu esforço contínuo em lidar com essa antinomia. Sua obra mais importante, pelo menos no aspecto metodológico, retirou sua dinâmica e seu propósito de uma tensão entre a sua visão da realidade social, o objeto da sociologia como algo irremediavelmente subjetivo, e a sua determinação de encontrar uma forma de conhecê-la objetivamente. A tarefa que Weber se impôs com uma determinação sem precedentes era tão somente uma ciência objetiva do subjetivo.

As duas inovações metodológicas que o folclore sociológico contemporâneo associa mais prontamente ao nome de Weber têm uma relação direta com essa tarefa abrangente. A primeira é a necessidade de eliminar juízos de valor do discurso sociológico (embora

---

[4] Ibid., p.104.

não necessariamente do discurso do sociólogo enquanto pessoa). A segunda é o método de tipos ideais como um meio de apreender significados considerados subjetivos de uma forma objetiva. Veremos mais adiante que os dois postulados supostamente independentes têm raízes comuns na concepção geral de Weber sobre a origem, o espírito singular, a tendência histórica e a missão da civilização ocidental, cujo clímax é o capitalismo ocidental. Foi essa concepção que tornou o problema objetivo-subjetivo particularmente sensível para Weber, transformando-o na principal tensão e fonte de energia intelectual.

O ponto culminante mais conhecido da dura batalha de Weber em defesa de ciências sociais "independentes dos valores" foi a *Werturteilsdiskussion*, que ocorreu no dia 5 de janeiro de 1914, na reunião plenária da "Associação de Política Social", com a presença de 52 dos mais ilustres cientistas sociais da Alemanha. Ali, Weber desferiu seu ataque contra os juízos de valor de uma forma extremamente determinada e abrangente. O texto do discurso apaixonado proferido por Weber é atualmente uma leitura fundamental em sociologia, e suas principais declarações, aceitas ou não, se tornaram indispensáveis para o pensamento sociológico. Não é o que aconteceu quando o discurso foi pronunciado. De acordo com Franz Boese, o historiador da Associação, não apenas a geração mais velha, mas também os membros mais jovens presentes não aceitaram os argumentos de Weber, isso quando não os rejeitaram totalmente.[5] Eles entenderam as pretensões de Weber como um ataque aos direitos adquiridos dos acadêmicos em aconselhar os responsáveis pelas decisões, diretamente ou por meio da opinião pública, sobre questões políticas e administrativas. Sua *expertise* e experiência acadêmicas eram a única justificativa que os professores podiam alegar para ocupar uma função tão elevada. Os adversários de Weber evidentemente perce-

---

[5] Weber, *Werk und Person: Dokumente ausgewählt und kommentiert von Eduard Baumgarten*, p.404.

beram o perigo: afirmar que a ciência não tem nada a dizer acerca da superioridade ou inferioridade de políticas alternativas, que a ciência deve permanecer em silêncio a respeito das virtudes relativas de valores conflitantes, significava a expropriação dessa justificativa, e, na verdade, uma mudança radical no *status* dos cientistas sociais e políticos. Com certeza Weber estava bastante certo dos inevitáveis resultados caso sua argumentação triunfasse: ele repreendeu professores universitários por fingirem carregar bastões de marechal de estadistas ou de reformadores culturais em suas mochilas.[6] Quatro anos depois, dirigindo-se aos ouvintes na Universidade de Munique, ele diria: "Assumir uma posição política pragmática é uma coisa, analisar estruturas políticas e posições partidárias é outra".[7] Era dever dos acadêmicos se aterem à segunda tarefa e nunca prejudicarem sua autoridade científica interferindo na primeira: certamente não na qualidade de cientistas.

Evitar juízos de valor nas obras científicas não significa que os valores sejam irrelevantes para a atividade científica. Enquanto *Werturteil* (juízo de valor) é um corpo estranho e cancerígeno no organismo da ciência social, *Wertbeziehung* (relevância de valor) é a sua essência; neste caso, Weber se baseia muito, e explicitamente, nos conceitos desenvolvidos por Heinrich Rickert.[8] Na verdade, a abstinência de valores que Weber conclamava os cientistas a aceitar era, na sua opinião, a única maneira pela qual a sua atividade poderia se tornar e permanecer relevante para os valores do seu próprio tempo. As convicções morais que "assumiram o controle por meio das distorções causadas pelo conhecimento psicológico" não têm mais valor que as crenças religiosas que a ciência destruiu.[9] Se a nossa era é a era científica, não existe lugar nela para uma ciência,

---

[6] Ibid., p.107.

[7] Weber, *From Max Weber*, p.145.

[8] Weber, *Werke und Person: Dokumente ausgewählt und kommentiert von Eduard Baumgarten*, p.121.

[9] Ibid., p.653.

supostamente uma atividade racional, permeada de juízos de valor explicitamente admitidos ou sub-repticiamente contrabandeados que não podem invocar nenhum motivo senão as convicções morais. Uma ciência livre desses juízos de valor é o único conhecimento à altura dos padrões estabelecidos pelo nosso tempo, o único tipo de "relevância de valor" da atividade cognitiva.

Esse ponto relacionado à harmonia essencial entre a ciência livre de valor e a tendência histórica do nosso tempo é apresentado de forma mais aguda e vigorosa no discurso de Munique (embora ele talvez permanecesse um tema obsessivamente repetido da obra de Weber, como procurarei demonstrar mais adiante). "O destino do nosso tempo se caracteriza pela racionalização e pela intelectualização e, sobretudo, pelo 'desencantamento do mundo'". Se é assim, então quem "tentar interpretar intelectualmente novas religiões [...] criará apenas seitas fanáticas, nunca uma verdadeira comunidade". Weber tem um conselho para um cientista que não consegue enfrentar as exigências dos nossos tempos sóbrios e racionais, que anseia por uma atividade comprometida com valores dentro dos muros da Academia, que prefere profetizar a se dedicar ao estudo da realidade: "Os braços das antigas igrejas estão abertos para eles, cheios de misericórdia [...] A meu ver, esse retorno religioso ocupa um lugar mais elevado que a profecia acadêmica". Quanto àqueles que conseguem resistir às tentações e manter sua afinidade de valores distante dos portões da Casa da Ciência, eles vão "se pôr a trabalhar e satisfazer as 'demandas do dia', tanto nas relações humanas como em nossa vocação".[10]

Vamos deixar este ponto o mais claro possível, pois ele é crucial para o conceito de compreensão de Weber, e, na verdade, para a estratégia da ciência social: a independência dos valores, definida como a autolimitação da análise a afirmações racionais e úteis, é considerada, por um lado, como a única atividade intelectual sintonizada com o nosso tempo e com a nossa região do mundo, mas, por

---

[10] Weber, *From Max Weber*, p.155-6.

A compreensão como obra da história: Max Weber

outro lado, como uma atitude cognitiva que tem validade universal, isto é, que pode ser aplicada a fenômenos de outros tempos e de outras regiões do mundo e, ainda assim, leva a resultados objetivamente válidos. Parsons definiu essa ideia como um "universalismo básico de valores associado à ciência social [racional]", e a considerava semelhante à escolha feita por Karl Mannheim dos "intelectuais livres", que não estavam vinculados a nenhum sistema cultural específico, como portadores do conhecimento objetivo.[11] Parsons interpreta o postulado de Weber da ciência social independente dos valores como a exigência da possibilidade de distanciamento da atividade científica da cultura historicamente limitada da qual ela faz parte, e a crença nessa possibilidade: "A independência dos valores [...] significa que uma ciência não precisa estar vinculada aos valores de nenhuma cultura histórica específica".[12] Esta é uma distorção muito importante da visão de Weber. Em nenhum lugar na teoria do pensador podemos encontrar a visão de que a ciência social deve a sua possibilidade de alcançar a objetividade à sua possível independência da história; ao contrário, a essência da ideia de Weber é que a ciência social só pode alcançar esse ideal porque no interior da civilização ocidental surgiu, historicamente, uma cultura que pode oferecer uma ciência afinada com seus valores, uma verdadeira universalidade genuinamente superior a qualquer outra interpretação alternativa de toda a realidade cultural. Vamos repetir: a formação intelectual de Weber teve origem no debate alemão a respeito da compreensão histórica, e a sua metodologia sociológica surgiu como uma transposição de conceitos forjados na ferraria da hermenêutica histórica.

Em primeiro lugar, Weber tinha consciência bastante evidente de que ele, como qualquer outro estudioso da história, era um produto da história; para ser preciso, de uma formação historicamente

---

[11] Parsons, *Max Weber and Sociology Today*, p.38.
[12] Ibid., p.33.

criada: a civilização europeia moderna. Em segundo lugar, ele acreditava que qualquer possibilidade de conhecimento objetivo que ele tivesse ocorreria devido a isso e não apesar disso. No principal estudo que assinalou o ponto de virada do historiador Weber para o sociólogo Weber, ele deixou essa questão o mais claro possível:

> Ao analisar qualquer problema da história universal, um produto da civilização europeia moderna é obrigado a se perguntar a que combinação de circunstâncias se deve atribuir o fato de que na civilização ocidental, e só na civilização ocidental, apareceram fenômenos que (como gostamos de pensar) se encontram numa linha de desenvolvimento que tem importância e valor *universais*. Só no Ocidente a ciência existe num estágio de desenvolvimento que reconhecemos hoje como válido.[13]

Weber se manteve fiel à ideia suprema da tradição clássica alemã: a independência da limitação histórica só pode ser um resultado da história. Quanto a isso, não havia divergência entre ele e Hegel, Marx ou Dilthey, por mais diferente que fosse a variação especificamente weberiana sobre o tema.

O tratamento especificamente weberiano se expressou, sobretudo, na escolha da ação tecnicamente orientada, útil e racional como o produto do desenvolvimento histórico que dotou nossa própria civilização com um grau de universalidade inigualado em outros lugares e em qualquer época passada. A predominância desse tipo único de ação humana tornou uma ciência social objetiva numa possibilidade realista. As inúmeras análises históricas a que Weber dedicou grande parte da vida (e, particularmente, as análises comparativas de religiões historicamente importantes) não estavam separadas das suas preocupações metodológicas. Pelo contrário, o esclarecimento das condições que tornaram possível uma ciência social universalmente válida e, por meio disso, o esclarecimento das

---

[13] Weber, *The Protestant Ethic and the Spirit of Capitalism*, p.13.

A compreensão como obra da história: Max Weber

regras de conduta que podem fazer com que essa possibilidade ocorra forneceram a Weber a base para as suas investigações históricas.

Portanto, o ponto de virada decisivo na história da civilização foi

> o surgimento de um espírito racional e antitradicional nos agentes humanos envolvidos. Os dois aspectos principais disso são a evolução da ciência moderna e o seu relacionamento comparativamente moderno com a economia, além do desenvolvimento da organização moderna da vida individual [*Lebensführung*].[14]

A ciência moderna e universalmente válida se tornou possível como um elemento de todo o complexo de acontecimentos históricos que podem ser resumidos como o surgimento do capitalismo. "Ascetismo do mundo interior" era, na visão de Weber, a aderência cultural que mantinha unidos os elementos aparentemente distintos da civilização ocidental moderna: a facilidade de postergar a satisfação imediata dos desejos em nome de objetivos mais remotos, a disposição de subordinar a própria vida às recompensas distantes do futuro, a propensão a avaliar as próprias ações em termos da sua eficácia funcional, e de dar precedência a essa eficácia em termos de lealdade e autoridade normativa, em relação aos objetivos de consumo que se espera que ela satisfaça. Como disse Wolfgang Mommsen, Weber

> iniciou o estudo das grandes religiões do mundo principalmente para corroborar suas descobertas *ex negativo*. No fim, Max Weber se convenceu de que tinha descoberto uma resposta definitiva à pergunta universal dos historiadores: por que o "capitalismo moderno", a "ciência moderna", a "burguesia" como uma classe social com sua própria perspectiva peculiar, a organização racional da ordem política por meio do Estado administrativo, uma "lei racional" e, por último, mas não menos importante, um "tipo racional de música", tinham se desenvolvido somente no Ocidente? Embora conciso, o *Vorbemerkung* ao ensaio de Weber sobre a sociologia das religiões do mundo pode muito bem ser chamado de abordagem esclarecedora sobre a história universal.[15]

---

[14] Fischoff, The History of a Controversy, *Social Research*, p.61-77.

[15] Mommsen, *The Age of Bureaucracy*, p.12-3.

Segundo Weber, a ciência racional não surgiu em nenhum outro lugar do mundo e em nenhum outro momento da história com exceção do mundo ocidental, quando ele já tinha percorrido grande parte do caminho para o capitalismo. A coincidência sugere um vínculo mais profundo entre os dois que transcende uma simples contemporaneidade. A conduta típica da ciência racional e o estilo de vida de uma sociedade capitalista são aplicações especializadas do mesmo padrão. "Contínuo, racional empreendimento capitalista", "racionalidade da aquisição capitalista", "adaptação real da ação econômica a um comparativo entre a entrada e o gasto de dinheiro"[16] são, todas elas, expressões da mesma racionalidade instrumental que é o recurso decisivo da objetividade científica. O avanço em objetividade é, de modo geral, sinônimo do predomínio crescente da racionalidade instrumental sobre todos os outros critérios de ação. A redução dos critérios alternativos a uma posição subalterna e marginal (quando "os valores supremos e mais sublimes se retiraram da vida pública e se transferiram para a esfera transcendental da vida mística ou para a fraternidade das relações humanas pessoais")[17] torna possível esse julgamento indiscutível, essa comparabilidade objetivamente controlada da solução controvertida que torna realizável o acordo chamado "objetividade". A objetividade não é simplesmente um subproduto da suspensão das avaliações; a objetividade só pode ocorrer quando as avaliações *objetivas* se tornam possíveis, a saber, só quando uma determinada civilização (como a nossa) propõe uma forma de tornar essas avaliações aceitas universalmente e, portanto, unívocas:

> As avaliações são inequívocas *somente* quando o contexto econômico e social está definitivamente determinado e tudo que resta é escolher entre diversos meios econômicos, quando estes diferem apenas no que diz respeito à sua infalibilidade, rapidez e produtividade quantitativa, sendo completamente idênticos

---

[16] Weber, *The Protestant Ethic and the Spirit of Capitalism*, p.16-8

[17] Id., *From Max Weber*, p.155.

em todos os outros aspectos relevantes de valor. [...] É legítimo utilizar o termo "progresso" em nossas disciplinas quando ele se refere a problemas "técnicos", isto é, aos meios para atingir um objetivo inequivocamente determinado. [Weber enfatizou em outra passagem que "técnica é utilizada aqui em seu sentido mais amplo, como ação racional em geral".] Ele nunca consegue se elevar à esfera das avaliações "fundamentais".[18]

Quase se poderia dizer que em tais condições, que se tornam predominantes com o advento do mercado capitalista, os juízos de valor se fundem com as interpretações objetivas. Isso, contudo, diz respeito apenas aos juízo de valor que são relevantes de valor, isto é, que aceitam os valores fundamentais predominantes da época e, portanto, se limitam a questões meramente instrumentais e consideram os meios como seu único objeto. É aqui que reside o segredo da conquista incomparável da civilização que, ao assegurar um controle incontestado da conduta instrumentalmente racional, tirou o aguilhão do relativismo para fora da avaliação. Foi assim que, pela primeira vez, a utilidade prática da ciência social se tornou possível *sem* sacrificar o princípio de não sectarismo e de neutralidade diante dos valores da ciência. Para ser mais preciso, a única batalha na qual a ciência pode combater legitimamente (isto é, enquanto se mantém fiel à sua natureza) é aquela que visa facilitar e estimular a tendência da nossa civilização na direção da razão, da eficiência, da perfeição instrumental e da racionalidade.

Como a racionalidade só é genuína (pelo menos à luz da nossa civilização) quando restrita ao exame de problemas técnico-instrumentais, ela só pode servir de base ao acordo universal e, consequentemente, à "validade objetiva" se a ciência também admitir que os valores últimos e de consumo estão fora dos seus limites:

> Só as religiões positivas – ou dito de maneira mais precisa: as *seitas* ligadas pelo dogma – são capazes de conceder ao conteúdo dos *valores culturais* o *status* de imperativos *éticos* incondicionalmente válidos. Fora dessas seitas, os ideais cul-

---

[18] Id., *The Methodology of the Social Sciences*, p.37-8.

turais que o indivíduo deseja concretizar e as obrigações éticas que ele *deve* cumprir não gozam, em princípio, do mesmo *status*. O destino de uma época que comeu da árvore do conhecimento é que ela precisa saber que não podemos conhecer o *significado* do mundo a partir dos resultados da sua análise, por mais perfeita que ela seja; em vez disso, ela precisa estar em condição de criar ela mesma esse significado. Ela precisa reconhecer que as opiniões genéricas sobre a vida e o universo nunca podem resultar do conhecimento empírico crescente, e que os ideais mais elevados, que mexem conosco mais vigorosamente, são sempre constituídos somente na luta com outros ideais, que são tão sagrados para os outros como os nossos são para nós.[19]

O reino dos valores últimos pertence para sempre à religião e aos imperativos éticos baseados na religião. Felizmente para a ciência, pelo menos uma religião – o puritanismo predicante *innerweltliche Askese* [ascese intramundana] – proclamou a instrumentalidade e a eficiência como o principal mandamento e teste dos preceitos religiosos, legitimando, com isso, um estilo de vida organizado instrumentalmente e, ao mesmo tempo, um conhecimento instrumentalmente focado. A sociedade a que essa religião singular deu origem favorece a ação que é planejada, decidida, realizada e retrospectivamente avaliada unicamente do ponto de vista técnico-instrumental. Consequentemente, a ciência, que é uma atividade racional por definição, está em sintonia com a principal corrente da vida social; o tipo de coisas com o qual a ciência está mais aparelhada para lidar se tornou agora predominante na realidade social. A sociedade passou a ser suscetível à compreensão objetiva:

> A questão da adequação dos meios para alcançar um determinado fim certamente é acessível à análise científica. Na medida em que somos capazes de determinar (dentro dos limites atuais do nosso conhecimento) que meios são adequados ou inadequados para alcançar um fim indicado, podemos, dessa forma, estimar as chances de atingir determinado fim por meio de determinados meios disponíveis.[20]

---

[19] Ibid., p.57.
[20] Ibid., p.52-3.

A compreensão como obra da história: Max Weber

Por estar em sintonia com a ação social que a nossa civilização sustenta, a ciência também está em sintonia com a nossa experiência comum. Todos nós temos um conhecimento "interno" e introspectivo da ação intencionalmente racional e teleologicamente (propositalmente) organizado. Weber concorda, evidentemente, com a tradição hermenêutica alemã (Dilthey em particular) de que a "magia empática" é um elemento poderoso de compreensão. Mas ele restringe seu papel aos tipos não universais de conduta. Em princípio, como diz Weber, não é preciso ter sido César para compreender César. Ao contrário de seus predecessores, Weber enfatiza o papel operacional desempenhado na compreensão pela "sintonia mútua" de experiências, e, portanto, pelo dom pessoal do indivíduo envolvido no esforço de compreender, somente em relação ao comportamento não racional:

> Quanto mais nós mesmos estivermos suscetíveis a elas, mais facilmente poderemos participar de forma criativa nessas reações emocionais como ansiedade, raiva, ambição, inveja, ciúme, amor, entusiasmo, orgulho, espírito vingativo, lealdade, devoção e desejos de todo tipo, e, por meio disso, compreender a conduta irracional que surge delas.[21]

O complemento disso é que o sujeito só consegue compreender os atos que podem ser descritos como a procura por um propósito que o próprio sujeito poderia adotar (mesmo se ele não o fizesse).

Mas a tendência mais comum dos membros de uma sociedade que "comeu da árvore do conhecimento" é, naturalmente, considerar sua própria ação como instrumental, isto é, visando algo além da ação em si; por exemplo, alcançando na prática um estado de coisas que, no início, só existia como um ideal. Para essas pessoas, "compreender" significaria, sobretudo, imaginar um fim ao qual o ato mencionado poderia levar à luz das suas consequências ou à intenção do agente. Por isso, para compreender os acontecimentos

---

[21] Weber, *The Theory of Social and Economic Organization*, p.90, 92.

que elas observam, essas pessoas tenderão a organizar seu conheci-mento deles numa sequência meios-fim: descrever o comportamento visível como subordinado a um fim que estava "na mente do agente" e explicável por ele. Se esta é uma tendência "natural" determinada pelo caráter da nossa época "racionalizada", o método de compreen-são que Weber sugeriu e que será explicado a seguir nada mais é que o esclarecimento das condições em que, em nossos tempos, a compreensão é possível. "Como tornar a ação humana inteligível" e "em que condições as ações humanas são inteligíveis para nós, nascidos na era do mercado e da ciência racionais" se fundem numa única questão. Segundo Weber, o significado

> pode derivar de uma relação com propósitos extremamente variados. Sem referência a esse significado, tal objeto continua totalmente incompreensível. Desse modo, o que é inteligível ou compreensível nele é a sua relação com a ação humana no papel de meios ou de fim; uma relação a respeito da qual podemos dizer que o agente ou os agentes tinha(m) consciência e para a qual a sua ação foi orientada. Só em termos dessas categorias é possível "compreender" objetos desse tipo [no original alemão: a compreensão desses objetos acontece – *findet ein Verstehen solcher Objekte statt*].

Os acontecimentos são "desprovidos de significado se não podem ser relacionados à ação no papel de meios ou de fins, mas constituem somente o estímulo, as condições favoráveis ou prejudiciais".[22]

O que decorre das afirmações anteriores é que só é possível compreender tais agentes como voltados a agir racionalmente, isto é, que procuram relacionar tudo o que fazem a um fim que desejam alcançar. Ou melhor, só é possível compreender tais ações na medida em que formos capazes de descrever como sendo dessa natureza (observem que a consciência do agente sobre a natureza intencional da sua ação não é a condição da compreensão; a condição é somente

---

[22] Ibid., p.93 (Weber, *Wirtschaft und Gesellschaft*, p.3).

a possibilidade dessa consciência, isto é, descobrir um tipo de propósito do qual se possa, em princípio, estar consciente). Além disso, essa conclusão é corroborada por outra definição crucial, a do motivo em relação ao qual a ação pode ser compreendida: "Um motivo é um conjunto de significados subjetivos que parecem ao próprio agente ou ao observador uma razão adequada para a conduta em questão"; posteriormente, Weber esclarece esse ponto, escolhendo os "nossos modos de pensar e de sentir habituais" como o elemento principal ao se decidir se um determinado motivo é ou não a "razão adequada" para agir.[23]

O próprio conceito de ação social – que, na visão de Weber, é para a sociologia o "seu tema central, aquele que se pode considerar decisivo por seu *status* como ciência"[24] – é definido de uma forma que incorpora a ligação entre "o que é regulado socialmente em nosso tipo de sociedade" e "o que é inteligível sociologicamente para os membros dessa sociedade". A ação social é unicamente a ação direcionada para outros seres humanos, isto é, um elemento da relação social, mas ela precisa ser um elemento da relação normativamente regulada (por exemplo, a atividade econômica só é social se, e, portanto, na medida em que, "o controle efetivo dos bens econômicos pelo agente for respeitado pelos outros"[25]). E ela precisa ser motivacionalmente direcionada às relações com outras pessoas e, assim, ser passível de compreensão. Desse modo, a fúria difusa de uma multidão, em que o controle cuidadoso do comportamento é suspenso por um momento, não é uma ação social. Nem a mera imitação descuidada dos outros é social. Ou melhor, ambos os tipos de comportamento se situam "na zona limítrofe indefinida da ação social". Alguém pode perfeitamente transformar a imitação no princípio consciente e deliberado da sua conduta; por exemplo,

---

[23] Ibid., p.98-9.
[24] Ibid., p.114-5.
[25] Ibid., p.112-3.

um *nouveau riche* pode querer ser aceito pela aristocracia cuja riqueza vem da herança, e, para alcançar esse objetivo, imitar servilmente seu estilo de vida. Outra pessoa pode procurar conscientemente no anonimato da multidão uma fuga da responsabilidade que, em caso contrário, teria de assumir individualmente e que ela acha insuportável. Desse modo, os casos específicos de comportamento de massa e imitação podem cruzar a fronteira entre a ação social e a não social em ambas as direções. O fato de agirem assim apresenta uma séria ambiguidade empírica que, no entanto, não pode ser confundida com uma falta de clareza conceitual. Embora seja difícil estabelecer de que lado um determinado ato deve ser situado, a fronteira em si pode ser traçada inequivocamente. O que distingue uma imitação "não social" da imitação enquanto uma ação social (isto é, "o tema central" da sociologia como uma ciência da "compreensão") é a diferença entre a determinação causal e a determinação intencional do comportamento.

À luz desses conceitos fundamentais da sociologia weberiana, a tipologia em quatro partes da ação social, amplamente citada e acriticamente aceita, parece estar estranhamente fora de lugar e ser, na verdade, a única parte da sociologia weberiana que contradiz sua ideia central. Por um lado, a instrumentalidade, ou intencionalidade de conduta – e, consequentemente, a possibilidade de considerá-la como um comportamento quase racional –, é considerada por Weber como a característica definidora da ação, ao contrário do simples comportamento. Por outro lado – em sua conhecida tipologia –, essa ação é apresentada apenas como um tipo ao lado de outros três; os outros três, supostamente, não têm as características que, em outro lugar, foram escolhidas como as suas condições indispensáveis. Isso é particularmente no caso da interpretação de afeição extrema ou de hábito interiorizado; nesses casos, tanto as fortes emoções como o hábito reduzem ou restringem a capacidade de julgamento e de cálculo que faz de um ator um agente livre capaz de definir um objetivo e selecionar os meios adequados a ele. Um

A compreensão como obra da história: Max Weber

indivíduo está sob o domínio completo das suas emoções ou da sua educação tradicional, e, portanto, faz o que é obrigado a fazer e não o que ele deseja; sua conduta, evidentemente, não pode ser classificada como ação segundo a definição de Weber. Ou, ao contrário, um indivíduo age de uma maneira específica porque está consciente das emoções insuportavelmente fortes que precisam ser liberadas para ele não enlouquecer ou manter o equilíbrio afetivo, ou porque ele tem muito apreço pela tradição e considera correto preservar a herança do passado; as ações são exemplos simples da categoria "racionalidade instrumental" e podem ser descritas e avaliadas como todas as outras ações da categoria o são. O terceiro dos tipos "estranhos" de ação social, *wertrational*, que, certamente, afligiu mais do que qualquer outra coisa os inúmeros intérpretes das ideias de Weber, parece ter sido isolado segundo critérios lógicos diferentes. Na verdade, se visto como a procura deliberada de um fim escolhido (em detrimento de todos os outros fins alternativos), a chamada ação *wertrational* não difere em nada da *zweckrational*, aquela que limita a escolha somente aos meios e nunca põe em causa os fins. O que diferenciava a *wertrational* da ação que Weber classificaria como *zweckrational* é, supostamente, o próprio fim, que está em desacordo com os fins que agentes *zweckrational* comuns visam em nossa sociedade *zweckrational*; talvez um fim que entre em conflito com a busca do lucro, a força motriz do mercado capitalista. No entanto, a natureza social da ação foi definida independentemente dos fins específicos para os quais ela possa estar direcionada; o que se afirmou ser a sua característica inconfundível foi o direcionamento para um fim enquanto tal, e não o direcionamento para um fim específico. Portanto, de acordo com as próprias regras metodológicas de Weber, os critérios utilizados para separar a *wertrational* como um tipo diferente de ação eram ilegítimos. Se essas regras forem aplicadas de forma coerente, a *wertrational* não pode ser incluída na categoria da *zweckrational*; na verdade, ela é uma ação instrumentalmente racional, que visa apenas um fim um pouco incomum, isto é, não aceito universalmente. (O que parece estar por trás da surpreendente incoerência de Weber é o seu mal-estar diante dos valores "dissidentes" numa sociedade que, do seu ponto de vista, deixou para trás a discussão sobre valores e está próxima da racionalidade plenamente "instrumental.)

Isso tudo dito e considerado, a estrutura da ação racional instrumental surge como o único quadro de referência em que a pesquisa sociológica, como uma ação que visa a compreensão objetiva do comportamento humano, pode ocorrer. O comportamento humano pode ser o tema da sociologia desde que, e na medida em que, ele possa ser considerado ou descrito como possuindo tal estrutura. Nesse sentido, a sociologia está de acordo com a tendência dominante da sociedade moderna, que torna socialmente relevante apenas a ação racional instrumental e, por consequência, sujeita à regulação normativa. Deste modo, o terreno foi preparado para uma análise metódica do processo de autocompreensão.

Weber parte da divisão tripartite da compreensão tomada de Dilthey. Os dois primeiros tipos diferem pouco da versão de Dilthey, exceto pela eliminação da "muleta metafísica". Eles são exemplos de compreensão *aktuelle* (atual, "direta" na tradução de Parsons). Desse modo, nós apreendemos o sentido de uma frase, de uma ideia, de uma fórmula matemática e de outras "manifestações" do pensamento humano, ou, a propósito, manifestações de emoções humanas expressas em sintomas naturalmente determinados. Do mesmo modo pragmático, nós apreendemos a relação entre o comportamento público que observamos e seu resultado final, percebendo, assim, a "racionalidade externa" da ação (por exemplo, a relação entre abrir um pote de conservas e comer seu conteúdo). A escolha do termo *aktuelle* para indicar esse tipo de compreensão sugere uma ênfase no caráter pragmático, habitual e não mediado da compreensão praticada universalmente por pessoas comuns em circunstâncias comuns. Na verdade, a compreensão *aktuelle* avança como uma "atividade corrente" que ocorre durante a observação, a leitura, a conversa, a escuta. Para "compreendê-las", não é preciso

A compreensão como obra da história: Max Weber

ter nenhum conhecimento de um contexto maior na qual os textos ou os atos observados apareçam.

No entanto, às vezes nós estabelecemos para nós mesmos metas mais difíceis. Queremos ir além da simples apreensão do sentido daquilo que vemos; queremos compreender também os motivos que levaram à criação real do texto ou à execução da atividade observada. Nós fazemos a pergunta "por quê" além da pergunta objetiva "o quê". Para Dilthey, a pergunta "por quê" significa, naturalmente, referir os vestígios observáveis da ação ao *Geist*, do qual eles são as expressões; retratá-los como *Lebensaüsserungen*. Para Weber, a pergunta "por quê", que representa a procura pela "compreensão explicativa", equivale, naturalmente, a relacionar a ação aos motivos, isto é, à "causa adequada" da ação na forma de um propósito subjetivamente adotável. Esta é uma compreensão explicativa. Ela ultrapassa aquilo que nós real e "presentemente" vemos e experimentamos; é uma operação intelectual que exige a reunião de partículas de conhecimento obtidas em outros momentos e ocasiões que não os da leitura do texto ou da observação do ato. Para alcançar a compreensão explicativa temos de seguir a receita de Dilthey de "unir" o passado e o futuro – acima de tudo, de situar o ato em questão dentro de uma totalidade maior (nas palavras de Weber, "num contexto de significado mais inteligível e inclusivo", ou numa "sequência motivacional compreensível").[26] Ao contrário da compreensão *aktuelle*, a compreensão explicativa é, ela mesma, uma ação racional, subordinada ao objetivo conscientemente escolhido do observador, monitorada do começo ao fim e sensível aos mesmos esforços de aperfeiçoamento e critérios de avaliação da ação racional em geral.

Weber nunca rechaça explicitamente a exigência desconcertante de Dilthey de reconstruir o motivo real que guiou o agente cuja ação queremos compreender: penetrar o "acontecimento físico" real

---

[26] Ibid., p.95.

A compreensão como obra da história: Max Weber

na cabeça do agente no momento da ação ou antes dela. Na época em que escreveu o monumental *Grundriss der Verstehenden Soziologie* [Fundamentos da sociologia compreensiva],Weber ainda estava disposto a admitir que o significado realmente pretendido, essa entidade arredia e nunca observável diretamente, é o objeto buscado pela compreensão explicativa na abordagem histórica. É como se, nessa etapa final, Weber estivesse disposto a aceitar a palavra dos historiadores em relação ao que é e o que não é o assunto legítimo do conhecimento deles; ele mesmo considerava que seu campo era a sociologia; seu entusiasmo inicial de legislar em defesa da história tinha praticamente desaparecido. Por ora, Weber tinha a grandiosa fantasia de "racionalizar" a sociedade e a ciência, semelhante à natureza de sociedade que ela serve; e o conhecimento histórico, uma atividade que não era da mesma linhagem, interessava menos a ele. Toda a sua atenção estava voltada, então, para a compreensão explicativa que pode ser fornecida pela ciência e pela aplicação dos métodos científicos – um atributo que a procura dos historiadores por significados pretendidos não possuía. Parece que Weber considerou a emancipação definitiva das preocupações pré-científicas como a principal mensagem do *Grundriss*. Afinal de contas, a única declaração importante que ele fez no prefácio da sua *magnum opus* é que ela traça "uma distinção nítida entre significados subjetivamente pretendidos e objetivamente válidos". A atenção de Weber estava voltada então, de maneira plena e indivisível, para estes últimos.

É verdade que, entre os contextos em que a compreensão explicativa pode surgir como um problema e uma tarefa, o interesse dos historiadores pelo significado pretendido é seguido pelo exemplo do "fenômeno de massa sociológico", quando se procura "a média do significado realmente pretendido ou uma aproximação dela"; talvez isso seja uma homenagem à longa dominação do *Zeitgeist* como a principal categoria explicativa das tendências históricas, e, particularmente, dos traços por meio dos quais o comportamento da massa em diferentes épocas e regiões do mundo se diferencia. Quer a suposição seja verdadeira ou não, o fato decisivo é que Weber, com exceção desta frase curta, nunca volta ao tema e em nenhum lugar procura robustecê-lo metodologicamente. Tal omissão seria, de fato, estranha se Weber considerasse indefinida essa "aproximação do significado realmente pretendido" como um instrumento importante e amplamente aplicável que os sociólogos devessem utilizar.

Em vez disso, ele trata de forma plena e detalhada aquilo que é chamado no prefácio de "significados objetivamente válidos", significados que são "adequados" para um tipo de fenômeno cientificamente formulado; vale notar que o adjetivo "científico" só é utilizado no contexto desse tipo de "compreensão explicativa". Com o que poderiam se parecer na sociologia os significados objetivamente válidos e cientificamente formulados é algo que podemos aprender com a teoria econômica, que tomou o lugar da historiografia como a fonte de inspiração metodológica:

> Eles explicam o rumo que um determinado tipo de ação humana tomaria se ela fosse rigorosamente racional, não influenciada por erros ou fatores emocionais e se, além disso, fosse completa e inequivocamente direcionada para um único fim, a maximização do benefício econômico.[27]

Portanto, o significado objetivamente válido da ação social, que a ciência da sociedade deve proclamar como a sua principal preocupação, distingue-se por duas características cruciais: (1) não existe uma multiplicidade de fins; ao contrário, os fins alternativos foram eliminados e o campo de ação está sem dúvida aberto à busca de um único valor, universalmente desejado; e (2) a ação está totalmente purificada de todos os elementos deterministas, sendo, portanto, plenamente explicável por meio da referência ao propósito e ao custo relativo e eficiência dos meios disponíveis. Como já sabemos, este é o padrão da conduta racional, moldado a partir do comporta-

---

[27] Ibid., p.96.

mento de mercado idealizado e representando, na visão de Weber, o tipo de ação que ascende ao nível da verdadeira universalidade.

Esta é a etapa decisiva no caminho da ruptura definitiva e irreversível entre a metodologia de uma "sociologia compreensiva", isto é, uma sociologia comprometida com a abordagem dos fatos sociais como subjetivamente motivados e direcionados a valores defendidos subjetivamente, e a tentativa inútil e desacreditada de "se transportar" para a mente do agente e reviver seus raciocínios e sentimentos. Weber oferece nada menos que um método no qual os fenômenos subjetivos podem ser apreendidos e descritos objetivamente, enquanto a sua singularidade, que certamente desafia qualquer tratamento científico, pode ser elevada ao nível da "individualidade generalizada" (a ideia que Rickert tinha sobre o que seria a tarefa das ciências culturais). A solução de Weber é elegante por não acarretar uma negação da inescapável historicidade do conhecimento e do sujeito cognoscente, e muito menos depender dela; ao contrário, o pressuposto da historicidade é indispensável para validar o método em sua forma weberiana. O predomínio historicamente produzido da racionalidade forneceu a base que faltava para o acordo universal quanto à interpretação da ação humana. As sequências racionais estão relacionadas a valores, mas os valores aos quais elas estão direcionadas não são mais contestados; dado o acordo universal referente aos fins da ação (universal para a civilização ocidental como um todo), o restante é determinado em termos puramente técnicos, totalmente comparáveis e, portanto, independentes de valores. Por consequência, é uma etapa do desenvolvimento da relatividade histórica que trouxe, finalmente, seu próprio fim.

Weber se dá ao trabalho de tornar a distinção que ele prometeu no prefácio tão rigorosa quanto possível. Ele diz que "o tipo ideal de ação significativa, na qual o significado é plenamente consciente e explícito, é um caso periférico". Na verdade, "na grande maioria dos casos a ação concreta acontece num estado de semiconsciência inarticulada do seu significado subjetivo". Por assim dizer, "os 'motivos

A compreensão como obra da história: Max Weber

conscientes' podem muito bem ocultar, mesmo para o próprio agente, os diversos 'motivos' e 'repressões' que constituem a verdadeira força motriz da ação". Consequentemente, o sociólogo precisa estar preparado, por uma questão de princípio, para descrever e analisar a situação motivacional "mesmo que ela concretamente não tenha realmente feito parte da 'intenção' consciente do agente".[28] A atitude é válida, repitamos, por dois motivos: a sua harmonia com a tendência histórica e a sua superioridade metodológica em relação a todas as atitudes alternativas. Por um lado, uma interpretação da ação como racionalmente intencional tem "o grau mais elevado de certeza verificável". Por outro, a universalidade cada vez maior do comportamento racional-legal no mundo ocidental fará com que, gradualmente, tipos ideais teóricos e excessivamente racionalizados se aproximem cada vez mais da realidade empírica e reduzam a lacuna entre conceitos teóricos e descrições empíricas.

Por enquanto, antes que a fusão hipotética seja alcançada pela história, os elementos decisivos da escolha estratégica são metodológicos. Para os fins da análise científica, "é conveniente tratar todos os elementos do comportamento irracionais e determinados pelos afetos como fatores de desvio de um tipo conceitualmente puro de ação racional [...] Nesses casos, a construção de um procedimento puramente racional serve para o sociólogo como um tipo ['tipo ideal'], que tem o mérito de ser claramente compreensível e não apresentar ambiguidade."[29]

Chegamos, portanto, à conclusão que foi expressa de forma sucinta por Arun Sahay: "Para Weber, a compreensão não é a sutil concordância intuitiva que os filósofos aprovam – mas a explicação intelectual, analítica e profética da ação".[30] A compreensão, tal como

---

[28] Ibid., p.97, 111-2.

[29] Ibid., p.92.

[30] Sahay, The Importance of Weber's Methodology in Sociological Explanation. In: Sahay _____ (org.), *Max Weber and Modern Sociology*, p.68.

ela finalmente emerge do conceito de tipos ideais, torna-se uma atividade racional, codificada e tecnicamente avaliável dos homens de ciência – pessoas especificamente treinadas na arte de pensar racionalmente, de fazer análise custo-efetividade e, consequentemente, de demonstrar mais plenamente a tendência histórica do nosso tempo, numa fase em que essa tendência ainda não conseguiu atrair a maioria numérica de indivíduos para a sua órbita e modificar o seu comportamento. Nascida no interior da formação discursiva da hermenêutica histórica alemã, a argumentação de Weber a respeito da compreensão se libertou gradualmente de seu envolvimento inicial e se converteu na legitimação (embora ainda expressa por meio do vocabulário hermenêutico tradicional) de conceitos e categorias estruturais de natureza geral,[31] totalmente controlados e administrados por sociólogos profissionais.

As circunstâncias em que a obra de Weber foi descoberta pela sociologia americana, então predominante, facilitaram uma interpretação diferente do seu verdadeiro propósito. Quando comparada à ciência social que empregava variáveis e categorias "objetivas" despersonalizadas e despsicologizadas, a importância de Weber parecia consistir em restituir o devido destaque a significados subjetivos injustamente desprezados. Weber parecia fazer um apelo por um "retorno à subjetividade", para o indivíduo entendido como o portador da intenção subjetiva para a compreensão, interpretada como "empatia", uma identificação empática com o autor. Mas o método predominante da sociologia norte-americana nos anos 1940 e 1950 não era a formação discursiva na qual a obra de Weber se desenvolvera, e que determinara a importância e o significado da sua sociologia. Weber não se esforçava para obrigar uma sociologia totalmente comprometida com o objetivismo a dar um pouco mais de atenção à subjetividade e a valores subjetivamente defendidos. Ao

---

[31] Cf. Rex, Typology and Objectivity, a Comment on Weber's Four Sociological Methods. In: Sahay (org.), op. cit., p.17-8.

contrário, ele travava uma longa e exaustiva batalha para emancipar a ciência social do relativismo no qual ela se debatia, sobrecarregada pela herança idealista e da hermenêutica alemã. "Admitindo-se que os significados são subjetivos; admitindo-se que, para serem coerentes, as categorias históricas precisam ser relevantes para esses significados, ainda assim é possível ter uma ciência social objetiva" – este, parece, era o principal presságio da sociologia de Weber. Weber detalhou as condições nas quais a ciência social pode, de fato, se tornar objetiva. Transformar o processo da compreensão na construção de modelos racionais era, ao lado da aceitação da neutralidade em relação aos valores, a mais crucial delas.

A possibilidade de compreender objetivamente uma ação subjetivamente direcionada reside, como recordamos, na aquiescência do analista em se abster da discussão dos fins e, portanto, em analisar a ação somente em termos da sua racionalidade instrumental. Na versão de Horkheimer, "o juízo de valor deve ser justificado pelo contexto da tarefa, não por sua execução".[32] O único juízo de valor que os sociólogos empenhados na objetividade têm a permissão de fazer diz respeito à sua própria tarefa. Como o juízo de valor é uma prerrogativa da autoridade, o direito de decidir a que valores sua própria atividade deve servir equivale a estabelecer a sociologia como uma profissão autônoma com plena soberania dentro do seu próprio campo. Contudo, ao escolher seus valores consumatórios, os sociólogos não são inteiramente livres. Em nossa sociedade moderna e racionalizadora, toda autoridade tem as mesmas características fundamentais; o autogoverno dos sociólogos está seguro como uma autoridade legítima somente se o valor-fim da sua atividade for semelhante ao valor-fim predominante em sua sociedade. Portanto, eles têm de escolher entre a perda do *status* científico e a autoproclamada limitação do seu projeto de construção de modelos de ação racional. A sociologia só pode se tornar uma profissão se

---

[32] *Apud* Parsons, op. cit., p.52.

renunciar ao direito de questionar os valores predominantes da sua sociedade e tornar essa renúncia o principal valor da sua própria atividade. Ao que Horkheimer sarcasticamente observou que, "se independência em relação aos valores não significa a evidente platitude que o cientista não use óculos cor-de-rosa ou pretos, e não seja corrompido por seus discípulos ou pelo ódio, então ela significa proibição de pensar";[33] enquanto Habermas tentou decodificar seu significado sociológico:

> Na medida em que o postulado da independência em relação aos valores visa confinar as ciências sociais à produção de conhecimento tecnicamente utilizável, ele é análogo à reivindicação política de proteger a autoridade decisória da arrogância do especialista qualificado.[34]

Seria fácil imaginar que Weber concordaria com Horkheimer e Habermas que, de fato, essas são consequências do modelo para as ciências sociais que ele esboçou. Porém, admitindo isso sinceramente, Weber certamente retrucaria que a coragem de aceitar as consequências é justamente o ato que separa a compreensão objetiva e a ciência objetiva do mundo subjetivo e do flerte romântico das profundezas inescrutáveis da alma humana: quanto mais confiantes são os pronunciamentos sobre o tema da natureza e da vocação humanas, menos justificados eles são. Temos o direito de nos sentirmos descontentes com o mundo sem alma, desencantado e desumanizado. Mas se queremos participar na atividade chamada ciência, também podemos aproveitar a oportunidade que este mundo, e só ele, tem a oferecer.

---

[33] Ibid., p.53.
[34] Ibid., p.65.

4
A compreensão como obra da história: Karl Mannheim

Em certo sentido, a obra de Karl Mannheim pode ser definida como uma tentativa coerente de construir uma base sociológica de acordo com a metodologia da compreensão de Max Weber. Lembremos que, para Weber, a compreensão objetiva era uma oportunidade única criada pela era da racionalidade. No entanto, duas questões continuavam curiosamente sem resposta na obra de Weber: a "tendência racionalista" da era moderna seria algo mais que uma simples coincidência histórica, um sedimento duradouro dos gigantes carismáticos do passado recente e não tão recente? E por que devemos acreditar que a oportunidade que essas tendências criaram será aproveitada? Quem tem condições de fazer o serviço e por quê? Durante a maior parte da sua vida criativa, Mannheim se esforçou para fazer um balanço completo dos problemas que essas duas questões acarretam e para solucioná-las de maneira sistemática.

A obra de Mannheim possui todas as marcas importantes da formação discursiva das *Geisteswissenschaften* [ciências humanas]. Ele parte do pressuposto de que é preciso explicar a natureza, mas para compreender a cultura; de que para "assimilar cognitivamente" os fenômenos naturais é preciso organizá-los em cadeias causais, mas para conhecer os fenômenos culturais é preciso apreender seu significado. E, assim como Dilthey e Weber antes, ele, de modo algum, se ressente da preocupação do estudo cultural com os significados e a compreensão, entidades tão alheias ao espírito da atividade acadêmica tal como os cientistas naturais a enxergam e praticam. Como Dilthey ou Weber, Mannheim atribui a diferença à riqueza da investigação cultural, da qual a ciência natural carece. O "significado objetivo" dos fenômenos, visíveis "de imediato", gravado em toda a "superfície" experiencial do fenômeno, é motivo de preocupação tanto para os cientistas naturais como para os cientistas culturais. Mas aqui, onde os cientistas naturais terminam a sua viagem, os estudiosos da cultura iniciam a parte mais importante da sua tarefa cognitiva: ir além do objeto observável, penetrar na esfera mais ampla do "espírito", do qual ele é uma ramificação e um fragmento, a fim de realmente "esgotar" o seu significado. Os cientistas naturais, porém, não têm mais para onde ir. Por exemplo, se eles tentassem conceber a natureza como uma comprovação da obra de Deus na Terra, eles "simplesmente deslocariam para a natureza o método de análise devidamente adequado para a cultura".[1]

Existe, portanto, uma grande área de investigação na qual as tarefas e os métodos cognitivos dos estudos naturais e culturais não se diferenciam de forma significativa. Essa "interpretação objetiva" equivale mais ou menos à compreensão *aktuelle* em Dilthey ou Weber. Mannheim tem em mente a possibilidade de conhecer o objeto simplesmente o observando, e de elaborar uma descrição completa dele enquanto o explora sozinho, sem nenhuma relação com "algo diferente". Todas as informações a serem incorporadas no conhecimento do objeto derivam do próprio objeto. Como não se pressupõe que a sua causa seja uma ação intencional, não é preciso fazer nenhuma pergunta relacionada à intenção.

---

[1] Mannheim, *Essays on the Sociology of Knowledge*, p.44.

A questão da intenção nos leva ao segundo nível de compreensão, com o qual os cientistas naturais não precisam, nem podem, se preocupar: a compreensão expressiva. Uma vez mais existe uma afinidade estreita entre Mannheim, Weber e Dilthey: o objeto é visto como uma "manifestação" de um acontecimento psíquico ainda não diretamente visível. Aquilo que estamos procurando só é acessível de forma mediada: chegamos às conclusões a respeito do que não vemos a partir do que vemos, e às conclusões a respeito da intenção a partir da sua manifestação. A tarefa, evidentemente, é difícil. O risco de erro é considerável, e nenhum conjunto de regras rígidas e claras poderia evitá-lo. O sucesso da compreensão expressiva depende do fator reconhecidamente mal definido como "afinidade espiritual" do sujeito com os outros seres humanos cujas ações ou criações ele deseja compreender. A afinidade pode alcançar toda a gama que vai do compartilhamento íntimo da vida ao simples fato de fazer parte da mesma espécie; como ela nunca chega ao extremo analítico da identidade total, a "compreensão expressiva" nunca chega à finalidade do absoluto. Para dificultar ainda mais a tarefa, não podemos confiar em "significados estereotipados" dos atos humanos, em uma "gramática universal da expressão" plenamente institucionalizada, como no caso da compreensão objetiva; o pressuposto fundamental da compreensão expressiva é que as conexões entre os atos e os seus significados intencionais não são codificadas ou despersonalizadas; pelo contrário, em cada caso são essencialmente únicas.[2]

Contudo, Mannheim parece limitar seu interesse na "compreensão expressiva" à determinação das suas características inconfundíveis e à lista das armadilhas das quais devemos nos precaver quando pisamos no terreno traiçoeiro da análise da intenção. Seu interesse parece estar em outro lugar. A exemplo de Weber, Mannheim se preocupava sobretudo em chegar a uma compreensão que pudesse

---

[2] Cf. ibid., 53.

descartar legitimamente motivos pessoais invisíveis e inacessíveis e, por meio disso, adquirir o grau de sistematização metodológica que a aproximasse do ideal de objetividade. Mannheim deseja claramente sintonizar o tipo de compreensão que ele busca ao espírito essencial da era do racionalismo, que é

> excluir do conhecimento tudo que esteja envolvido com personalidades específicas e que possa ser comprovado somente em relação a grupos sociais limitados com experiências comuns, e se limitar a afirmações que sejam amplamente comunicáveis e demonstráveis.[3]

Entretanto, enquanto a forma predominante de ciência tende a atingir seu objetivo pelo atalho que é simplesmente declarar a proibição de todas as afirmações que, em princípio, não sejam imediatamente demonstráveis ou comunicáveis, o projeto de Mannheim é mais ambicioso: ampliar o conceito de conhecimento racional legítimo de uma forma que inclua declarações alcançadas por meio da compreensão sem renunciar a nenhuma das exigências rigorosas de universalidade. Mas nesse caso, diz ele, só uma compreensão atende a esses critérios rigorosos de legitimidade: a compreensão "documentária".

Segundo Mannheim, o primeiro passo para tornar a compreensão demonstrável, isto é, objetiva, leva à desvinculação de todos os significados intencionais impregnados no fato analisado, seja "objetivamente" (por meio da utilização de signos comuns e evidentes e, sem dúvida, codificados) ou "expressivamente" (mediante a criação de uma configuração única de experiências e de suas manifestações, voltada para os sentimentos pessoais). Na "época" de Mannheim, o campo obscuro das intenções subjetivas é suspenso, posto permanentemente entre parênteses; é claro que as pessoas têm intenções, é claro que a sua ação é intencional, é claro que os agentes põem seus significados subjetivos naquilo que fazem, mas esta não é a única pista para compreendermos a sua ação. E, ainda

---

[3] Mannheim, *Essays on Sociology and Social Psychology*, p.85-6.

mais importante, não é a melhor. A compreensão documentária pode desconsiderar os significados intencionais do agente e, ainda assim, apreender a sua ação como um fenômeno cultural, espiritual e significativo. O sentido documentário não é em nenhum momento intencional; na verdade, ele é um modelo analítico da atividade do sujeito.[4] Em outras palavras, o sentido documentário não está presente espaço-temporalmente "no ato"; ele não é um acontecimento psíquico que aconteceu na cabeça do agente (como a compreensão expressiva), nem o sentido trazido para o ato junto com determinada forma de expressão definida culturalmente. O sentido documentário não pode ser apreendido por meio da "exumação", da "leitura", da "descoberta" etc. O sentido documentário precisa ser interpretado. Ele é um conceito analítico; um significado "externo" atribuído à ação não pelo seu sujeito, mas por um observador objetivo que permanece sempre "no exterior" (não tenta "reviver" a experiência do sujeito, ativar os sentimentos do sujeito em si mesmo etc.). Por meio do sentido documentário, o estudioso da cultura pode apreender sentidos que os agentes do espetáculo cultural ignoram; por isso ele pode se elevar acima do nível da atividade cultural rotineira e alcançar o grau de objetividade que é inalcançável na vida diária. Isso é possível porque a compreensão documentária utiliza apenas meios racionais, e se recusa firmemente a recorrer aos instrumentos da empatia, do compartilhamento de sentimentos e de preferências românticas semelhantes:

> A melhor maneira de entender a diferença é se imaginar partilhando a vida de um artista, passando cada minuto do dia com ele, participando de todos os seus estados de espírito e de cada um dos seus desejos, constantemente ocupado com todas as coisas que o ocupam – tudo isso sem se preocupar com documentação. Nesse caso, a pessoa compreenderia a obra do artista na dimensão "expressiva" e teria um quadro mais ou menos satisfatório do fluxo de experiências do qual ela seria uma coparticipante; e, no entanto, ela não teria um *insight* da

---

[4] Mannheim, op. cit., p.55.

A compreensão como obra da história: Karl Mannheim

personalidade do artista, da sua *Weltanschauung* [visão de mundo], do seu *ethos*. E, inversamente, outro analista, pouco familiarizado com a obra e as ações do artista, mas com um acentuado senso documentário, poderia construir sobre o pouco material factual disponível uma caracterização completa da personalidade e das opiniões do artista, não no sentido psicológico, mas no sentido cultural.[5]

O sentido documentário é a obra do analista. Ele é o produto final de uma longa e trabalhosa reunião de dicas e pistas espalhadas por todo o vasto espaço dos fenômenos culturais, e da sintetização, a partir dessas evidências díspares, de uma totalidade ancorada numa pessoa, num grupo ou num período histórico. Todas as categorias empregadas pelos sociólogos são, em última instância, desse tipo. O espírito "clássico" ou "romântico", os valores da cavalaria, a consciência proletária, o estilo de vida da classe média e tantos outros conceitos semelhantes pertencem à mesma categoria: eles todos são significados documentários elaborados durante o processo de compreensão documentária.

Todos eles são indicativos de um sujeito coletivo, seja ele a comunidade difusa dos artistas românticos, o estrato dos cavaleiros medievais ou o proletariado industrial moderno. Temos de nos lembrar, contudo, que, assim como o próprio sentido documentário, o sujeito coletivo postulado como seu portador não é, de modo algum, um ser objetivo e espaço-temporal. O sujeito do sentido documentário é um construto analítico e só existe no discurso do analista. É um grave erro esperar que todo proletário identificado por critérios sociológicos de ocupação, pertencimento de classe etc., tenha de ser, como pessoa, o portador da "consciência proletária" (em termos documentários), um erro que tem origem na confusão entre campos do discurso radicalmente diferentes: os sentidos expressivo e documentário. Comete-se outro sério equívoco se não se faz uma clara distinção entre o sujeito coletivo do sentido expressivo e o sujeito coletivo do sentido documentário. O sentido expressivo se refere

---

[5] Ibid., p.55-6.

128

A compreensão como obra da história: Karl Mannheim

a indivíduos reais e empíricos, e às experiências pelas quais eles passaram num momento definível e numa ocasião empiricamente determinável. Só podemos tratar esse conjunto de indivíduos como uma coletividade em termos de um agregado; o que nós declaramos ser um "sentido expressivo coletivo" tem, portanto, uma natureza igualmente agregada – ele pode significar, por exemplo, "a intenção média" ou "o denominador comum" de todas as experiências individuais. Portanto, a correspondência entre o sujeito coletivo como um grupo de indivíduos e o sentido expressivo coletivo como um subproduto estatístico das suas experiências concretas é assegurada "objetivamente" pela própria lógica da investigação empírica. Não é o que acontece no caso do sentido documentário. Como neste caso o sentido foi afastado de forma consciente e coerente dos pensamentos, dos sentimentos ou da intenção dos sujeitos, a sobreposição entre o seu sujeito coletivo postulado e o sujeito coletivo dos significados expressivos não é assegurada pela lógica do método analítico. A presença ou a ausência e a extensão dessa sobreposição é um problema empírico. Tendo resolvido o sentido documentário e o "sujeito coletivo" associado, é preciso estabelecer empiricamente o grupo de indivíduos reais cujas características se encaixam nas características analiticamente postuladas desse sujeito. Nesse sentido, encontramos uma semelhança impressionante entre o *status* que Mannheim atribuiu aos seus "sentidos documentários" e àquele atribuído por Max Weber aos "tipos ideais".

Existe, portanto, uma ruptura entre o conceito sociológico de consciência e o conceito de consciência que está implícito no método documentário. Se em seu *status* metodológico este último se assemelha ao "tipo ideal" weberiano, em suas premissas ontológicas ele vai muito além de Weber, direto para a ideia fundamental da tradição idealista alemã. Nessa tradição, uma nação, uma classe ou qualquer outro grupo de categoria similar é considerado uma entidade constituída pela função mesma de "possuir" uma variedade particular de consciência. Ela não tem nenhuma característica empiricamente averiguável que preceda o começo da posse da consciência; algo como a "compreensão documentária" é, na verdade, o único apoio empírico do "grupo". É errado, portanto, descrever o grupo como um conjunto de membros, e as suas características coletivas como subprodutos das peculiaridades e atividades dos membros. Os indivíduos não produzem coletivamente o "espírito" do grupo; em vez disso, eles "compartilham" dele. O próprio grupo existe com a permissão do seu "espírito"; por tudo que sabemos, ele é a encarnação do "espírito", não seu portador. Portanto, esse conceito filosófico de grupo está imune à argumentação que parte da evidência empírica; ela não questiona, de fato, o conceito de, digamos, consciência proletária, caso se descubra que quase todas as pessoas classificadas como "proletárias" têm apenas uma vaga ideia disso, ou mesmo se ressentem profundamente de seus princípios fundamentais.

Essa imunidade empírica do "espírito" não é, de modo algum, um aborrecimento menor, particularmente para uma época que conferiu uma grande autoridade à evidência empírica. Como lembramos, Max Weber esperava que o hiato entre os significados típico-ideais e os defendidos na prática acabaria encolhendo ou desaparecendo completamente com o avanço da racionalização na sociedade moderna; os significados típico-ideais eram, de certo modo, prenúncios do que seria a verdadeira consciência quando os sujeitos agissem de acordo com as regras racionais. Contudo, Mannheim não dispõe de nada que alimente a esperança de que o hiato será transitório. Ele não adotou a proposta weberiana de uma historiosofia da racionalização como uma solução da dificuldade.

Tendo desprezado a solução de Weber, Mannheim reabre integralmente a questão da compatibilidade entre a descrição sociológica e a tarefa da compreensão nos termos postulados pela hermenêutica histórica. Essa questão, que nunca foi resolvida satisfatoriamente, se tornaria a principal tensão do projeto de Mannheim:

A compreensão como obra da história: Karl Mannheim

> Entre esses dois tipos de sujeito – o sujeito do espírito coletivo, originário da interpretação das objetificações culturais, e o sujeito antropológico e sociológico –, a discrepância devida à sua origem heterogênea é tão grande que parece absolutamente imperativo introduzir um campo intermediário de conceitos capaz de fazer a mediação entre esses dois extremos.[6]

Enquanto um dos limites do campo intermediário é, graças à sociologia empírica, aceitavelmente definido, o outro é evidentemente mal definido. Não é fácil demonstrar a validade de um "sentido documentário" com a mesma irrefutabilidade irresistível que a alcançada pela descrição dos sentidos realmente defendidos por "sujeitos sociológicos". Esta última fez descobertas que "todos têm de aceitar" ao, deliberadamente, fechar os olhos para todos os problemas cuja imagem está fadada a ser alterada por características não codificáveis dos sujeitos cognoscentes: o único ato de rigor cognitivo que a procura dos sentidos documentários não podia cometer. Ao unificar os fios independentes das evidências culturais, a perceptividade e a criatividade do observador certamente desempenham um papel crucial. E nem todo o seu *insight* é uma conquista pessoal, ou seja, algo que possa ser alcançado por meio de um treino adequado e do controle do método padronizado. Boa parte da perceptividade por meio da qual o sucesso da "compreensão documentária" se sustenta ou não é determinada por fatores sobre os quais o próprio pesquisador tem pouca ou nenhuma influência.

Estas são as características pessoais ou grupais com as quais o espírito cognoscente foi dotado ao longo da sua história ou biografia; entre elas, a afinidade com a contrapartida conhecida desempenha o papel decisivo. Mannheim nunca conseguiu cortar o cordão umbilical que ligava suas ferramentas metodológicas à "magia simpática" da empatia de Dilthey. Mesmo quando discute os sentidos documentários (por mais próximos que eles estejam do seu conceito de compreensão objetiva), Mannheim insiste no papel decisivo da

---

[6] Ibid., p.60.

semelhança entre as experiências, do compartilhamento de biografias etc. na construção bem-sucedida dos modelos documentários.

> Para compreender o "espírito" de uma época, temos de remontar ao "espírito" da nossa própria época – só a essência compreende a essência. Uma época pode estar mais próxima em essência do que outra em relação a uma era específica, e a que tiver maior afinidade será aquela cuja interpretação irá prevalecer. Na compreensão histórica, a natureza do sujeito tem uma posição fundamental a respeito do conteúdo do conhecimento, e alguns aspectos do objeto a ser interpretado só são acessíveis a certos tipos de mente.[7]

Mannheim usa o exemplo da compreensão intergeracional: "A caracterização que tem a maior possibilidade de ser reconhecida como a mais 'abrangente' (em vez de 'objetivamente correta') é aquela a que se chega quando o intérprete tem a mesma idade da pessoa caracterizada". Afinal de contas, para Mannheim ajuda ser um César para compreender César. Os sentidos documentários quase alcançam o ideal da "compreensão objetiva". É mais a riqueza, além da qualidade indefinível da "afinidade essencial com o objeto", que diferencia um sentido documentário melhor de um inferior, mesmo quando ambos alegam estar "corretos", isto é, em conformidade com as evidências documentárias conhecidas. Essa riqueza não é resultado de um acréscimo gradual de informação. Ao contrário das ciências naturais, a construção de sentidos documentários não é cumulativa: "não acrescentamos um item de conhecimento a outro, mas reorganizamos a imagem toda ao redor de um novo centro em cada época".[8] Interpretar significa descobrir a unidade entre expressões de significado aparentemente díspares. Essa unidade, porém, se baseia numa entidade externa ao intérprete. Existe – Mannheim enfatiza várias vezes – uma genuína personalidade do artista, um verdadeiro "espírito" de uma época, uma perspectiva religiosa real; por mais abrangente que seja o seu

---

[7] Ibid., p.61.
[8] Ibid., p.62.

A compreensão como obra da história: Karl Mannheim

elemento de "modelagem", a compreensão documentária é, fundamentalmente, reconstrução, e não construção a partir do zero. Por exemplo, para compreender a alternância curiosa e aparentemente acidental entre ascetismo e misticismo como expressão da escolha religiosa, "precisamos reeditar a experiência religiosa autêntica".[9] Os sentidos documentários estão sujeitos, portanto, a um vínculo duplo (também um legado de Dilthey): por um lado, uma totalidade objetiva une diversos significados expressivos; por outro, a atividade do intérprete é impulsionada por outra totalidade da qual ele, por sua vez, faz parte. Esse vínculo duplo torna o "conhecimento válido" problemático. Consequentemente, Mannheim se esforçou ao máximo para esclarecer os critérios e as condições dessa validade.

Em primeiro lugar, temos de olhar mais de perto a totalidade que pode se tornar o objeto de conhecimento válido. É aqui que se espera a ajuda da sociologia. Mannheim se refere à sociologia no sentido mais trivial e durkheimiano do termo: por sua tarefa, a sociologia se resume ao "pressuposto de que os indivíduos não *criam* os padrões de pensamento em virtude dos quais eles concebem o mundo, mas os recebem dos seus grupos".[10] Então, a "unidade" ou "totalidade" que deverá se tornar o objeto da compreensão documentária deverá ser aceita na atividade significativa de um grupo, e não de indivíduos; ela pode ser apreendida por meio de métodos sociológicos, em vez de psicológicos. O "todo sistêmico" de interesse real é, portanto, o "estilo de pensamento" em vez da personalidade. O sentido documentário é uma reconstrução do estilo de pensamento. Para explicar causalmente uma obra de arte, é preciso situá-la dentro de uma série de acontecimentos organizados como a biografia do artista; contudo, para apreender o seu sentido, é preciso descobrir primeiro a sua localização dentro do "estilo de pensamento" do qual o artista determinado participa.

---

[9] Ibid., p.78.

[10] Mannheim, *Essays on Sociology and Social Psychology*, p.75.

A compreensão como obra da história: Karl Mannheim

Como devemos compreender isso? Mannheim cunhou o conceito, ou assim parece, para conotar o espaço um pouco obscuro que se estende entre o transcendental kantiano – e, portanto, analiticamente universal – que "sintoniza" a mente humana e as características realmente individuais das suas criações. O primeiro representa, por definição, as condições universais de qualquer pensamento, e, consequentemente, não apresenta nenhum problema, por mais poderoso que seja o seu impacto na forma final do "objeto de conhecimento", por oposição ao "objeto de realidade"; o segundo, novamente por definição, pode ser tratado e explicado (causalmente) apenas pela psicologia, em vez de ser interpretado como parte de uma totalidade sociológica. Entre os dois, porém, existe um campo fértil à espera de ser cultivado pela sociologia: feito de elementos que não são nem universais nem irremediavelmente privados, mas sociais. Se as "pré-condições transcendentais" kantianas de todo conhecimento nos poupam dos sonhos inúteis de uma eventual identidade entre objetos de conhecimento e seus verdadeiros protótipos (ou objetos de realidade correspondentes), elas ainda não explicam a evidente variedade dos "objetos de conhecimento" que alegam corresponder ao mesmo objeto de realidade. Elas demonstram, de forma convincente, que tudo que é conhecido deve permanecer para sempre em sua forma especificamente humana. Elas não demonstram por que deve existir não apenas uma, mas toda a variedade dessas "formas humanas" de conhecimento. Por que, por exemplo, o pensamento medieval deve ser diferente do pensamento renascentista, liberal ou romântico. Por que o pensamento "burguês" deve insistir num relato diferente do relato do pensamento "proletário" da mesma realidade. O projeto de Mannheim é, em certo sentido, uma extensão do projeto de Kant. Mannheim quer revelar os elementos responsáveis pelo fato de que os objetos de conhecimento não são apenas diferentes dos objetos reais, mas que eles são diferentes de várias maneiras. A ideia de Mannheim da diversidade do pensamento como uma manifestação da diversidade do ser humano não passa, em última instância, da sugestão de um procedimento para uma sistematização inteligível do pensamento. Como tal, ela pertence à categoria que Ernst Grünwald chamou de "visões externas", que, na sua opinião,

> são igualmente verdadeiras – e cada uma só é verdadeira se a sua tese fundamental é aceita. Nenhuma das visões externas tem o caráter de verdade absoluta e incondicional – cada uma só é válida hipoteticamente. [...] As visões externas diferentes não podem ser confrontadas, do mesmo modo que a disputa entre sistemas metafísicos não pode chegar a um acordo através de meios científicos.[11]

Esta parece ser a principal fragilidade da implementação feita por Mannheim de seu próprio projeto. Ela pode ser aceita ou rejeitada, igualmente de forma inconclusiva, de acordo com a aceitação ou a rejeição de seus pressupostos fundamentais.

O próprio Mannheim opta pela sociologia, em oposição à psicologia, sem hesitar, como uma abordagem cujos resultados todos estarão inclinados a aceitar; em outras palavras, como um ponto de vista que torna possível a maior aproximação da "compreensão objetiva". Sua escolha é determinada pelo objetivo do seu projeto; caso contrário – ele sabe e deixa isso claro –, as alternativas psicológica e sociológica são igualmente válidas e legítimas.

> Qualquer atitude ou atividade humana pode ser considerada de ambos os ângulos, e, consequentemente, revela seu duplo significado. Podemos observar e definir qualquer ação humana:
> a) em termos das intenções ou motivações psicológicas e inteiramente subjetivas que estão contidas nela; ou
> b) podemos definir seu significado em termos das funções sociais que ela consciente ou inconscientemente preenche.[12]

Portanto, por um lado, Mannheim admite que existe uma escolha, ditada pelo projeto, entre explicação psicológica em termos de motivos e compreensão sociológica em termos de funções e institui-

---

[11] Grünwald, Systematic analyses. In: CURTIS; PETRAS (orgs.), *The Sociology of Knowledge, a Reader*, p.206.

[12] Mannheim, *Essays in Sociology and Social Psychology*, p.241.

ções. Por outro lado, porém, Mannheim parece sugerir, em algumas passagens, que a interpretação sociológica das atitudes e das ações é objetivamente mais confiável que a psicológica; em outras palavras, que os pressupostos sobre os quais a interpretação psicológica se apoia são baseados, em última análise, numa visão falsa da mente individual como um mundo autossuficiente. A abordagem sociológica, ao contrário da psicológica, tem um valor etiológico. Motivos e valores supostamente individuais são originalmente características do grupo. Os grupos se apegam a eles porque alguns padrões de comportamento, ao contrário de outros, desempenham uma função definida e importante para o grupo. A função primordial (um motivo durkheimiano) é a promoção da integração do grupo. Segundo Mannheim, isto se torna particularmente evidente nos casos de comportamento relacionado à "esfera pública", isto é, controlado pelas instituições sociais.

> Você pode começar com motivações subjetivas ou intenções pessoais de um tipo bastante peculiar, mas assim que assume uma função num determinado sistema de divisão do trabalho, ou age como um membro de uma família ou de um clube, você provavelmente tende a se comportar de acordo com determinados padrões tradicionais ou regras racionalmente estabelecidas.[13]

O raciocínio anterior sugere um significado banal de um grupo que está acima dos membros individuais e instila em suas mentes e ações os valores e as atitudes que têm um valor de sobrevivência para o grupo como um todo (a sobrevivência consiste, em primeiro lugar, na manutenção da integração do grupo). Nesse contexto, o "estilo de pensamento" pode ser interpretado como apenas outra versão de uma cultura de grupo na qual os membros do grupo estão sendo socializados por meio da educação, do exemplo e do controle.

Mas o tratamento que Mannheim dá aos estilos de pensamento, tal como foram descobertos pela "compreensão documentária", não

---

[13] Ibid., p.239.

é suficientemente coerente para permitir apenas uma interpretação. A principal tensão da sociologia do conhecimento de Mannheim – entre a compreensão tal como definida pela hermenêutica histórica e a descrição sociológica – aparece novamente. Mannheim parece hesitar entre interpretar a origem social dos estilos de pensamento em termos da ação difusa ou intencional de uma entidade supraindividual, ou em termos da correspondência inescapável entre *Erlebnisformen* e *Lebensformen*, forma de consciência e forma de vida (estilo *Wissensoziologie*). No último caso, considera-se que os atributos distintivos de um estilo de pensamento têm origem numa abordagem seletiva da realidade (daí o seu conhecimento tendencioso) condicionada pelo modo de vida particular do grupo. Todos os estilos de pensamento refletem a realidade, mas cada um deles reflete apenas alguns aspectos da realidade, que são elucidados ou se tornam relevantes pela prática de um determinado grupo. Como veremos, é a essa intepretação que Mannheim recorre quando luta com as perspectivas de contrato entre os "estilos de pensamento" da era moderna em disputa e a tentativa de provar a possibilidade da "política científica".

É principalmente em *Ideologia e utopia* que Mannheim afirma que as conexões sociais do conhecimento são uma dificuldade, e a cisão delas uma tarefa que deve ser executada antes de poder alcançar o verdadeiro conhecimento da vida social. A compreensão correta se funde, então, com o "controle científico" e com a crítica, sem os quais a atividade humana "tende a sair do controle".[14] O conhecimento socialmente influenciado se transforma em "modo de pensamento pré-científico inexato"; a própria influência social se torna um preconceito ou viés socialmente induzido que, em nome da verdade, deve ser desmascarado e erradicado. A mudança é formidável. Mannheim evidentemente conquistou – ou escolheu – um novo público. No novo contexto, a referência à verdade e ao conhe-

---

14 Mannheim, *Ideology and Utopia: Introduction to the Sociology of Knowledge*, p.206.

cimento objetivamente válido se tornou imperativo, por menor que fosse seu papel anterior em seu pensamento. Nos textos anteriores, Mannheim não parecia particularmente preocupado com o fato de que algum tipo de ancoragem de grupo é uma característica indispensável e determinante de todo pensamento. Depois, esse fenômeno universal se transformou num grande aborrecimento. Para a *Wissensoziologie*, a determinação sócio-histórica do conhecimento era uma realidade a ser investigada, se possível neutralizada no esforço da compreensão, mas, por outro lado, algo com o qual se devia conviver; para a sociologia do conhecimento, ela é um problema do mesmo jeito que, digamos, a delinquência juvenil e o alcoolismo são problemas para a administração pública. De modo significativo, Mannheim define a principal tese da sociologia do conhecimento que ele deseja apresentar ao seu público anglo-saxão com a admissão "de que existem modos de pensar que não podem ser compreendidos de forma adequada enquanto as suas origens sociais permanecem obscuras". É fácil concluir que também existem modos de pensar que podem ser compreendidos de forma adequada sem que se faça referência à origem social. Com isso, a questão da determinação social do conhecimento ficou reduzida ao problema dos desvios ideológicos da verdade.

Contudo, mudar de crença é menos difícil que mudar um modo de pensar. Quando Mannheim procura detalhar em que consistem as "origens sociais" e por que elas são tão importantes para a compreensão correta, não há nada em sua lista de fatores que não pudesse ser aplicado universalmente a todo pensamento e a todas as categorias de criaturas pensantes. "Ele fala a linguagem do seu grupo"; "ele pensa do modo que o seu grupo pensa"; "ele participa somando o seu pensamento ao que outros homens pensaram antes dele"; "eles agem um ao lado do outro e um contra o outro em grupos organizados de diversas maneiras, e enquanto fazem isso eles concordam e discordam entre si" – todas essas características podem, sem muita hesitação, ser atribuídas a seres sociais de qualquer época ou classe. Ainda nos encontramos na formação discursiva em que a realidade é apresentada ao sujeito humano apenas como uma das *Lebensformen* geradas e sustentadas sócio-historicamente, e não existe nenhum motivo convincente para excluir algumas pessoas dessa regra geral. Apesar de sua conversão cabal à objetividade positivística da ciência social, Mannheim não pode acreditar que alguém, por meio de um puro ato de vontade, possa desconsiderar a opinião ou o estilo de pensamento produzido por seu próprio grupo. Mas, sendo assim, ele espera que em algumas situações críticas essa emancipação possa se tornar possível. Além disso, está inclinado a acreditar que a emancipação já está chegando. Imperceptivelmente, passa da serenidade historiosófica de Dilthey para a determinação prática de Weber – embora escolha um atalho diferente do de Weber. Descobrir as condições em que o "afastamento da situação e do contexto da atividade social" pode se tornar realizável se transforma então, para Mannheim, na principal tarefa da sociologia do conhecimento.

A história, entendida como uma corrente criada pelo homem, embora sobre-humana por sua força irresistível, na direção da autopurificação do pensamento, mais uma vez vem em socorro do pensador que procura um motivo para a sua esperança. Não se trata, no entanto, de uma história que cria um novo modo de pensamento predominante aplicável à compreensão de toda e qualquer ação (como em Weber); nem é uma história que torna transparente o mundo anteriormente opaco e envolvido em falsas aparências (como em Marx). É uma história que gera, finalmente, uma categoria especial de pessoa, cuja determinação social consiste na falta de determinação social. Num mundo de paixões partidárias e miopia paroquial, essa é a única categoria que atinge as alturas da humanidade como um todo. Como diz Mannheim,

> o ponto crucial e o momento decisivo na história ocidental é a dissolução gradual das compactas camadas sociais semelhantes a castas. O erudito foi o primeiro

a ser afetado por essa mudança. [...] O intelectual moderno tem uma tendência dinâmica e está sempre pronto a rever suas opiniões e começar de novo, pois ele tem pouco atrás de si e tudo diante de si.[15]

E, de uma forma ainda mais veemente: "O avanço da *intelligentsia* assinala a última fase do crescimento da consciência social".[16]

Segundo Mannheim, os intelectuais são a primeira (e, como se deduziria, a última) categoria social na história capaz de enxergar através dos antolhos que impedem a visão de todos os outros. No entanto, esse dom único não se deve nem à sua lógica superior nem à sua tendência inaudita ao ceticismo. A história, por assim dizer, gerou intelectuais perspicazes ao mesmo tempo que revelou seus segredos à perspicácia deles; os dois acontecimentos extraordinários resultaram, na verdade, do mesmo processo. O advento da primeira categoria histórica capaz de aprender a verdade foi a consequência do pluralismo moderno.

A determinação mundial do pensamento coletivo nunca chegaria ao nível da consciência se as pessoas não tivessem a possibilidade de considerar a sua própria visão de mundo como apenas uma entre as inúmeras alternativas plausíveis. Segundo Mannheim, essa possibilidade esteve ausente durante a maior parte da história ocidental. Não que os indivíduos de outrora ignorassem a variedade de visões coexistentes; os mais inteligentes dentre eles certamente eram sensíveis ao mosaico de ideias. Mas eles dificilmente encaravam as diferenças entre as visões como antagonismos. Só percebemos que as visões são irreconciliáveis quando enfrentamos a tarefa de reconciliá-las.

Os membros de uma sociedade "organizada segundo as linhas de castas ou categorias fechadas" não viam as coisas desse modo. A diversidade de ideias não gerava nenhum embaraço desde que não fosse preciso escolher entre elas. Na opinião de Mannheim, foi

---

[15] Id., *Essays on the Sociology of Culture*, p.117-8.
[16] Ibid., p.101.

o começo da mobilidade social moderna – o trânsito humano entre posições sociais, abarcando o mosaico social por meio de uma biografia individual – que pôs em pauta a questão da "reconciabilidade". A nossa época talvez não seja única quanto ao grau e à intensidade de discordância que ela apresenta. Mas não há dúvida de que as discordâncias que ela abriga são mais visíveis aos contemporâneos do que acontecia antes. O ritmo alucinante da mobilidade geográfica, social e intelectual põe face a face visões de mundo que em outras condições jamais tomariam conhecimento da existência uma da outra (ou, se o fizessem, observariam regras de distanciamento territorial ou social). Pela primeira vez, portanto, questões de comunicação, compreensão, reconciliação e acordos se impuseram à sociedade com tamanha urgência.

No contexto dessas tarefas novas e tipicamente modernas, criou-se a possibilidade de transformar o "inconsciente coletivo" numa "consciência coletiva", de tirar as origens ocultas da ação humana das profundezas do inconsciente onde há muito tempo elas se encontravam e trazê-las bem para o centro da análise intelectual. A história, por assim dizer, já as trouxe para a superfície; "a transformação decisiva acontece quando se alcança o estágio de desenvolvimento histórico no qual as camadas sociais anteriormente isoladas começam a se comunicar entre si e se inicia uma certa circulação social"; é então que a questão "como é possível que processos de pensamento humanos idênticos, preocupados com o mesmo mundo, produzam concepções divergentes desse mundo"[17] se impõe quase naturalmente. O que ainda é preciso é um tipo de indivíduo capaz de aceitar o desafio e encontrar o caminho certo para a resposta certa.

Cada sociedade passa a ter, então, um grupo de pessoas que se especializa em responder, para a sociedade, a todo tipo de pergunta relacionada com os modos de vida nos quais a sociedade está envolvida – "a fornecer uma interpretação do mundo para aquela socie-

---

[17] Id., *Ideology and Utopia*: Introduction to the Sociology of Knowledge, p.7-8.

dade". Mannheim chama esse grupo de *intelligentsia*. Numa sociedade estável, a *intelligentsia* é estável, tendo um *status* bem definido e controlado por regras. Numa sociedade de castas, a própria *intelligentsia* é uma casta. No entanto, a nova *intelligentsia* é tão instável e diferente de uma casta como a nossa sociedade moderna. Descobrimos, mais uma vez, que "o fato decisivo dos tempos modernos" é que "no lugar de uma camada de intelectuais fechada e totalmente organizada surgiu uma *intelligentsia* livre".[18]

Várias características selecionaram a dedo a *intelligentsia* moderna para a tarefa de não se deixar iludir pelos enganos e distorções da "determinação social do conhecimento". Para começar, os novos intelectuais, em conformidade com a abertura da sociedade moderna, vêm de todos os estratos sociais e de todas as esferas da vida. Eles trazem para as suas atividades intelectuais tradições e experiências da maior parte dos grupos sociais, incluindo aqueles cujos inconsciente, anseios e mágoas indefinidos nunca tinham atingido o nível da articulação sistemática. Mais importante ainda, "o intelectual não é mais, como antigamente, um membro de uma casta ou grupo",[19] e, portanto, está livre dos antolhos impostos pela disciplina sectária de uma corporação ou do *esprit de corps* igualmente ofuscante de uma casta. Agora os intelectuais estão livres para escolher suas próprias filiações; não existe uma única visão de mundo que eles sejam obrigados a proclamar, nenhum grupo de interesse que eles sejam forçados, ou treinados, a defender. Eles dispõem, pelo menos no que diz respeito às suas restrições sociais externas, de uma nova capacidade de "escolher a sua filiação", de "se vincular a classes às quais eles não pertenciam originalmente".[20] Desse modo, eles dispõem tanto de um rico material com o qual moldar o verdadeiro conhecimento como da liberdade para fazê-lo se esse for o seu desejo.

---

[18] Ibid., p.10.
[19] Ibid., p.11.
[20] Ibid., p.141.

A compreensão como obra da história: Karl Mannheim

Por que o acesso a experiências e interesses variados facilita a produção e a aquisição do conhecimento objetivo?

Como vimos, a principal categoria da hermenêutica histórica tradicional foi a do *Zeitgeist*; segundo essa concepção, a mutabilidade da consciência humana se expressava a maior parte das vezes na transformação dos espíritos das sucessivas épocas. Cada período histórico tinha uma forma de consciência ajustada às suas condições ímpares e, ao mesmo tempo, determinava a totalidade do seu estilo de vida peculiar. Era um pressuposto tácito de toda hermenêutica que os conceitos de verdade e falsidade não se aplicam a esse tipo de diferenciação de consciência (ao longo do eixo do tempo histórico), ou pelo menos são irrelevantes. Um *Zeitgeist* só pode ser julgado de forma sensata no contexto do seu ambiente histórico; mesmo se uma perspectiva posterior puder facilitar uma melhor compreensão de seus conteúdos, dificilmente ela poderia desmascará-lo como uma "distorção" da verdade. Como Mannheim habilmente enfatiza, não foi essa a postura do relativismo: o relativismo pressupõe uma verdade única e indivisível como um padrão ideal que nos permite compreender todas as outras formas de consciência como afastamentos da forma "certa"; só quando se assume uma verdade normativa igual a essa como premissa é que se pode adotar uma atitude relativista, declarando que, na prática, a verdade é incognoscível (porque, por exemplo, ninguém consegue ultrapassar os limites da sua formação social, dos seus valores culturalmente determinados ou do seu modo de falar). Portanto, a postura relativista é uma espécie de "negação da negação"; primeiro se procura criticar as formas históricas de consciência à luz de um critério a-histórico de verdade, e então se conclui, correta ou incorretamente, que o esforço é inútil e, consequentemente, a abordagem "êmica" (em vez de "ética"), a abordagem que parte das "categorias inatas", é o único modo pelo qual se poderiam julgar as diversas formas de conhecimento. Nesse sentido, a abordagem hermenêutica do *Zeitgeist* não era relativista; em primeiro lugar, não se pressupunha nenhum critério a-histórico de verdade, e, portanto, nenhuma negação de sua existência ou "cognoscibilidade" era possível. Em vez disso, o tratamento do *Zeitgeist* foi, no linguajar de Mannheim, "relacionista". Assumir uma postura relacional significa simplesmente afirmar que "o que é inteligível na história só pode ser formulado com referência a problemas e construções conceituais que emergem no fluxo da experiência histórica".[21] Diríamos que a postura relacional não vai além da humilde pretensão de que se aplique o que Florian Znaniecki chama de "coeficiente humanista", isto é, que o estudioso dos fenômenos culturais deve tentar "descobrir não o que este dado significa para ele, mas o que ele significou e talvez ainda signifique para aqueles outros".[22] Nesse sentido, Mannheim admite que o investigador que se ocupa da pesquisa histórica tal como delineada pelo conceito de *Zeitgeist* "não precisa se preocupar com o problema da definição de verdade última".[23]

Nossa experiência moderna, a recente abertura de nossos olhos à coexistência de interesses e visões extremamente divergentes no mesmo período histórico é o que ampliou nossa visão da história para além da categoria de *Zeitgeist* – como um *ethos* exclusivo do período como um todo. O problema da verdade, latente enquanto a tarefa da compreensão histórica está limitada ao estudo do *Zeitgeist*, adentra a investigação histórica no momento em que nos tornamos sensíveis à variedade de "normas, modos de pensamento e padrões de comportamento existentes lado a lado em um dado período histórico".[24] Não devemos nos preocupar indevidamente com a sequência de formas históricas de consciência humana desde que estejamos dispostos a aceitar uma correspondência rigorosa entre as formas variáveis da consciência e as condições históricas variáveis; a validação de determinadas condições propõe um critério de julgamento que torna o outro critério, o da verdade atemporal, supérfluo. E quanto

---

[21] Ibid., p.71.

[22] Znaniecki, *Cultural Sciences: Their Origin and Development*, p.133.

[23] Mannheim, *Ideology or Utopia*: Introduction to the Sociology of Knowledge, p.74.

[24] Ibid., p.84.

a uma série de formas que "existem lado a lado"? Elas certamente não podem ser válidas "em uma determinada situação", se uma determinada situação for interpretada como única e mesma para todos os contemporâneos. É provável que uma pessoa criada na tradição da hermenêutica histórica reaja a essa advertência tentando articular o novo problema em velhos termos: enunciar a variedade horizontal e co-temporal dos pontos de vista em termos da mutabilidade dos pontos de vista como uma função do tempo histórico. Na verdade, essa é a resposta que Mannheim deu, pelo menos inicialmente. Ao introduzir o conceito de "falsa consciência", ausente do vocabulário mais antigo da hermenêutica histórica, ele ainda procura acomodar o novo conceito (e a nova experiência) no universo do discurso organizado em torno da ideia de *Zeitgeist*:

> Visto dessa perspectiva, o conhecimento é distorcido e ideológico quando não consegue levar em conta as novas realidades que se aplicam a uma situação, e quando tenta ocultá-las pensando nelas com categorias inadequadas [...]
> Na mesma época histórica e na mesma sociedade pode haver vários tipos distorcidos de estrutura mental interna, alguns porque ainda não estão à altura do presente, e outros porque já estão além do presente.[25]

Daí a conhecida distinção que Mannheim faz entre ideologia e utopia, dois tipos de "distorção da verdade", dois tipos de consciência em desacordo com o seu tempo; uma porque se apega a um passado muito distante, a segunda porque olha para um futuro muito distante; ambas desconsideram o presente e são desleais com o *Zeitgeist*, o único que tem autoridade para determinar os critérios correntes de validade.

A interpretação que Mannheim faz da "falsa consciência" dos interesses partidários não apenas como condições do pensamento, mas como a origem da distorção da verdade, se torna compreensível quando vista no contexto da principal tensão da sua obra:

---

[25] Ibid., p.86-7.

entre, recordemos, a formação discursiva da hermenêutica histórica da qual sua obra se originou e o universo da sociologia empírica, com o qual ele desejava se comunicar. O conceito de ideologia de Mannheim parece derivar do seu esforço para controlar intelectualmente o conceito de "verdade objetiva" desenvolvido pela sociologia empírica, enquanto resgata as categorias básicas do "relacionismo" hermenêutico concentrado em torno da noção de tempo histórico. Para Mannheim, as tarefas da sociologia foram subordinadas às tarefas da hermenêutica histórica: determinar "entre todas as ideias correntes, quais são realmente válidas numa determinada situação". Porém, para realizar essa tarefa fundamental, a sociologia deve "analisar, sem levar em conta tendências partidárias, todos os fatores da situação social realmente existente que possam influenciar o pensamento".[26]

Já mencionei a dificuldade de interpretar com clareza o significado exato atribuído por Mannheim a essa "influência social sobre o pensamento" – uma dificuldade associada, mais uma vez, à antinomia crucial da sua obra. Por um lado, inúmeras declarações nos permitem concluir que a "influência social" de Mannheim denota as restrições empíricas impostas sobre a experiência individual ou de grupo pelo lugar ocupado dentro da estrutura social. Assim, lemos que os resultados do processo cognitivo são diferenciados "porque nem todo aspecto possível do mundo é da competência dos membros de um grupo, somente aqueles dos quais surgem dificuldades e problemas para o grupo".[27] Parece que "influência social" surge aqui a partir das condições técnicas de conhecimento; se ao menos o grupo tivesse tido acesso a uma experiência que lhe foi negada, ele adquiriria um tipo diferente de conhecimento. Ichheiser, um discípulo fervoroso de Mannheim, usou certa vez a seguinte comparação para visualizar isso: suponhamos que exista uma sala sem

---

[26] Ibid., p.69.
[27] Ibid., p.26.

janelas com três portas, *A, B* e *C*; existe um interruptor ao lado de cada porta; o interruptor ao lado da porta *A* acende luzes verdes. O interruptor ao lado da porta *B*, luzes vermelhas, e o interruptor ao lado da porta *C*, luzes azuis. Suponhamos que três homens, *P, Q* e *R*, entrem na sala com frequência, cada um deles sempre pela mesma porta, mas nunca pela mesma porta utilizada pelos outros dois. *P*, que sempre utiliza a porta *A*, acreditará firmemente que a sala é verde; *Q*, que utiliza a porta *B*, estará profundamente convencido que a sala é vermelha; e *R*, naturalmente, não terá motivo para duvidar de que a sala é azul. Todos os três argumentam racionalmente e com base em evidência empírica confiável. No entanto, como cada um está situado espacialmente de modo singular, eles chegam a conclusões irreconciliáveis.

Em algumas partes (embora não em todas) da sua célebre lista de tipos ideais dos estilos de pensamento moderno, Mannheim parece aplicar o conceito de "influência social". Ele está particularmente visível em sua argumentação sobre o "conservadorismo burocrático". Neste caso, ele afirma que:

> a tentativa de esconder todos os problemas da política debaixo da coberta da administração [a característica que define esse estilo de pensamento, ZB] pode ser explicada pelo fato de que a esfera de atuação dos funcionários públicos existe apenas dentro dos limites de leis já formuladas. Consequentemente, a gênese do desenvolvimento da lei não se insere no âmbito da sua atuação. Em razão de seu horizonte socialmente limitado, o funcionário público não consegue perceber que por trás de cada lei aprovada se encontram interesses socialmente moldados e a *Weltanschauungen* de um grupo social específico.[28]

Mas nem todos os tipos ideais se prestam tão facilmente à interpretação sugerida pela comparação de Ichheiser e inspirada pelo empirismo sociológico.

Por exemplo, a respeito da chamada "perspectiva proletária", Mannheim diz coisas que lembram menos a sociologia empírica e

---

[28] Ibid., p.105.

mais os construtos criativos da hermenêutica. Assim, lemos que "os membros individuais da classe operária, por exemplo, não experimentam todos os elementos da uma perspectiva que poderia ser chamada de *Weltanschauung* proletária. Cada indivíduo participa somente de alguns fragmentos desse sistema de pensamento [...]"

De onde vem, então, essa perspectiva, se não da experiência coletiva dos indivíduos? A resposta é: a perspectiva de classe, que não é a perspectiva do grupo, surge da necessidade (visível para o analista) de tal perspectiva:

> Do ponto de vista sociológico, essa necessidade extrema da teoria é a expressão de uma sociedade de classes na qual as pessoas devem se manter unidas não pela proximidade local, mas pelas condições semelhantes de vida numa vasta esfera social. [...] Portanto, uma concepção racionalizada da história [que, segundo Mannheim, é a característica inconfundível da perspectiva proletária, ZB] serve como um elemento socialmente unificador para os grupos dispersos no espaço [...][29]

Observem que, neste caso, a "situação social" induz o grupo, de uma forma não muito clara, a "ter uma perspectiva", mas dificilmente pode ser responsabilizada pela forma concreta que a perspectiva possa assumir. Portanto, a "consciência proletária" é um conceito totalmente diferente do, digamos, "conservadorismo burocrático", embora ambos apareçam na mesma tipologia, como aplicação do princípio da "influência social sobre o pensamento".

Por mais que seja questionável o sentido no qual Mannheim utiliza sua principal regra heurística (compreender o pensamento junto com as suas origens sociais), ele é coerente em sua visão de que todo conhecimento traz a marca da sua origem e, portanto, nenhum conhecimento pode alcançar uma perspectiva realmente universal se não se dissociar de suas próprias raízes sociais:

---

[29] Ibid., p.52, 117

> É claramente impossível alcançar um *insight* abrangente dos problemas se o observador ou pensador estiver confinado a um determinado lugar na sociedade. [...] Parece inerente ao próprio processo histórico que a estreiteza e as limitações que restringem um ponto de vista tendem a ser corrigidas por meio do embate com os pontos de vista contrários.[30]

Atentemos plenamente à importância desta afirmação: a possibilidade de encontrar, dentro do sistema social, um ponto de vista que ofereça a seus defensores uma visão direta da verdade objetiva está fora de questão. Isso também se aplica, supostamente, aos intelectuais contemporâneos. Só se pode alcançar a verdade forçando as diversas distorções da verdade a se confrontarem e se chocarem entre si. A verdade pode ser extraída como uma pepita preciosa do entulho sem valor, dos escombros das ideologias que pagaram para ver o blefe uma da outra. "Só quando estivermos plenamente conscientes do alcance limitado de todos os pontos de vista, estaremos no caminho para a almejada compreensão do todo."[31]

Onde se encontra, então, esse "ponto de vista", que não é igual a todos os outros pontos de vista, quando o olhar humano pode alcançar a tranquilidade ou a onisciência do olhar divino? Só quando ele se assemelha ao olhar divino, isto é, quando ele se lança para além dos limites da sociedade. Como isso é impossível, o substituto mais próximo é o distanciamento intelectual: uma recusa obstinada de se comprometer com qualquer ponto de vista em particular, e uma insistência igualmente teimosa em considerar todas as perspectivas como subprodutos de pontos de vista particularistas.

Essa é justamente a oportunidade que a história oferece aos intelectuais contemporâneos:

> Embora situada entre classes, [esta camada social] não cria uma classe média. Nem, é claro, está suspensa num vácuo no qual os interesses sociais

---

[30] Ibid., p.72.
[31] Ibid., p.93.

não penetram; ao contrário, ela contém em si mesma todos os interesses que permeiam a vida social. [32]

Ao contrário dos outros grupos sociais, o vínculo grupal dos intelectuais é uma questão de decisão intelectual; por isso, o ponto de vista deles, e só o ponto de vista deles, é mediado por uma atividade sujeita ao controle consciente. A delimitação deles "por assunto" é mediada pela atividade do espírito. Logo, em seu caso, e só em seu caso, a amplitude das perspectivas e a profundidade dos *insights* dependem do método da atividade intelectual, que pode ser intencionalmente ajustado e espontaneamente aplicado. Além das determinações sociais costumeiras, os intelectuais "também têm seu ponto de vista definido por esse meio intelectual que contém todos aqueles pontos de vista contraditórios".[33] Mesmo que quisessem mergulhar completamente na ideologia e na prática de uma classe específica, eles nunca seriam inteiramente bem-sucedidos; suas próprias características psicológicas chamariam a atenção. "Para além dessas filiações, [o intelectual] é motivado pelo fato de que a sua formação o preparou para enfrentar os problemas do dia a dia de várias perspectivas e não apenas de uma, como a maioria dos participantes nas polêmicas do seu tempo",[34] em razão da origem heterogênea dos intelectuais contemporâneos, da sua falta de organização e consequente fragilidade estrutural, falta de apoio unificado ou monopolista etc.

Ao contrário dos cientistas sociais weberianos, que têm uma posição neutra em relação aos valores, os intelectuais de Mannheim não podem obter nenhum consolo da ideia de que a sociedade está ao lado deles, que eles próprios simplesmente refletem a tendência principal da sociedade como um todo. Ao contrário, eles são perseguidos forçosamente pela consciência insuportável da sua própria

---

[32] Ibid., p.139-40.
[33] Ibid.
[34] Mannheim, *Essays on the Sociology of Culture*, p.105.

solidão. O que eles fazem vai contra a natureza da vida social no que ela tem de mais essencial. Eles permanecerão para sempre estranhos no mundo familiar. Desesperados com a impossibilidade de que a compreensão objetiva um dia se torne socialmente determinada, eles desafiam, com suas práticas, a determinação social enquanto tal e, com ela, a própria sociedade, dedicando toda a sua vida a uma tarefa que eles sabem muito bem que não podem realizar.

"A capacidade de alcançar uma perspectiva mais ampla deveria ser considerada simplesmente uma desvantagem? Será que, em vez disso, ela não representa uma missão?"[35] Mas *lasciati ogni speranza*;* não existe nada que possa ajudá-lo, nem mesmo consolá-lo, se, impulsionado apenas pela vontade, você tentar cumprir essa missão. O que você sabe é que "simplesmente certos tipos de intelectuais têm a oportunidade máxima de testar e aplicar as perspectivas socialmente disponíveis e de experimentar as suas incoerências".[36] Na verdade, não é um grande consolo espiritual, considerando que a sua missão é uma *bellum contra omnes* [guerra contra todos].

A tarefa não invejável que Mannheim atribui aos seus intelectuais é a sua última gota de esperança. A sua teoria, que visava extrair o melhor dos mundos hermenêutico e sociológico, se esgotou em suas próprias contradições. O que mais salta aos olhos é o fato de ela não ter conseguido oferecer um fundamento para a pretensão de ser uma ciência social realmente científica baseada numa compreensão realmente objetiva. Com isso, ela deixou que os intelectuais imaginados por ela carregassem em seus ombros o ônus de uma missão que ela não conseguiu realizar em sua análise da realidade social.

---

[35] Mannheim, *Ideology and Utopia: Introduction to the Sociology of Knowledge*, p.143
* "Abandonai toda a esperança", escrito na porta do Inferno (Dante, *A divina comédia*, "Inferno", canto III). (N. T.)
[36] Popper, The logic of the social sciences. In: Adorno et al., *The Positivist Dispute in German Sociology*, 7b.

Por mais que fossem teoricamente ineficazes, as preocupações de Mannheim – e, acima de tudo, aquelas externadas de forma mais completa em *Ideologia e utopia* – forneceram um estímulo importante para as tendências "científicas" na sociologia do pós-guerra. Durante cerca de vinte de anos, Mannheim foi citado principalmente, se não unicamente, como uma autoridade por trás da visão de que a determinação social do conhecimento é basicamente uma questão de distorção ideológica, e que a sociologia é chamada a superar essa determinação social por meio do rompimento de todos os seus compromissos sociais. Mannheim foi usado – claramente contra as evidências da sua própria obra, principalmente em seu início – para justificar a estranha autocegueira da sociologia "científica", esquecida do papel *positivo* necessariamente desempenhado pela tradição sócio-histórica recapitulada em *todo* conhecimento. Em suma, durante mais ou menos vinte anos, Mannheim serviu de justificativa para o suposto "desengajamento" da hermenêutica por parte da sociologia, apenas uma omissão e uma interpretação equivocada das verdadeiras questões formuladas pela tradição hermenêutica.

Por mais que o balanço do conjunto da sua obra tenha sido grosseiramente distorcido, essa "recepção social" da obra de Mannheim não era totalmente injustificada; vimos que a possibilidade dessa interpretação estava, de fato, contida nos textos de Mannheim. De todo modo, mesmo se distorções mais ostensivas forem descartadas (como aconteceu recentemente), o confronto de Mannheim com o desafio da hermenêutica ainda continua insuficiente, por motivos bastante arraigados nas estruturas mais fundamentais da sua teoria.

Mannheim não partilha da visão de Weber de que o nosso mundo é cada vez mais racional. Para ele, o mundo pode se dividir para sempre entre facções rivais e tacanhas. Uma lógica adaptada à comunicação universal pode nunca ganhar força suficiente para facilitar a compreensão através ou acima das fronteiras do ódio e do provincianismo. O "determinismo sociológico transcendental" de Mannheim está articulado em termos por demais universais para tornar a verdadeira compreensão concebível para as *massas*. Só no caso dos intelectuais, esse verdadeiro Prometeu coletivo, o determinismo sociológico neutralizou seus próprios aspectos mais cancerígenos. O Prometeu oferece ao mundo uma possibilidade da verdadeira compreensão. Por outro lado, ele não mostra nenhum traço que poderia facilitar a tarefa da compreensão. No cenário de Mannheim da verdadeira compreensão, não se atribui nenhum papel ao mundo social como o *objeto* da compreensão. A possibilidade de que alguns tipos de mundo social possam ser mais sensíveis à revelação da verdade que outros não é seriamente levada em conta. Nisso ele se diferencia tanto de Marx como de Weber, e, em razão disso, ressalta a tarefa de basear a esperança da compreensão objetiva em algo que não seja a lógica da história. A verdadeira compreensão como a função da profissão dos intelectuais exige um conhecimento mais profundo dos métodos e dos recursos que poderiam fornecer suas interpretações profissionais com uma autoridade privilegiada e definitiva.

5
A compreensão como obra da razão: Edmund Husserl

Husserl talvez seja o mais radical e formidável defensor da solução "racionalista" para o problema do significado. Sua obra, que revolucionou o modo como o século XX abordou a tarefa da hermenêutica, abarca as mais importantes alegações feitas em nome da razão em sua busca pela verdade e a revelação dos limites que a busca da interpretação apodítica nunca pode ultrapassar. O método de redução fenomenológica, que foi a resposta de Husserl à relatividade histórica da compreensão, exigia (na descrição de Paul Ricoeur) que a consciência se separasse de seus envolvimentos históricos e sociais e se constituísse como um absoluto; quando a consciência se torna o único mundo que resta no final da redução, todos os seres se tornam significados para a consciência; seus únicos predicados são os relacionados à consciência. Então – e só então – a consciência libertada do mundo será capaz de apreender o verdadeiro significado; não o significado contingente, o significado tal como o percebemos – mas o significado em sua essência verdadeira e necessária.

Como acontece com toda obra de peso, existem muitos aspectos a partir dos quais a contribuição de Husserl pode ser abordada, e muitos contextos nos quais a sua importância se revela. Vamos nos concentrar aqui num único contexto: a tentativa mais radical de Husserl de purificar o processo de compreensão dos germes do relativismo, que são trazidos para o seu interior por meio de seu contato com a história e com os mundos psicológicos de agentes historicamente limitados. Essa tentativa alicerçou a verdade em bases mais sólidas que as areias movediças da psicologia humana historicamente mutante. Husserl aceita que os pensamentos, como os fenômenos históricos – como os acontecimentos dentro da cabeça de indivíduos reais e em momentos específicos –, são inapelavelmente relativos, e nenhuma teoria da "verdade absoluta" pode se basear neles. Consequentemente, ele dá início à penosa tarefa de eliminar as conotações psicológicas do processo de compreensão. Qualquer um que afirme que algo é verdade porque as pessoas pensam que é, de fato destrói o conceito de verdade. Qualquer um que afirme, por exemplo, que as regras da lógica são válidas e conduzem a conclusões verdadeiras porque é assim que o raciocínio está organizado, tira da lógica a sua validade necessária e apodítica.

Portanto, na obra de Husserl, a busca pelo significado está dissociada do mundo dos acontecimentos psíquicos. O significado não é mais a "propriedade" do agente empírico ou um produto da negociação entre dois sujeitos autônomos, o agente e seu intérprete. Ou encontramos uma forma de apreender o significado independentemente desses seres empíricos "imersos na história", ou temos de abandonar a expectativa de captar um dia os significados verdadeiros – significados tão apodíticos que todos são obrigados a aceitá-los. Como nenhum significado de tipo apodítico pode se basear no fato histórico de "ser pensado" por esses ou por outros indivíduos históricos, a fronteira cuidadosamente traçada por Dilthey entre o "conhecimento da natureza" e o "conhecimento do espiritual" desaparece em Husserl. Na concepção de Husserl, a teoria da compreensão só pode ser explicada como uma teoria geral do conhecimento e da verdade.

Que o nosso conhecimento não passa de uma hipótese que pode muito bem ser falsa é uma verdade universal, embora, talvez, não uma verdade que nós apreciamos e da qual gostemos que nos lembrem. Ela fica evidente para nós nos momentos de reflexão, e, quando isso acontece, o efeito pode ser aterrorizante. Eu escrevo "pode ser" porque algumas pessoas conseguem não ficar chocadas. Karl R. Popper é uma delas. Ele admite:

> Acontece que o nosso conhecimento sempre consiste simplesmente de sugestões de soluções experimentais. Desse modo, a própria ideia de conhecimento envolve, em princípio, a possibilidade de que ela se revelará um engano e, portanto, um exemplo de ignorância.[1]

Depois de admitir isso, ele ainda se sente à vontade para citar Xenófanes, com um ar de aprovação

> Os deuses não nos revelaram desde o princípio
> todas as coisas; porém, com o passar do tempo,
> Pela busca podemos descobrir e conhecer melhor as coisas [...][2]

Por meio dessa esperança infundada, Popper consegue não ficar aterrorizado com a possibilidade que a sua confissão revela. Na verdade, se cada afirmação isolada que acreditamos ser verdade nunca é inteiramente confirmada e só pode ser eternamente, mas nunca conclusivamente, defendida contra tentativas sucessivas de refutação, se, consequentemente, cada afirmação isolada que nós acreditamos ser verdade pode, em princípio, esconder a sua falsidade atrás da nossa ignorância, como podemos ter certeza de que uma afirmação que nós colocamos no lugar de outra afirmação desacreditada é *melhor*, "mais verdadeira", que a substituída? Se nunca podemos conhecer as coisas *com toda a certeza*, como podemos acreditar que somos capazes de conhecer *melhor* as coisas? Leszek Kolakowski não tem razão quando diz que, para alguém que adotou a posição de

---

[1] Popper, "The logic of the social sciences". In: Adorno et al., *The Positivist Dispute in German Sociology*, p.9.

[2] Ibid, p.104

Popper, "não faz sentido falar no desenvolvimento da ciência como um movimento que está cada vez mais próximo da verdade"; que essa pessoa "é obrigada a rejeitar não apenas a 'verdade absoluta', mas a verdade *tout court*, não apenas a certeza como algo já alcançado, mas a certeza como uma esperança também"?[3]

A tranquilidade de Popper é espantosa porque ele a mantém enquanto se dá conta das bases instáveis do seu – e do nosso – conhecimento. Mas a postura que, em Popper, deve ser considerada como de olímpica serenidade é aceita de forma pragmática e sem esforço por aqueles que não fazem perguntas do tipo "Como eu sei o que sei?" ou "Como posso ter certeza de que aquilo que eu sei é verdade?"; por aqueles, por assim dizer, que simplesmente sabem, sem se preocupar com a legitimidade do seu conhecimento. E a maioria das pessoas, durante a maior parte da vida, se enquadra nessa categoria. O terror de Husserl, a tranquilidade de Popper e o controle melancólico de Kolakowski estão um pouco acima do nível da vida diária e das perguntas que ela pode gerar por conta própria. A fragilidade do nosso conhecimento, tão perturbadora quando se revela ao olhar do filósofo, por alguma razão não é um empecilho à vida diária. Por alguma razão, seguimos em frente com aquilo que sabemos. Para as nossas tarefas diárias, não precisamos fazer perguntas sobre os fundamentos do nosso conhecimento. Mal chegamos a perceber a miscelânea de informações que possuímos como parte de uma totalidade chamada conhecimento, com uma identidade própria e com uma necessidade de seu próprio fundamento. De vez em quando nos damos conta da falsidade de uma de nossas crenças; por mais dolorosas que possam ser essas constatações, elas raramente nos levam a questionar a validade essencial do nosso julgamento. Da perspectiva de nossas vidas, a preocupação dos filósofos nos parece apenas um passatempo.

---

[3] Kolakowski, *Husserl and the Search for Certitude*, p.28-9.

A compreensão como obra da razão: Edmund Husserl

Essa placidez impassível, com a qual percorremos nossas respectivas vidas, deixava Husserl furioso; não eram as nossas perguntas, mas o nosso silêncio que o impeliu a agir; não era o nosso medo do vazio que ele queria aplacar, mas a nossa desatenção ao perigo que ele queria corrigir. Husserl não se dispôs a nos ajudar com a nossa dificuldade de compreender, mas a nos convencer de que aquilo que nós julgamos compreender tem como fundamento apenas as nossas crenças falsas. "Nós", neste caso, significa pessoas comuns em situações comuns, incluindo os cientistas que compartilham da sua complacência.

Na célebre metáfora da caverna, Platão enunciou o problema que quase dois milênios e meio depois levaria à investigação de Husserl. Os habitantes da caverna, presos para sempre a seus assentos, com os olhos fixos na parede diante deles e, por isso, condenados a ver apenas as sombras das "coisas reais" que desfilavam às suas costas – será que eles descobririam um dia que viam apenas traços opacos projetados por seres de verdade? É difícil imaginar que poderiam fazê-lo. "Suponhamos que os prisioneiros pudessem conversar entre si, vocês não acham que, quando nomeavam as sombras que viam passar, eles acreditavam que estavam nomeando coisas?" De fato, "essas pessoas certamente acreditavam que as únicas realidades eram aquelas sombras de coisas feitas à mão". Pior que isso, eles não tardariam a acrescentar a dignidade à necessidade e inventar um jogo com prêmios e honrarias – o jogo ao qual eles acabariam dando o nome de ciência – que lhes permitiu serem espirituosos e críticos a respeito de cada sombra considerada separadamente, embora sem nunca pôr em dúvida a inconfiabilidade da "sombra" em si: haveria honrarias e elogios, e prêmios "para quem visse as coisas que passavam com mais atenção e se lembrasse melhor qual delas vinha antes, qual vinha depois e qual vinha junto, e, partindo delas, fosse capaz de prever corretamente o que viria a seguir". É pouco provável que um "cientista da caverna", reverenciado e elogiado dessa maneira,

A compreensão como obra da razão: Edmund Husserl

arriscasse um dia seu precioso prêmio pondo em dúvida a validade do seu passatempo. Mesmo se o fizesse, os outros habitantes da caverna dificilmente dariam ouvidos às suas revelações. Imaginem um espírito inquieto entre eles, por motivos inescrutáveis, deixando a caverna em busca da verdadeira luz do sol; imagine ele descobrindo que as coisas eram apenas sombras e querendo melhorar a sina dos seus companheiros trazendo-lhes as boas novas. Será que eles ficariam, de fato, mais felizes com a verdade do que sem ela? E, por sinal, eles reconheceriam a veracidade da mensagem? Para começar, eles não veriam motivo para se juntar ao estranho descobridor da verdade em sua viagem em busca da luz do sol; para defender seu argumento, ele teria de arrastar seus companheiros para fora da caverna, provavelmente contra a vontade deles. Mas, suponhamos então que ele tivesse sido bem-sucedido e que um de seus companheiros fosse forçado a sair, para que "visse cada uma das coisas em movimento e fosse obrigado a dizer o que cada uma delas era. Vocês não acham que ele ficaria confuso, acreditando que o que ele vira antes era mais verdadeiro do que o que estavam lhe mostrando então?" Em vez de se mostrar agradecido, ele ficaria "angustiado e furioso por ter sido tirado para fora à força". Depois de passar a vida assistindo às sombras dançarem na parede escura da caverna, a luz do dia só podia "machucar-lhe os olhos, e ele escaparia desviando o olhar para as coisas para as quais ele era capaz de olhar, e ele acreditaria que elas eram mais inteligíveis do que aquilo que lhe estavam mostrando". Tendo falhado em compartilhar seu conhecimento recém-descoberto com os companheiros, o infeliz arauto da verdade podia esperar então apenas o ridículo, se não pior. Ele seria desafiado a concorrer com "cientistas da caverna", mas dificilmente conseguiria participar novamente do jogo deles, pois seus olhos tinham se acostumado com uma luz diferente; portanto, "será que todos não ririam dele e diriam que ele tinha estragado a vista indo lá em cima, e que não valia a pena tudo aquilo só para tentar subir?

E eles não matariam quem tentasse libertá-los e levá-los para cima se pudessem pôr as mãos nele e matá-lo?"[4]

Todas as angústias de Husserl já estavam ali, na parábola desconcertante de Platão. Primeiro, a possibilidade aterrorizante de que tudo que podemos ver e tudo em que acreditamos pode ser apenas uma dança de sombras. Segundo, se fosse assim, não teríamos como sabê-lo. Terceiro, nada em nossa vida diária nos induz a descobrir. Quarto, mesmo se alguém realizou o impossível e olhou para além das sombras, para as próprias coisas, ele teria achado extremamente difícil comunicar a sua descoberta aos seus companheiros.

Essas angústias são tão velhas como o próprio pensamento humano. O Deus de Descartes era uma réplica dos anônimos portadores das coisas, cuja sombra era projetada, criados por Platão. "Como eu sei que Ele não fez com que não exista Terra, Céu, corpo expandido, magnitude, lugar e que, no entanto, eles me pareçam existir precisamente como eu os vejo agora?" Até onde sei (e "tudo que eu aceitei até o presente como mais verdadeiro e certo aprendi dos sentidos ou por meio dos sentidos"), Deus pode ser enganoso e deixar gravada em mim uma ilusão que passa por conhecimento. Afinal de contas, o único motivo para eu confiar no testemunho dos meus sentidos é a suposição de que o Administrador desconhecido realmente os fez confiáveis. Mas quando eu suponho isso, abro a possibilidade de que Ele poderia agir de outra maneira. Basta eu me ocupar com essas reflexões para que o meu conhecimento seja posto em dúvida. No entanto, em condições normais, nós nos recusaríamos a abandonar a segurança confortável da crença na solidez do mundo revelada em impressões sensoriais. A tarefa de duvidar

é trabalhosa, e, sem que eu perceba, uma certa lassidão me conduz para o curso da minha vida habitual. E assim como um prisioneiro que durante o sono

---

[4] Plato, *The Republic,* 514 a-517 b.

A compreensão como obra da razão: Edmund Husserl

desfruta de uma liberdade imaginária e quando começa a suspeitar que a sua liberdade não passa de um sonho teme acordar e alimenta essas ilusões agradáveis de que o engano possa ser prolongado, eu também, inconsciente do meu próprio pacto, retorno a minhas antigas opiniões e tenho medo de despertar desse sono, receando que a insônia angustiante que se seguiria à tranquilidade deste repouso teria de ser passada não à luz do dia, mas na escuridão exagerada das dificuldades que acabaram de ser ventiladas.[5]

Porém, sem duvidar nunca, alcançaremos a certeza.

A dúvida é a primeira etapa da libertação; o próprio fato de que podemos duvidar – na verdade, podemos questionar tudo, não existe praticamente nada de que não podemos duvidar – é a prova de que a libertação é possível. Diante dessa possibilidade, o fato de que, no entanto, nós parecemos nos deleitar com a credulidade irracional e ingênua em nossa vida diária é particularmente assustador. É ainda mais desconcertante para a mente que se recusou a parar na primeira etapa e prossegue na direção de um conhecimento mais verdadeiro que pudesse substituir o conhecimento questionado. Para uma mente como essa, a segunda etapa parece se seguir à primeira com uma clareza irrefutável. Como ele pode explicar o fato de que, quanto mais avança, menos pessoas o seguem? Apenas duas explicações surgem de pronto. A primeira: forças ainda mais poderosas conspiram para impedir que a dúvida prossiga seu curso natural. A segunda: a nossa vida diária é construída de uma forma que evita a própria possibilidade da dúvida.

Selbstverständlichkeit (autoevidência, obviedade automática, autoexplicação) é, para Husserl, a característica essencial deste mundo da vida no qual estamos ingenuamente mergulhados. Este mundo é intelectualmente autossuficiente. Podemos viver nossa vida nele sem que jamais nos tenha sido dado um único motivo para questionar a sua realidade. Enquanto eu me abstiver de questionar (observem: a minha abstenção não resulta de qualquer decisão que

---

[5] Descartes, *Meditations on First Philosophy*, Meditação 1.

A compreensão como obra da razão: Edmund Husserl

eu tomo; ela é simplesmente um correlato do meu insucesso em considerar o questionamento como uma possibilidade), permaneço naquilo que Husserl chama de "atitude natural". A escolha das palavras é importante. Abster-se de duvidar, ingenuidade, complacência e relutância em fazer uso da liberdade de questionar – todas são inclinações *naturais* dos seres humanos. É preciso fazer um esforço extraordinário para superá-las ou suprimi-las.

Enquanto eu permaneço na (em vez de assumo a) atitude natural, descubro a "realidade" existente, e a aceito, tal como ela se apresenta a mim aqui e agora *(ein Dies da!)*. Essa aceitação geral e sem exceção estabelece limites externos a todas as minhas dúvidas secundárias e específicas. Minha atitude diante de cada evidência isolada e de cada interpretação dela pode ser, e muitas vezes é, desconfiada e crítica. Eu revejo muitas vezes crenças que defendia anteriormente. Muitas vezes eu rejeito como falsas as afirmações que ontem estava ávido para defender. As realidades de ontem se acumulam numa pilha empoeirada de "ilusões", "falsas aparências" e "superstições". Alguém quase poderia dizer que a realidade, esse suposto fundamento da postura natural, está em constante recuo, sempre forçada a abandonar novas linhas de trincheiras que o conhecimento de ontem, hoje completamente desqualificado, permitiu que ela cavasse. Embora em constante movimento, a realidade da atitude natural sempre permanece como o horizonte último de todo conhecimento; seu direito de julgar e corrigir as nossas crenças autoritariamente nunca é contestado. A crítica da realidade não acarreta a crítica da própria atitude natural.[6] Não é preciso invocar nenhuma má intenção, nem mesmo um atraso mental, para explicar a surpreendente tenacidade da atitude natural. Para explicá-la, basta perceber que a crítica *que parte* da atitude natural e a crítica *da* atitude

---

[6] Cf. Husserl, Ideen zu einer reinen Phänomenologie und Phänomenologischen Philosophie (Ideen I) In: _____. *Jahrbuch für Philosophie und Phänomenologische Forschung* parte 2, § 30.

natural não são próximas. Não existe nenhuma passagem "natural" entre elas. Desde que elas permaneçam dentro da atitude natural, as pessoas nem definem a sua posição desse modo. Quando elas aceitam o raciocínio filosófico e concordam que somente a atitude que assumiram é que fundamenta o seu mundo da vida, elas já se encontram um passo à frente, elas olham o seu mundo da vida de fora, como simplesmente uma das alternativas. Embora seja justamente a incapacidade de ser de outra maneira que nem mesmo é levada em conta no mundo da vida.[7]

Portanto, a crítica da atitude natural é impossível. O caminho para o conhecimento seguro está irremediavelmente bloqueado. Nada no mundo comum das pessoas comuns pode salvar da condição abominável em que a ilusão e a autoilusão são possibilidades sempre presentes. O que se precisa é de um salvador, um herói carismático, com poder suficiente para romper o véu espesso das ilusões. Ele ainda pode recorrer aos instintos naturais daqueles que ele pede para resgatar. Afinal de contas, a ânsia instintiva deles pela certeza levou as pessoas simples para o pântano das verdades supostamente autoevidentes do qual elas não conseguem sair sozinhas. No entanto, já que elas foram extremamente bem-sucedidas em seus esforços mal orientados e conseguem se mover facilmente dentro de seu horizonte limitado, e já que ultrapassar esse horizonte é tão doloroso como Descartes descreveu, como o suposto salvador pode pedir o consentimento daqueles que precisam ser salvos?

Consequentemente, o conceito de conhecimento incontestável criado por Husserl é, segundo Blumenberg, uma das teorias da "disponibilidade endógena para a ilusão". Como tantos outros pensadores e – muito pior – homens experientes antes e depois, Husserl supunha que as pessoas comuns, enquanto estão ocupadas com as tarefas comuns da vida, não sabem que seu verdadeiro

---

[7] Blumenberg, The life-world and the concept of reality. In: Embree (org.), *Life-World and Consciousness: Essays for Aron Gurwitch*, p.431.

interesse está na verdade. Partindo desse pressuposto, seu projeto tem de estar, inevitavelmente,

> sujeito à fragilidade de todas as teorias como essa, que consiste, inicialmente, em descrever o mecanismo endógeno como quase insuperável, e, então, continuar afirmando que a própria teoria é o avanço para essa superação. Definido como o denso "universo de autoevidências", o mundo da vida simplesmente torna impossível o que precisa, então, ser aceito como uma "conversão" inócua de posturas. O momento na alegoria platônica em que a intervenção anônima na prisão e a violenta abdução para fora da caverna é inferida com naturalidade poética não pode ser descrito com a mesma indiferença em relação à saída do mundo da vida. Nenhum questionador exógeno ajuda a inquestionabilidade endógena em seu caminho. É sintomático que nesses momentos da história da filosofia, como acontece agora com Husserl, fórmulas voluntaristas assumam o papel de *deus ex machina*.[8]

Qualquer que seja a fragilidade desse raciocínio, ela não está presente apenas no raciocínio de Husserl. Nós a encontramos com frequência suficiente para imaginar que ela é uma doença incurável de praticamente todas as "receitas definitivas" da compreensão verdadeira e confiável. No entanto, essa fragilidade se manifesta de muitas formas; acima de tudo, muitas formas nas quais os pensadores se propõem a aliviá-la ou, pelo menos, a ignorá-la. A forma de Husserl é a sua crença de que o ser de consciência absoluto, irredutível e axiomático é o fundamento do mundo. Basta mergulhar em suas águas límpidas para lavar as impurezas das autoevidências. Mas Husserl esperava que só os filósofos arriscassem esse ato heroico. Ou melhor, realizar tal ato é um ato filosófico. Obviamente ele não é um ato de vida induzido pela atitude natural, mas estimulado por uma atitude intrinsecamente artificial. A filosofia é uma exceção. Os filósofos são pessoas excepcionais. A compreensão é uma proeza que só uns poucos eleitos conseguem alcançar.

O que está envolvido aqui é nada menos que um "início completamente novo e um tipo completamente novo de ciência", não uma

---

[8] Ibid., p.432

crítica de um tipo específico de prática, mas uma "crítica radical da vida".[9] Essa crítica perigosamente radical pode ser provocada pelo método de "redução fenomenológica".

A redução fenomenológica é diferente de todas as tentativas anteriores de extrair o núcleo do conhecimento indiscutível da concha das aparências. Ela é, de certo modo, semelhante à dúvida universal cartesiana; a exemplo de Descartes, Husserl deposita suas esperanças na "consciência pura" e nas ideias que podem ser concebidas pela consciência pura. Mas seus critérios de pureza são mais exigentes que os de Descartes. A dúvida de Descartes era dispersa, visando indiscriminadamente qualquer conteúdo do pensamento, tudo que pudesse ser posto em dúvida, exceto o próprio ato da dúvida, isto é, exceto o fato do pensamento enquanto tal. A dúvida de Husserl é precisamente focada: ela visa eliminar todas as ideias relacionadas à *existência* dos objetos relatados por nossa consciência; para ser preciso, a existência de objetos além e independentemente da sua presença em nossa consciência. Descartes, obedecendo às preocupações tradicionais da filosofia desde os tempos antigos, queria basear em ideias claras e incontestáveis da nossa consciência uma prova convincente de que o mundo existe e de que o nosso conhecimento dele pode ser, em princípio, confiável. Husserl quer nos libertar dessa preocupação antiga, mas infrutífera, que desorientava a nossa busca; nossos esforços convulsivos para ir *além* da consciência, para dentro do mundo que existe "lá longe", permitiram que fôssemos escravizados pela atitude natural e estão fadados a construir o nosso conhecimento a partir de sombras dançantes. O que nós precisamos, portanto, é nada menos que a *epoché* (suspensão) transcendental; suspendamos a tese fundamental da atitude natural, coloquemos entre parênteses absolutamente tudo que tal atitude nos exorta a assumir. Acima de tudo, coloquemos entre parênteses, isto é, tornemos irrelevante para qualquer busca posterior pela compreen-

---

[9] Husserl, *Erste Philosophie*, p.344, 154.

são segura, todo o "mundo natural", ou seja, um mundo que pode existir por si só, como uma realidade que está "lá fora". O ato de *epoché*, nos diz Husserl, se diferencia essencialmente dos processos supostamente semelhantes realizados por filósofos do passado. Isso não significa negar o mundo ao estilo dos sofistas, nem questionar a sua existência ao estilo dos céticos. *Epoché* significa simplesmente uma delimitação metodológica que nos permite fazer apenas os julgamentos cuja validade não depende do mundo espaço-temporal.[10]

Até aqui, não vemos muita diferença entre a *epoché* de Husserl e o recuo para a consciência como única base do conhecimento de Berkeley ou de Fichte. Por outro lado, a semelhança com a teoria filosófica de Descartes continua surpreendente. Mas, então, vem o ponto de inflexão: Berkeley, Fichte ou Descartes, cada um à sua maneira, buscaram na existência do indivíduo um porto seguro para o navio encalhado do conhecimento; minha própria existência, minhas percepções, meus sentimentos, meu pensamento – o próprio fato da presença deles diante de mim – são incontestáveis. Contudo, este "eu mesmo" que eu conheço tão intimamente e em quem confio tanto não escapou da operação de limpeza da *epoché* husserliana. O que emerge da operação é, nas palavras de Husserl, o subjetivismo transcendental; ele se diferencia radicalmente dos resultados de Berkeley ou de Fichte por ser transcendental; ele se diferencia do "realismo transcendental absurdo" de Descartes por ser subjetivismo.[11] Segundo Husserl, o erro de Descartes foi pressupor que, da obviedade do ato da dúvida, eu posso, com segurança, tirar a conclusão de que eu, o sujeito da dúvida, existo. Descartes percebe (ou, pelo menos, não deixa claro que não o faz) o próprio ato da dúvida como um evento psicológico, como um acontecimento que pode ser localizado no espaço e no tempo, a respeito do qual

---

[10] Cf. Husserl, Ideen zu einer reinen Phänomenologie und Phänomenologischen Philosophie. In: _____. *Jahrbuch für Philosophie und Phänomenologische Forschung*, parte 2, § 32.

[11] Cf. Husserl, *The Paris Lectures*, p.5-9.

se pode dizer que tem lugar na cabeça de um indivíduo palpável e concreto. Berkeley e Fichte, cada um à sua maneira, pedem que aceitemos uma espécie de "propriedade privada" da consciência: as percepções que eu chamo de fenômenos e que me são transmitidas com uma clareza impressionante pertencem a mim, são minhas percepções. Husserl não aceitava nenhuma das propostas. Nenhuma é suficientemente radical. Husserl não tolerava o próprio indivíduo, abandonado pelos outros na qualidade de um objeto material ou de uma subjetividade "pura", mas, ainda assim, individual (e, portanto, não suficientemente pura). Basta deixar o indivíduo fora dos limites da *epoché* e todas as sombras que nós rejeitamos retornarão dançando em nossa visão. A subjetividade que Husserl permitia que ficasse fora dos limites tem pouco em comum com o "sujeito de consciência" de outros filósofos. O "ego" e a "vida egoica" que restam depois da *epoché* "não é um fragmento do mundo, e se ele diz 'Eu sou, *ego cogito*', isso não significa mais 'Eu, este homem, sou'".[12] "Nós não nos pressupomos *como* 'pessoas' que vivem no mundo."[13] O homem, como uma entidade que pertence à natureza e, como uma pessoa associada a outras pessoas, a uma "sociedade", é varrido pela vassoura da *epoché* junto de outras "impurezas".[14] A impressão a que não podemos resistir enquanto tentamos acompanhar o pensamento de Husserl é que esse homem é a *principal* impureza que deve ser removida. Ou melhor, que esse homem é justamente "a rachadura na represa" através da qual todas as outras substâncias poluidoras escorrem para dentro do nosso conhecimento e, ao sedimentarem, criam a atitude natural.

Examinemos rapidamente o que significava exatamente "varrer" esse homem. Significava muita coisa. Uma grande parte é intencio-

---

[12] Faber, *The Aims of Phenomenology*, p.76.

[13] Levinas, *The Theory Intuition in Husserl's Phenomenology*, p.149.

[14] Cf. Husserl, Ideen zu einer reinen Phänomenologie und Phänomenologischen Philosophie. In: _____. *Jahrbuch für Philosophie und Phänomenologische Forschung*, parte 2, § 32.

nal, isto é, foi planejada por Husserl como a forma de se chegar ao conhecimento verdadeiro e seguro. Mas a outra parte, que se segue necessariamente à primeira, não foi. No entanto, sua outra parte anula qualquer benefício que possa ter sido obtido pela primeira.

O que se pretende é eliminar os fatores históricos, culturais e sociais como operadores da compreensão. Seguindo uma longa linhagem de pensadores que vem de Platão, Plotino e Agostinho, Husserl estava profundamente impressionado com a eternidade e a "extraterritorialidade" da verdade; ou melhor, com a ideia de que tudo que é genuinamente verdadeiro tem de sê-lo eternamente e extraterritorialmente. Ancorar a verdade, amarrando-a a um tempo e a um lugar específicos e aos rigores da prática concreta – tudo isso só podia resultar em distorções. Tudo que a história entrega é transitório e incompleto; tudo que é oferecido pela cultura é, quase por definição, imbuído de preconceitos e pré-selecionado; tudo que está sujeito a pressões sociais está comprometido com interesses e, portanto, é fraudulento e parcialmente irracional; consequentemente, tudo que é simplesmente experiência espaço-temporal de um indivíduo empírico, desse produto da combinação entre história, cultura e sociedade, precisa ser aniquilado junto com todos esses obstáculos. Eliminar o mundo mas deixar incólume o indivíduo empírico seria como instalar um alarme contra roubo na porta, mas deixar o ladrão dentro da casa. Se quisermos apreender a verdade em sua pureza eterna e purificá-la radicalmente de toda e qualquer deturpação, temos de nos livrar da história, da cultura e da sociedade. Mas não é possível fazer isso de uma forma suficientemente radical sem primeiro nos livrarmos da sua criação, o indivíduo empírico.

O que não é planejado é a emaciação doentia do que sobraria quando – e se – o indivíduo empírico fosse "eliminado". Será que sobra alguma coisa? E, se sobrar, será algo suficientemente denso e engenhoso para sustentar o verdadeiro conhecimento e a verdadeira compreensão? Na verdade, para sustentar qualquer tipo de compreensão?

A compreensão como obra da razão: Edmund Husserl

O que sobra depois que a operação da *epoché* foi executada sobre o indivíduo empírico é, na visão de Husserl, consciência pura: consciência que não é de ninguém, consciência livre de todas as ligações terrenas. Falar dessa consciência "não é falar da atividade por meio da qual um sujeito é consciente; é, em vez disso, falar de um modo de ser, o modo de ser que as coisas têm quando somos conscientes delas".[15] Bem, falar dessa consciência é, acima de tudo, acreditar que os dois significados de consciência mencionados são, de fato, alternativas, que o segundo modo é concebível sem o primeiro. Mas é fácil perceber que o segundo conceito de consciência só pode ser pensado na forma negativa. De fato, ele só pode ser definido por aquilo que lhe falta do rico conteúdo do pensamento "natural" comum: tradição, história e padrões culturalmente pré-definidos de conhecimento e de prática social. A negatividade do tipo de consciência na qual Husserl espera enraizar a sua verdadeira compreensão é reforçada pelo método que Husserl nos convoca a aplicar para alcançá-la. O que é a *epoché*, o que é toda a série de reduções fenomenológicas senão uma tentativa de remover sucessivas camadas de conteúdo para chegar finalmente ao núcleo duro que só é explicável a partir de si próprio, e não mais redutível nem à tradição, nem à cultura, nem à sociedade? Mas como sabemos que esse núcleo existe? Que tipo de evidência podemos ter de que ele existe? Nossa crença em sua existência não se baseia justamente nessas "autoevidências" de que Husserl exige que nos livremos?

De maneira ainda mais espetacular a "consciência pura" husserliana, supostamente produzida pela operação da *epoché* está separada do contexto natural no qual a formação e o desenvolvimento de significados e regras do pensamento têm lugar: o contexto da comunicação, do discurso e da associação entre as pessoas. Inúmeras pesquisas psicológicas revelam que a formação dos padrões de pensamento gerais mais essenciais está intimamente ligada à

---

[15] Lauer, *Phenomenology, its Genesis and Prospects*, p.36.

interação prática com outras pessoas; desconhecemos a situação em que esses padrões são desenvolvidos numa mente que existe inteiramente sozinha, separada do mundo habitado por outras pessoas e se desenvolvendo unicamente a partir de suas próprias inclinações. Nunca vimos tal mente, só podemos imaginá-la; mas, nesse caso, só podemos imaginá-la de uma forma negativa, como vazio, como nada...

Resumindo: na visão de Husserl, todo conhecimento consiste em compreensão; já que as coisas só existem para a consciência (são "dadas") no modo de *Bewusstsein* ("serem conhecidas"), elas só podem ser apreendidas como significados, e não como objetos "lá fora" que contenham em si mesmo o padrão último do verdadeiro conhecimento. Esses significados, porém, não são conferidos às coisas pelos indivíduos que as observam. Esses significados não são "pensamentos" no sentido aceito pela psicologia. Eles não são "acontecimentos psicológicos". Eles são feitos de um material completamente diferente – são infinitamente mais genuínos e imunes às distorções induzidas pelo jogo infindável dos elementos culturais, classistas e históricos e das paixões transitórias que eles produzem. Ao contrário das ideias defendidas pelos indivíduos humanos, os significados verdadeiros são imutáveis e apodíticos; espera-se que, uma vez descobertos, eles afastem de uma vez por todas os substitutos multiformes e desqualificados montados com as ilusões da atitude natural.

Porém, se os significados não são conferidos pela mente de indivíduos concretos e empíricos, por quem eles são conferidos? Pela subjetividade transcendental. Pelo esforço intencional de uma subjetividade que não pertence a ninguém, que precede e sustenta todas as subjetividades individuais. É subjetividade, como a sua ou a minha, no sentido de que ela gera significado (*Meinung*) por meio da ação da intenção (*meinen*). No entanto, não é uma subjetividade como a sua ou a minha porque ela gera as próprias coisas – os conjuntos de intenções transcendentais que mais tarde confrontam as nossas subjetividades individuais como objetos que nós tenta-

A compreensão como obra da razão: Edmund Husserl

mos ardentemente, mas em vão, apreender novamente durante o nosso conhecimento individual. Para entender a relação complexa entre subjetividade transcendental e individual, podemos recordar a imagem escolástica de Deus como a fonte intencional de todo significado: esse significado do mundo que a mente humana imperfeita tenta em vão captar; o significado que a mente humana imperfeita só pode apreender por obra da graça divina, por meio de uma comunhão mística com Deus, depois de se purificar das impurezas do corpo e dos pecados terrenos. Esta não é a analogia que Husserl usaria, mas ela é a estrutura de pensamento na qual a esperança de que a subjetividade transcendental seja a base de todo significado e a possibilidade de alcançá-lo por meio da purificação das paixões do "mundo da vida" pode ser melhor compreendida.

Husserl sustenta que as coisas são, desde o princípio, significados e que, portanto, conhecê-las é compreender seus significados. Mas para fazer isso é preciso descobrir a maneira de perceber diretamente a obra da subjetividade transcendental, em que todos esses significados são inventados e sustentados. *Epoché* e redução transcendental, a "suspensão" de tudo que é empírico, historicamente transitório e ligado à cultura são as operações que têm de ser realizadas para que a percepção direta se torne possível. Como todos os dados "empiricamente obtidos" têm de ser descartados durante o processo, eles não podem ser utilizados como etapas que conduzem ao resultado final: a apreensão do significado. O conhecimento "terreno" que eles descobriram não é a matéria-prima da qual a "consciência pura" pode ser separada.

Parece, portanto, que a "consciência pura", na qual se agarrou a última esperança de certeza de Husserl, é, em última instância, um ato de fé. Seus fundamentos não são mais sólidos que o realismo ingênuo. Ela está condenada a permanecer para sempre uma hipótese que nenhuma quantidade de "provas robustas" jamais confirmará plenamente. Se a condição de "ser infundada" fosse uma questão de grau, a crença fenomenológica teria de ser classificada

A compreensão como obra da razão: Edmund Husserl

como ainda "mais infundada" que o seu contrário realista; pelo menos este tem o apoio perpetuante da prática do bom senso, que ela conseguiu moldar de uma forma que gera constantemente a sua própria plausibilidade. Husserl olha com desdém essa prática, o que fica evidente em sua descrição:

> O mundo delas e o meu são o mesmo mundo, que apenas chega à consciência das diferentes pessoas de diferentes maneiras. Cada um de nós tem seu próprio lugar, e consequentemente cada um possui diferentes fenômenos das coisas [...] Não obstante, nós nos comunicamos com os outros [...][16]

Husserl não está atrás desse tipo de comunicação não confiável. Porém, ao removê-la para dar lugar a uma comunicação mais adequada, ele remove o único fundamento oferecido àqueles que buscam o conhecimento que está pronto e foi pré-fabricado pelo senso comum.

Husserl não lamenta o que foi perdido; ele faz apenas a crítica mordaz dos cientistas que apreciam a segurança enganosa da "atitude natural":

> Mas como é agora, quando toda e qualquer norma é controvertida ou empiricamente falsificada e despojada de sua validade ideal? Naturalistas e historicistas brigam acerca da *Weltanschauung*, e, no entanto, as duas partes trabalham em lados diferentes para interpretar de forma equivocada ideias como fatos e transformar toda a realidade e toda a vida numa confusão de "fatos" incompreensível e sem sentido. A superstição em relação ao fato é comum a todas elas [...] Se a crítica questionadora de naturalistas e historicistas transforma em absurdo a verdadeira validade objetiva em todos os campos obrigatórios, se conceitos refletidos obscuros e divergentes – embora desenvolvidos naturalmente – e, consequentemente, problemas duvidosos e falsos impedem a compreensão da realidade e a possibilidade de uma postura racional em relação a ela, se uma postura metódica especial, mas (para uma ampla categoria de ciências) necessária, se torna uma questão de rotina, tornando-a incapaz de ser transformada em outras posturas, e se absurdos deprimentes na interpretação do mundo estão ligados a esses preconceitos, então só existe um remédio para esses males

---

[16] Husserl, *Phenomenology and the Crisis of Philosophy*, p.141-2.

A compreensão como obra da razão: Edmund Husserl

(e outros semelhantes): uma crítica científica, acrescida de uma ciência radical que nasça de baixo, baseada em fundamentos sólidos e que progrida de acordo com os métodos mais rigorosos – a ciência filosófica em cujo nome nos manifestamos aqui. As *Weltanschauungen* podem levar à polêmica; só a ciência pode decidir, e a sua decisão traz a marca da eternidade.[17]

Uma controvérsia que ponha fim a todas as controvérsias; uma compreensão que elimine todos os mal-entendidos; verdade que seja realmente eterna; ciência que não seja mais uma *Weltanschauung*; não se trata de sonhos incomuns nem de ambições novas. Ao contrário, eles estão bem arraigados na tradição do pensamento ocidental. Mas nunca antes – certamente não desde o próprio Platão – a tarefa foi considerada em termos tão elitistas. Não se pode confiar às pessoas comuns, mergulhadas no alvoroço do dia a dia, uma missão que só beneficia alguns afortunados. "Os homens que põem a meta no que é finito, que querem suas crenças e princípios e os querem suficientemente rápido para poderem viver de acordo com eles, não são chamados, de modo algum, para essa tarefa."[18] O sonho da verdade universal e absoluta resulta, neste caso, numa falta de interesse e de atenção pela vida "mundana" e no desprezo por quem a vive. Para encarar o absoluto, "é claro", é preciso primeiro dar as costas a ambos.

Os motivos da solidão do fenomenólogo são bastante claros; tudo evidencia a condição inevitavelmente aristocrática da "verdade absoluta" e da "verdadeira compreensão". Como diz Robert Sokolowski, a fenomenologia

> não lida com coisas que são perceptivelmente dadas ao público; os "dados" fenomenológicos só são revelados por meio da investigação e do discurso que os expressa. Como nós não esbarramos nos dados fenomenológicos, nem os sentimos, vemos, ouvimos, saboreamos ou circunscrevemos, não podemos atrair a ajuda desse público e dos recursos perceptivos que mostrem o que

---

[17] Ibid.
[18] Ibid., p.143.

A compreensão como obra da razão: Edmund Husserl

estamos tentando dizer. Em segundo lugar, não existe um depósito hereditário de evidências fenomenológicas do qual possamos tomar posse e que possamos aumentar. Tudo tem de começar de novo, até mesmo a denominação dos objetos e das partes. Tampouco podemos pressupor que estamos acostumados a tratar com a fenomenologia; o estilo e o método têm de ser definidos por meio de um começo radical. Em terceiro lugar, a direção "anormal" do foco utilizado pela fenomenologia é uma dificuldade que nenhum hábito jamais removerá. Seus objetos e as coisas que ela precisa aprender a nomear não são uma atividade normal da consciência. Na fenomenologia, a mente precisa inibir a sua preocupação espontânea com o mundo e com as coisas dentro dele e se concentrar nessa preocupação consigo mesma [...][19]

Até aqui, a história da humanidade não conseguiu nos aproximar nem um pouco da certeza. Portanto, a fenomenologia precisa começar de novo, começar do zero, depois de abandonar as tradições culturais do passado junto com seus arautos contemporâneos. Para piorar ainda mais as coisas, nada nessa tradição assegura o novo começo; não se pode confiar em absolutamente nada que force os homens e as mulheres a abandonar a ignorância confortável da postura natural. A fenomenologia só é possível como resultado da decisão heroica de um punhado de espíritos nobres e solitários que não aceitariam nada menos que a certeza. "É preciso haver motivos especiais se alguém que se vê envolvido nesse tipo de vida no mundo se transforma e chega ao ponto em que, de algum modo, faz deste mesmo mundo o seu tema."[20] Não basta apenas escolher o motivo especial de uma vez por todas. É preciso estar sempre vigilante, praticar uma abstinência genuinamente monástica, resistir, de maneira inflexível, à sedução da postura natural, das atrações terrenas, da vida. E nada sustenta essa autoabnegação senão o ato de fé. É só por esse motivo que ninguém esperaria que a busca fenomenológica pela verdadeira compreensão se tornasse um passatempo das massas.

---

[19] Sokolowski, Husserl's protreptic. In: Embree (org.), op. cit., p.72.
[20] Husserl, *Phenomenology and the Crisis of Philosophy*, p.166-7.

A compreensão como obra da razão: Edmund Husserl

Pelo mesmo motivo, penetrar no mundo encantado da fenomenologia é quase tão difícil quanto entrar numa terra prometida (seja ela o Jardim do Éden ou uma sociedade comunista): só é possível alcançar o grau necessário de pureza dentro dos seus limites; mas só é possível estar realmente do lado de dentro depois de se purificar. Diante do paradoxo insolúvel, é de se perguntar como é que alguém consegue entrar. Mas se alguém conseguir, ele pode olhar com desprezo para aqueles que ficaram de fora; ele não tem nenhuma obrigação de levar a crítica dos excluídos a sério. Fenomenólogos notáveis tornaram explícita essa imprecação por meio da satisfação. Como diz Eugen Fink, é impossível compreender o que é a fenomenologia sem ser um fenomenólogo; segundo Max Scheler, o fenomenólogo era capaz de aceitar com muita tranquilidade o fato de que o resto do mundo discordava dele, ele podia estar *seguro*.[21] De fato, se a certeza que o fenomenólogo procura repousa no ato do *insight*, não no discurso, e certamente não em nosso envolvimento com o mundo em que vivemos, então, para estar seguro da minha própria certeza, tenho de acreditar que o *insight* que me foi oferecido está correto. Mas então, "eu *posso* negar que a afirmação é apoditicamente evidente. Nesse caso, um fenomenólogo só pode responder que eu sou estúpido e pôr fim à discussão".[22] Nenhum argumento futuro vindo do mundo, que ainda não foi fenomenologicamente reduzido, tem crédito ou apresenta importância suficiente para ser levado a sério. De certa forma, foi Husserl que declarou que o *insight* fenomenológico começa com a destruição (*Vernichtung*) do mundo:

> Se alguém leva a cabo a redução como a pré-condição para uma filosofia absolutamente crítica ou radical, ele precisa deixar claro para si mesmo que definiu uma esfera artificial de investigação. Separar o pensador e as suas experiências do seu contexto cultural é introduzir condições artificiais. A "subjetividade pura"

---

[21] Apud Lauer, op. cit., p.69.
[22] Kolakowski, op. cit., p.154.

A compreensão como obra da razão: Edmund Husserl

não é encontrada na natureza. Ela é um artifício do método, uma abstração, na verdade, uma falsificação.[23]

Mas será que esse esforço enorme vale a pena? Vimos o que se perdeu durante o processo. Em vez disso, será que podemos ganhar algo? Estamos mais perto de solucionar o problema da compreensão?

É durante a comunicação com os outros que a compreensão pode vir a se tornar uma questão de natureza prática. A compreensão se revela como um problema por meio de uma pergunta inquietante: "O que você quer dizer?". Ou uma queixa melancólica: "Você não me entende". Quando a comunicação com outras pessoas é interrompida subitamente, quando o fluxo de palavras aparentemente "transparentes" é interrompido por uma contestação que transforma abruptamente uma palavra ou uma afirmação de uma vidraça invisível numa tela opaca que esconde em vez de revelar, então a compreensão se revela para nós como um problema. A compreensão é um problema de importância teórica e prática na medida em que precisamos enxergar através da opacidade gerada pela contestação; em outras palavras, a compreensão retira qualquer importância que ela possa ter da necessidade de acabar com o mal-entendido. Mas o mal-entendido só pode surgir num discurso; fora dele é inconcebível. O mal-entendido reside no mundo. E, consequentemente, isso também acontece com o problema da compreensão.

No entanto, é esse mesmo mundo que Husserl nos pediu para abandonar em nome da compreensão verdadeira e segura. O mundo artificial ao qual ele nos convidou a entrar, com seu ar rarefeito pela redução fenomenológica, é clinicamente limpo e – assim nos garantem – encantadoramente transparente. O problema, no entanto, é que depois de ter vencido a ladeira íngreme que conduz à sua

---

[23] Farber, On the meaning of radical reflection. In: *Edmund Husserl 1859-1959, recueil commémoratif à l'occasion du centenaire de la naissance du philosophe*, p.156.

A compreensão como obra da razão: Edmund Husserl

entrada, percebemos, consternados, que o motivo mesmo que nos enviou ali se perdeu no caminho. De que vale a nossa compreensão alcançada a duras penas se ela não pode ser utilizada em nossa luta para reparar a comunicação interrompida? Qual é o valor de uma compreensão que só pode sobreviver na atmosfera rarefeita e antisséptica do *insight* fenomenológico, que só pode sobreviver às custas da sua separação do discurso cotidiano, somente na medida em que não se faz nenhuma tentativa para retornar ao discurso do qual ela foi separada? Nós nos lembramos da tentativa de trazer um peixe de águas profundas para a superfície a fim de admirar melhor suas formas estranhas: ele explodiu por causa da pressão interna antes que pudéssemos pôr os olhos sobre ele. Vindas das alturas estratosféricas rarefeitas, as verdades devolvidas ao mundo serão esmagadas pelas forças múltiplas dos interesses, das tradições e de outros poderes terrenos. As verdades foram concebidas quando todas essas forças que tornam o discurso comum tão difícil tinham sido "eliminadas". Elas morrerão na primeira tentativa de remover os vínculos. Por mais resplandecentes que sejam os prêmios prometidos por renunciarmos à agitação terrena, só teremos a permissão de desfrutar deles se concordamos em permanecer no exílio.

E, portanto, o antigo problema, que nos chamou a atenção pela primeira vez por meio da alegoria da caverna, continua conosco: se apreendo a verdade que se encontra do lado de fora da caverna, como posso transmiti-la para o restante dos habitantes da caverna? Ou, falando nisso, como eu mesmo posso usá-la durante a minha vida posterior na caverna? Platão ignorou solenemente a pergunta. Husserl a formulou, mas não a respondeu. Em vez disso, ele sugeriu que permanecêssemos para sempre do lado de fora. Só alguns afortunados podem se dar ao luxo de aceitar a sua proposta. O restante permanecerá basicamente impassível. Eles terão de continuar combatendo seus equívocos usando os mesmos métodos antigos e rudimentares que Husserl rejeitou com tanto desprezo.

A compreensão como obra da razão: Edmund Husserl

É verdade que Husserl passou os últimos anos de vida atormentado pela percepção de que a sua solução para o problema da compreensão era, evidentemente, etérea. Ele se esforçou para construir uma ponte do mundo fenomenologicamente reduzido para o mundo da "vida", passando por cima do fosso entre os dois mundos que ele mesmo tinha cavado. Como recorda Schütz: "Quando eu lhe perguntei certa vez por que ele tinha desistido de publicar o segundo volume [de *Ideen*], ele respondeu que, à época, não tinha encontrado uma solução para o problema da formação da subjetividade".[24] Rascunhos publicados postumamente revelaram quão dolorosamente Husserl estava consciente dessa falha capital em seu sistema, e quão freneticamente ele tentou corrigi-la. Porém, tendo se instalado no mundo fenomenologicamente reduzido, ele só podia articular sua tarefa de como descobrir o modo de "reconstruir" o mundo social e cultural completo enquanto utilizasse apenas os tijolos e a massa permitidos em seu mundo purificado. É evidente que essa tarefa é tão artificial como o mundo no qual ela foi articulada, que ela pode fascinar apenas fenomenólogos comprometidos com a sua redução; e que ela não pode, de modo algum, mesmo se realizada, reivindicar uma base mais sólida e universalmente aceitável que o ato de fé sobre o qual se baseia o projeto fenomenológico. Não é de surpreender que a tarefa não tenha sido realizada. Os esforços de Husserl não trouxeram resultados convincentes, ou ao menos dignos de crédito.[25]

Schütz afirma que a pergunta "Como é possível um mundo comum em termos de intencionalidades comuns?" jamais foi respondida satisfatoriamente a ninguém, incluindo ao próprio Husserl. Observemos, porém, que a pergunta só faz sentido num mundo já fenomenologicamente reduzido. Se Husserl não tivesse "desvincu

---

[24] Schütz, Husserl's importance for the social sciences. In: *Edmund Husserl 1859-1959: recueil commémoratif à l'occasion du centenaire de la naissance du philosophe*, p.88.

[25] Mais sobre este assunto, cf. Bauman, *Towards a Critical Sociology*, p.49-52.

lado" a sociedade, a cultura e a história, e reduzido o conhecimento a algo que a "consciência pura" pode criar intencionalmente, a pergunta dificilmente pareceria insolúvel. É uma pergunta com a qual só Husserl pode estar seriamente preocupado, e apenas na medida em que ele esteja interessado em descobrir um caminho de volta do seu exílio voluntário. De fato, perto do fim da vida, Husserl se dedicou intensamente, embora sem êxito, ao *Lebenswelt* que ele quisera aniquilar antes. Em *Erfahrung und Urteil* (§ 10), um novo lema, *Rückgang auf die Lebenswelt* (retorno ao mundo da vida) parece substituir uma exortação mais antiga, *zurück zu den Sachen selbst* (de volta às *próprias coisas*).[26] O novo lema, contudo, não pôde contar com uma recepção simpática por parte daqueles que não tinham acompanhado Husserl em suas viagens anteriores e distantes. Para eles, a nova preocupação do filósofo seria, com toda a probabilidade, um não problema. E é o que acontece com o próprio Schütz, embora ele nunca admitisse que a única alternativa que lhe restava, como discípulo fiel de Husserl, era concordar com o mestre até o ponto de *evitar* a viagem que o próprio mestre considerava sua única realização.

E, por isso, Schütz tem de começar do *Lebenswelt* não como ele poderia ser alcançado por meio da redução fenomenológica, mas como ele era *antes* que Husserl incentivasse a sua destruição. Ele admitia que as ciências sociais

> não têm de lidar com os aspectos filosóficos da intersubjetividade, mas com a estrutura do *Lebenswelt* tal como ele é sentido pelos homens em sua atitude natural, isto é, por homens que nasceram neste mundo sociocultural, que têm de descobrir a sua relação com ele e que têm de chegar a um acordo com ele. [...] Na atitude natural, eu pressuponho que os meus semelhantes existem, que eles me influenciam como eu os influencio, que é possível – ao menos até certo ponto – estabelecer a comunicação e a compreensão mútua entre nós, e que isso é feito com a ajuda de alguns sistemas de sinais e de símbolos dentro da

---

[26] Cf. Ballard, On the Method of Phenomenological Reduction. In: Embree (org.), op. cit.

A compreensão como obra da razão: Edmund Husserl

estrutura de uma organização social e de algumas instituições sociais – nenhuma delas criada por mim.[27]

Quando Maurice Natanson, outro fiel husserliano, reformula a esfera da fenomenologia como sendo o estudo do "significado que os atos sociais têm para os agentes que os realizam e que vivem numa realidade construída com a sua interpretação subjetiva", ou, de forma mais sucinta, como o estudo da "vida intencional dos agentes na realidade social"[28], seu afastamento do projeto de Husserl sobre a compreensão apodítica é completo. O nome fenomenologia foi atribuído agora justamente ao estudo desses indivíduos reais e empíricos que Husserl queria reduzir ao mínimo possível da "subjetividade transcendental". Uma boa notícia, talvez, para as ciências sociais ameaçadas pela faca cirúrgica de Husserl; mas uma má notícia para quem espera que a verdade absoluta pode ser encarada e apreendida honestamente em sua essência pura. O indivíduo empírico em sua realidade social só pode trazer de volta todos esses interesses, preconceitos, tradições, restrições culturais e pressões sociais nocivos que, na opinião de Husserl, impossibilitavam a verdade e a compreensão.

A experiência de Husserl foi talvez a mais coerente e ambiciosa experiência a formular o problema da compreensão como o problema do conhecimento descontextualizado, não comprometido e, *portanto*, absoluto. Se ele falhou, a formulação está errada. Os gênios nunca falham em vão. Mesmo na derrota eles ensinam. O engano do sábio é a nossa descoberta. Agora podemos estar seguros de que não existe nada no fim do caminho que – como Husserl esperava, e nós, em princípio, também – leva à estação chamada certeza. Agora sabemos que precisamos procurar a solução para o problema da compreensão em outros caminhos.

---

[27] Schütz, op. cit., p.93.
[28] Natanson, *Literature, Philosophy, and the Social Sciences*, p.157, 165.

Nos últimos anos de vida, Husserl certamente constatou que o método de redução transcendental não conseguiu alcançar o objetivo invocado para justificar seu rigor desumano e seu antiempirismo intransigente (como demonstra *Crisis of European Sciences* [Crise das ciências europeias], publicado postumamente). O método não facilitou a solução dos problemas hermenêuticos nem nos deixou mais próximos de realizar a tarefa da verdadeira interpretação. Na verdade, o que Husserl fez foi reduzir a questão do ser à questão do significado, e este último à condição da intenção subjetiva; para favorecer, por assim dizer, uma nova versão do idealismo metodológico, com poucas, ou nenhuma, consequências práticas em relação às tarefas postuladas inexoravelmente pela atividade da compreensão.

O veredito proferido por Paul Ricoeur, um famoso hermeneuta contemporâneo, é impiedoso, mas justo:

> Portanto, foi finalmente contra o jovem Husserl, contra as tendências platonizantes e idealizadoras da sua teoria do significado e da intencionalidade que a teoria da compreensão foi construída. E se o Husserl tardio alude a essa ontologia [do *Lebenswelt*] é porque seu esforço de reduzir falhou e porque, consequentemente, o resultado final da fenomenologia se libertou do projeto inicial. É a despeito de si mesma que a fenomenologia descobre, em vez de um sujeito idealista trancado dentro do seu sistema de significados, um ser vivo que desde sempre tem como horizonte das suas intenções um mundo, o mundo.[29]

No entanto, não foi Husserl que potencializou plenamente as consequências dessa descoberta.

---

[29] Ricoeur, *The Conflict of Interpretations: Essays in Hermeneutics*, p.9.

6
A compreensão como obra da razão:
Talcott Parsons

Existem dois aspectos da teoria sociológica de Parsons que permitem considerá-la uma aplicação e uma extensão do programa de Husserl. Em primeiro lugar, Parsons aceita que a ação humana essencialmente subjetiva pode ser compreendida objetivamente, isto é, sem fazer referência aos "eventos psicológicos" realmente individuais que ocorrem na mente do agente, desde que o esforço de compreender se concentre nas estruturas imprescindíveis que precisam compor a base de qualquer forma contingente e fenomênica que essa ação possa assumir historicamente. Por serem atemporais e transcendentais, essas estruturas imprescindíveis podem ser apreendidas pela razão igualmente atemporal e apodítica. Do mesmo modo, o resultado está livre do mecanismo da história e pode ser considerado como realmente absoluto e imune à praga do relativismo histórico; na verdade, a validade do conhecimento assim produzido é unicamente uma função do método, isto é, a autodisciplina e a coerência da razão analítica. Em segundo lugar, o método que Parsons emprega na busca desse conhecimento (na prática, a despeito de muitas observações enganosas quanto ao caráter "empírico" da sua obra – feitas, talvez, para satisfazer o público sociológico norte- americano, ignorante da longa história do idealismo alemão) é o do *insight* fenomenológico.

A compreensão como obra da razão: Talcott Parsons

A investigação fenomenológica das estruturas transcendentais da ação humana fornece o único, embora sólido, fundamento do modelo de sistema social de Parsons como um todo. Em seu conjunto, a descrição feita por ele do sistema social faz sentido desde que nos lembremos de que o verdadeiro objeto das suas investigações nunca foi esta ou aquela forma específica que a ação social poderia assumir historicamente, mas a possibilidade de a ação social de fato ocorrer, assim como as condições transcendentais dessa possibilidade. Poderíamos dizer que a "teoria objetiva da ação social" de Parsons é a teoria da sua possibilidade objetiva.

Num sentido crucial, porém, a sociologia de Parsons é uma extensão, se não uma transcendência, do projeto de Husserl. O tema em torno do qual as descrições de Parsons estão organizadas não é a consciência pura, a "subjetividade transcendental" do jovem Husserl, mas uma espécie de "ação pura" ou "agente transcendental". Portanto, os elementos da vida social gerados por essas descrições não são reduzidos, como acontece com Husserl, a significados e, por meio deles, à consciência intencional. Eles têm direito a um grau de autonomia que o mundo ascético da consciência pura do jovem Husserl não permitia. Ao contrário da subjetividade transcendental, a ação social requer, desde o princípio, que os seus objetos não estejam apenas na condição de *Bewusstsein*, mas numa modalidade realmente existencial; além disso, esses objetos incluem, também desde o princípio, os "objetos humanos", isto é, outros sujeitos, outros agentes geradores de significado e guiados pelo significado. Se a base de uma sociedade ou de uma cultura que parte da consciência pura se mostrou um obstáculo intransponível para Husserl, Parsons demonstrou que a sociedade e a cultura estão apoditicamente presentes, como as suas condições transcendentais, no próprio conceito de ação social.

Parsons escolheu como divisa de *A estrutura da ação social* – seu primeiro e mais seminal livro, que lançou a sua "teoria voluntarista da ação" como uma base da nova sociologia – uma frase de Weber que afirmava que qualquer reflexão ponderada sobre os elementos fundamentais da ação humana significativa está relacionada, sobretudo, com as categorias de "meios" e "fins". A escolha, na verdade, é uma declaração sincera em relação à mensagem principal do livro e, aliás, à ideia mestra de todo o grandioso método sociológico que Parsons desenvolveu posteriormente.

A teoria voluntarista da ação foi sugerida como uma alternativa às duas abordagens intimamente relacionadas que, na opinião do sociólogo, eram um obstáculo à sociologia científica: a utilitarista e a positivista.

A principal falha do conceito utilitarista de ação consistia, segundo Parsons, em seu excessivo voluntarismo. Ele aceitava que a ação é organizada pela orientação do agente em relação ao fim, e, portanto, que ela pode ser compreendida em termos dessa orientação. Porém, ao limitar sua visão ao indivíduo e ignorar todas as entidades supraindividuais, ele teve de deixar o fim a critério dos agentes, considerados como agentes livres. Consequentemente, ele não conseguiu levar em conta "as relações dos fins entre si". "O fracasso em afirmar qualquer coisa positiva acerca das relações dos fins entre si só pode [...] significar uma coisa – que não existem relações importantes, ou seja, que os fins são estatisticamente aleatórios."[1] Contudo, se os fins são realmente aleatórios, então, sugere Parsons, "não pode haver escolha" entre eles.[2] O que ele provavelmente quer dizer com esse veredito não evidente de imediato é que não existe escolha que possa ser compreendida do jeito que a ação humana pode, isto é, como um meio que leva a um fim; a menos que o fim de uma ação X possa ser descrito como um meio para um fim maior Y, os critérios aplicados à sua escolha não podem se tornar compreensíveis. O voluntarismo contido no conceito utilitarista de ação leva, portanto, a postular que a ação é essencialmente irracio-

---

[1] Parsons, *The Structure of Social Action*, p.59.

[2] Ibid., p.64.

nal e imprevisível, e, consequentemente, contesta seu tratamento científico. (É difícil concordar com Parsons quanto a este ponto; evidentemente, ele separa o conceito de ação da visão de mundo utilitarista como um todo, dentro da qual os fins da ação poderiam ser considerados tudo menos aleatórios. Para os utilitaristas, os fins eram fornecidos de uma vez por todas pelo desejo humano de obter vantagens e recompensas, e, portanto, por não serem problemáticos, podiam justamente deixar de ser o foco das atenções. Na verdade, há muito menos diferença entre as versões utilitarista e parsoniana de voluntarismo que Parsons gostaria de nos fazer crer.)

A alternativa (ou melhor, a correção) positivista ao conceito utilitarista de ação foi reduzir a escolha dos fins a causas deterministas inseridas nas características hereditárias do agente ou no ambiente imediato da ação. A "aleatoriedade" foi removida, mas somente às custas da remoção da autonomia dos fins: estes, agora geneticamente determinados, se tornaram meros apêndices epifenomenais dos traços objetivamente dados do agente ou dos traços da situação do agente – ambos muito além do controle e da escolha consciente do agente. Desse modo, a ação pôde ser tratada de forma científica, mas perdeu, de maneira irreparável, seu caráter voluntarista. No esquema positivista de ação, a subjetividade do agente aparecia somente como um elemento de mediação entre causas determinantes e resultados determinados quando o agente, se comportando como um cientista em miniatura, reunia os "fatos concretos" a respeito da sua situação e extraía conclusões inevitáveis da "avaliação científica racional" de "condições não subjetivas".[3]

Portanto, os dois conceitos predominantes de ação eram igualmente insatisfatórios, embora por motivos diferentes. O conceito utilitarista satisfez a natureza subjetiva e voluntarista da ação humana, mas tornou sua análise científica impossível. O conceito positivista, ao contrário, promoveu a ação de uma forma extremamente

---

[3] Ibid., p.67.

A compreensão como obra da razão: Talcott Parsons

adequada para a análise científica, mas deficiente, uma forma na qual o caráter voluntário da ação foi reduzido à irrelevância.

Esta crítica deixa claras as intenções de Parsons: ele gostaria de construir um modelo de ação social que pudesse ser, simultaneamente, um objeto de compreensão enquanto um fenômeno subjetivo e significativo, e um objeto da teoria científica enquanto um modelo passível de análise objetiva. Para conseguir isso, é preciso se dissociar do erro do utilitarismo, que trata a escolha dos fins como inteiramente aleatória, e do erro do positivismo, que a trata como inteiramente determinada por fatores não subjetivos. O modo evidente de fazer isso é postular que os motivos do agente são o elemento causal decisivo na escolha tanto dos fins como dos meios, mas descobrir uma forma de lidar de maneira objetiva com esses motivos essencialmente subjetivos. Esta se tornaria a principal preocupação de Parsons:

> Dentro da área de controle do agente, os meios empregados, em geral, não podem ser concebidos como se fossem escolhidos aleatoriamente nem como se dependessem exclusivamente das condições da ação, mas precisam, em certo sentido, estar sujeitos à influência de um elemento seletivo independente e determinado, cujo conhecimento é indispensável para compreender o rumo concreto da ação.[4]

Portanto, a tarefa consiste em elevar a análise dos significados subjetivos ao nível da objetividade e da sistematização alcançáveis no caso dos aspectos "externos" da ação. O projeto de Parsons pode ser quase reduzido ao "desencantamento" da hermenêutica.

É sintomático que Parsons utilize constantemente o termo *Verstehen*, em sua estranha forma alemã, querendo dizer com isso, obviamente, que o termo não faz parte da "grande tradição" que deve ser assimilada pela teoria recente da ação. Ele trata desse termo sobretudo na seção intitulada "Intuicionismo"; para ele, *Verstehen*

---

[4] Ibid., p.44-5.

A compreensão como obra da razão: Talcott Parsons

é uma ideia imposta às pessoas interessadas em ciência por um grupo de pressão radicalmente não científico que insiste em confundir o modo pelo qual a mente cognoscente funciona com o modo pelo qual a sua reflexão pode ser validada. Resumindo, *Verstehen* é basicamente uma ideia mal concebida que convém manter em sua estranha embalagem germânica para não extravasar para a problemática da compreensão. Parsons parece associar *Verstehen* a "intuições imediatas" (comparem com a empatia, ou *Sichhineinversetzen*, de Dilthey), que, qualquer que seja o seu valor num caso específico, não pode ser admitida à esfera do conhecimento científico sem antes passar por um teste de propriedade analítica.

> As nossas intuições imediatas do significado podem ser autênticas e, como tais, corretas. Mas a sua interpretação não pode prescindir de um sistema de conceitos teóricos racionalmente coerente. Somente na medida em que estiverem à altura dessa crítica é que as intuições constituem conhecimento.[5]

Em outras palavras, as intuições que ajudam a diferenciar entre a *Verstehen* pré-científica e a compreensão científica só podem ser aceitas na esfera da ciência se elas renunciarem a tudo que é especificamente intuitivo.

Desse modo, as intuições, a empatia, "se colocar na pele do outro" etc., não são, certamente, os caminhos pelos quais a natureza "subjetiva" da ação humana é aceita na teoria voluntarista de Parsons. Na verdade, ele admite francamente que seu esquema de ação é subjetivo "num sentido específico".[6] A partir do raciocínio que se segue, concluiríamos que essa especificidade consiste em só admitir a "subjetividade" da ação no sentido de que o analista a articula enquanto tal. É o analista que decide (embora a decisão seja racional e não arbitrária) escolher seu vocabulário e, então, descrever as relações mútuas entre os conceitos para enfatizar a referência

---

[5] Ibid., p.589.
[6] Ibid., p.46.

A compreensão como obra da razão: Talcott Parsons

deles ao "ponto de vista" do agente que está sendo analisado, e não aos outros elementos que rodeiam a ação, os quais não entram ou não podem entrar no campo de visão do agente. Em suma, a subjetividade é um princípio metodológico. Ela é responsável pelo "ponto de vista subjetivo" adotado pelo "observador científico da ação".

De fato, os termos decisivos do sistema voluntarista de ação, como fins, meios ou condições, não fariam muito sentido se não fosse pelo "ponto de vista do agente". É uma verdade trivial que fim, por definição, é fim de alguém; não haveria fins se não houvesse sujeitos (deuses, humanos) que os postulassem. É uma verdade trivial também que, uma vez postulado o fim, o restante da situação se divide imediatamente em "meios" e "condições". Tendo escolhido esse vocabulário em vez de outro, o analista simplesmente define os limites de seus interesses, algo que, de todo modo, qualquer teórico precisa fazer: "Ele está interessado em fenômenos com um aspecto não redutível aos termos da ação somente na medida em que eles interfiram no esquema de ação de uma forma relevante – no papel de condições ou meios".[7]

O "ponto de vista subjetivo" se torna, portanto, um instrumento analítico. Consequentemente, a compreensão se torna uma questão de análise científica. Tanto na versão de Parsons como na de Husserl, o "ponto de vista subjetivo" significa a expulsão do sujeito empírico.

É verdade que o esquema conceitual que Parsons tem em mira pode ser usado em dois níveis diferentes. Um deles é, em sua terminologia, "concreto"; nesse caso, lidamos com a ação concreta de um indivíduo concreto. Mas o que podemos obter nesse nível é, no máximo, a descrição do que aconteceu. O esquema conceitual voluntarista nos auxilia no trabalho de descrição. Sabemos qual pergunta fazer e como classificar o que vemos. Tentaremos, especialmente, descobrir qual era o fim da ação e, então, fazer um balanço dos meios e das condições de acordo com o que descobrimos. Porém –

---

[7] Ibid., p.47.

Parsons nos lembra –, em relação a isso, seu esquema conceitual "serve apenas para organizar os dados numa determinada ordem, não para submetê-los à análise indispensável à sua explicação".[8] A ação humana não pode, de modo algum, ser explicada (compreendida; Parsons usa as duas palavras como sinônimos, enfatizando, inúmeras vezes, que a intenção de compreender é a característica que os cientistas naturais e os cientistas sociais compartilham) no nível de um sujeito "concreto" e da sua subjetividade "concreta".

A verdadeira compreensão da ação subjetiva só é realizável num nível mais abstrato e "analítico", no qual a ação ainda é apresentada na estrutura "do ponto de vista do agente", embora totalmente purificada de todas as características idiossincráticas atribuíveis à "concretude" dos agentes concretos. No nível analítico, fins e meios deixam de ser entidades reais que habitam a mente do agente e se transformam em unidades conceituais de um esquema teórico. Isso nos permite "ressaltar as relações funcionais contidas nos fatos já organizados de forma descritiva".[9] O fato de podermos apreender essas relações funcionais enquanto abstraímos todo e qualquer sujeito concreto mostra que essas relações estão baseadas no próprio esquema conceitual, e não na mente dos sujeitos atuantes. Do mesmo modo, a tarefa de compreender foi finalmente libertada dos "equívocos intuicionistas" que insistiam que a compreensão só pode ser alcançada na união mística com o sujeito, lançando, portanto, as humanidades "compreensivas" para fora dos limites da ciência.

A tendência já visível na fase de *A estrutura da ação social* se tornou ainda mais pronunciada em seus últimos textos. Em *Towards a General Theory of Action* [*Rumo a uma teoria geral da ação*], o "agente", cuja orientação certamente é a característica que diferencia a ação social de todas as outras condutas, já foi sutilmente reprocessado pela teoria;

---

[8] Ibid., p.48.
[9] Ibid., p.49.

A compreensão como obra da razão: Talcott Parsons

lemos que "a ação tem uma orientação quando ela é guiada pelo significado que o agente atribui em seu relacionamento com os objetivos e interesses do autor".[10] Ainda se atribui ao agente um papel ativo, vinculando uma coisa a outra; mas ele não tem mais a liberdade de escolher a que o significado da ação está vinculado. A teoria decidiu em seu lugar. O que dá significado à ação agora é a realização de objetivos ou a satisfação de interesses. Em *The Social System*, o pequeno passo que faltava é dado: somos informados que a característica inconfundível da ação social é que ela "tem importância motivacional para o agente individual" (e não que o agente atribui um significado a ela) – uma mudança sutil, mas seminal. Está ficando cada vez mais evidente que não é a iniciativa do agente, mas o tipo de objetos aos quais essa iniciativa se voltou, que classifica a sua ação como social. Ele deixa isso absolutamente claro na frase seguinte, ao afirmar que "importância motivacional" "significa que a orientação dos processos de ação correspondentes está relacionada com obter recompensas ou evitar privações do agente em questão".[11] De maneira clara e inconfundível, a conduta que a teoria da ação quer analisar se identifica com o tipo de comportamento racional do indivíduo cuja prática se aproxima do *homo oeconomicus* hedonisticamente motivado. Catorze anos antes, o mesmo Parsons tinha criticado a posição positivista por tornar extremamente precária a condição dos elementos normativos da ação: "Falar de fins como se fossem determinados pelos mecanismos do prazer é [...] eliminar os fins do sistema teórico geral".[12]

Mas a aparente mudança consiste mais no desdobramento de elementos presentes desde o início na ideia de ação social de Parsons, e não numa verdadeira mudança de opinião. Afinal de contas, já foi dito em *A estrutura da ação social* que "é impossível até mesmo falar

---

[10] Parsons; Shils, *Toward a General Theory of Action: Theoretical Foundation for the Social Sciences*, p.4.

[11] Parsons, *The Social System*, p.4.

[12] Id., *Structure of Social Action*, p.700-1.

A compreensão como obra da razão: Talcott Parsons

de ação em termos que não envolvam uma relação entre meios e fim".[13] Isso pode passar, fazendo-se algumas concessões, por uma afirmação weberiana; Weber provavelmente se recusaria a endossá-la em razão da sua inclinação intransigente, mas ele também acreditava que podemos compreender melhor uma ação se a postularmos como sendo de cunho racional, quer dizer, como sendo organizada em meios e fins. A semelhança, contudo, é aparente. Em Weber, a escolha do modelo racional como o método objetivo para abordar a ação social estava relacionada à sua visão global da história, que, cada vez mais, nos sintonizava com a compreensão por meio de modelos racionais. Em Parsons, a superioridade absoluta do modelo racional não tem nenhuma relação com a historicidade da compreensão humana. Ela é um atributo atemporal da razão humana, e a única forma pela qual a história pode ser relevante para ela é o momento em que essa verdade foi descoberta. E, assim, lemos:

> Pode-se dizer que o quadro de referência da ação tem o que muitos, imitando Husserl, chamaram de condição "fenomenológica". Ele não contém nenhum dado concreto que possa ser "afastado por meio do pensamento", que esteja sujeito a mudança. Não é um fenômeno no sentido empírico. É a estrutura lógica indispensável na qual descrevemos o fenômeno da ação e pensamos sobre ele.[14]

A diferença entre isto e Weber é evidente. Embora não fosse particularmente coerente em sua aplicação, Weber externou inúmeras vezes a crença de que o modelo de ação racional é fruto da história e não é, de modo algum, a única forma de comportamento humano que existe na sociedade. Ele não aceitava que se conferisse a algo tão evidentemente histórico uma universalidade de fato fenomenológica.

No entanto, algo que nos interessa mais de perto é o fato de Parsons invocar Husserl, embora o faça principalmente em razão

---

[13] Ibid., p.733.
[14] Ibid.

A compreensão como obra da razão: Talcott Parsons

deste ter desenvolvido a ideia kantiana de "analítico transcenden-tal". Na verdade, Parsons estava profundamente impressionado pelo modo como Kant formulava as perguntas teóricas. Extremamente entusiasmado, ele recordou como Kant inverteu a expressão tradi-cional da pergunta epistemológica "afirmando primeiro: é um fato que dispomos desse conhecimento válido. E só então ele perguntou 'Como isso é possível?' Embora a resposta de Kant talvez não seja inteiramente aceitável, sua maneira de formular a pergunta teve uma importância revolucionária".[15] Inspirando-se evidentemente no exemplo de Kant, Parsons concebeu a sua teoria da ação como uma análise semelhante de condições absolutas, universais e inevi-táveis da sua possibilidade. A linguagem da sua exposição positiva da ação não deixa nenhuma dúvida quanto à sua intenção. Não é uma linguagem de descrição empírica, nem de uma generalização empírica do mais alto nível imaginável; é, claramente, a linguagem da análise dedutiva das "necessidades". Para escolher apenas duas páginas[16] como exemplo, Parsons refere-se a diversos elementos da ação dizendo que eles "não podem ser aleatórios", "precisam estar integrados", são "possíveis somente em razão de", "precisam estar organizados de forma coerente", são "necessários para a reforma", "impossíveis sem" etc.

O problema é que "ação social" (ou sociedade, à qual foi aplicada a mesma abordagem transcendental, como veremos em breve) não é uma realidade dada de forma tão direta e inquestionável como "conhecimento válido", no caso de Kant, ou mesmo "mundo da vida", no caso de Schütz. Este não é um fenômeno "pré-teórico", em si uma pré-condição de todos os outros fenômenos da própria vida. Tal como aparece na análise transcendental de Parsons, a ação social já é um "esquema conceitual", um produto final da escolha teórica. É inconcebível que ela seja considerada "imediatamente

---

[15] Ibid., p.24.
[16] Parsons; Shils, op. cit., p.24-5.

evidente". Desse modo, a importância das "condições transcendentais" de Parsons para os atos humanos concretos e empiricamente
dados não é automática, ao contrário da importância das condições
transcendentais de Kant ou mesmo de Schütz. De certa forma, ele
só analisa a ação racional ou semirracional, e não sabemos se é
possível formular uma teoria abrangente da compreensão partindo
apenas desse tipo de ação.

Tudo indica que Parsons estava bem consciente que a sua imitação de Kant era frágil. De qualquer forma, ele procurou compensar
isso sustentando que, afinal de contas, seu modelo está ligado à ação
concreta e empírica – já que ele tem mais dimensões que a dimensão
puramente fenomenológica, no sentido tradicional. Parsons recorda
que o esquema meios-fins, a espinha dorsal do seu modelo de ação,
"envolve um verdadeiro processo dentro da mente do agente, bem
como externo a ela". A ambiguidade da palavra "envolve" é útil;
Parsons não especifica se esse esquema envolve um "verdadeiro
processo dentro da mente" analítica ou empiricamente. Se for o
primeiro caso, não aprendemos nada de novo. No entanto, se for
o segundo, Parsons quer que lhe atribuamos a solução dos problemas mais persistentes e inquietantes colocados pela investigação
hermenêutica.

Obviamente, a ambiguidade é conveniente. A frase seguinte
diz que

> nesse nível [de novo, que nível? Analítico? Empírico? O dilema se repete],
> então, o esquema da ação, incluindo seu componente principal meios-fim, se
> torna mais que fenomenológico, ele assume uma importância que não é simples-
> mente descritiva, mas que também é causal, e, ao fazê-lo, envolve referências a
> "processos subjetivos concretos" de motivação.

Isso se baseia claramente na compreensão incorreta da fenomenologia. O nome "fenomenologia" não significa o que está sendo
afirmado, mas em que bases isso foi aceito (ou melhor, em que se
baseia a sua pretensão à validade). É possível postular fenomeno-

A compreensão como obra da razão: Talcott Parsons

logicamente um "verdadeiro processo dentro da mente" como uma essência da ideia "esquema de meios e fins", sem que o esquema se torne minimamente empírico. O raciocínio todo permanece ambíguo com relação à base sobre a qual Parsons quer fundamentar sua reivindicação de que o esquema meios-fim é, de fato, um modelo adequado para analisar a ação social. Weber baseou, de certo modo, uma reivindicação semelhante numa afirmação claramente empírica (isto é, cuja veracidade podia ser comprovada) a respeito da história em geral e da sociedade capitalista moderna em particular. Parsons escolhe, de maneira explícita e recorrente, bases não históricas e transcendentais para a sua versão do esquema meios-fim. Do mesmo modo, ele torna seu modelo imune à crítica empírica, não sem antes pôr em dúvida a questão da sua utilidade empírica.

Não surpreende, portanto, a seguinte afirmação tautológica:

> Para não deixar o leitor com a impressão de que a formulação de leis analíticas com base no sistema desenvolvido aqui é impossível no contexto estrutural, pode ser útil sugerir provisoriamente que já existe [onde? Na visão de Parsons do desenvolvimento posterior da sua teoria?] a base para a formulação dessa lei de amplo alcance e grande importância. A lei pode ser formulada provisoriamente assim: "Em qualquer sistema de ação concreto, um processo de mudança, na medida em que seja explicável em termos dos elementos da ação formulados em termos da relação intrínseca meios-fim, só pode prosseguir na direção da abordagem voltada à execução das normas racionais concebidas como obrigatórias para os agentes do sistema".[17]

A "lei" diz que se expressarmos uma ação em termos do esquema racional ela tenderá a ser expressa em termos do esquema racional. É verdade, embora isso não seja o que costumávamos esperar das leis. Do começo ao fim, a teoria de Parsons se baseia em *insights* fenomenológicos ou em afirmações analíticas, no sentido kantiano, que têm um papel "explicativo", mas não "de acréscimo" em relação ao nosso conhecimento da sociedade. Parsons passou muitos anos en-

---

[17] Parsons, *Structure of Social Action*, p.750-1.

A compreensão como obra da razão: Talcott Parsons

volvido num esforço decidido e incansável para "deslindar" as conclusões dedutivas potencialmente contidas em seus poucos termos e axiomas básicos iniciais e, acima de tudo, no modelo de ação meios--fim. Poderíamos descrever sua obra como uma investigação meticulosa de um mundo que existiria se fosse composto por uma miríade de homens e mulheres cuja ação consistisse em selecionar, de maneira correta ou não, meios adequados para os fins dados. Essa é a diferença radical entre o uso que Parsons faz do esquema meios-fins e o uso do esquema por Weber, que estava interessado no modelo de ação racional não como um conjunto de axiomas a partir dos quais se construiria uma teoria da sociedade abstrata, mas como um instrumento para compreender objetivamente modos de ação historicamente distintos.

A verdadeira atividade histórica voluntária e indeterminada dos homens e das mulheres tem pouco interesse para Parsons e pouca importância para a sua teoria – além de fornecer inicialmente os termos e axiomas básicos. A seleção voluntariosa de significados pelo agente continua sendo a pedra fundamental da teoria, do começo ao fim, mas toda a atenção está voltada para as partes superiores do edifício, onde as necessidades transcendentais são a doutrina arquitetônica predominante. Parsons não examina o impacto exercido nas formas históricas de sociedade pelas escolhas feitas por pessoas em busca de significados; em vez disso, ele deseja explicitar as necessidades que estão contidas in nuce [embrionariamente] no próprio modelo de ação considerado como uma estrutura meios-fim. O efeito paradoxal dessa abordagem é tornar o papel da motivação do agente, por mais decisiva que ela seja, cada vez mais irrelevante. O objeto de compreensão deixa de ser os motivos do agente e passa a ser as relações imprescindíveis entre os diferentes elementos do ambiente da ação. Segundo a teoria de Parsons, compreender a ação humana é "ressaltar as relações imprescindíveis", examinar a lógica transcendental da interação entre agentes que se comportam de acordo com o modelo meios-fim.

A compreensão como obra da razão: Talcott Parsons

Desse modo, na medida em que o mundo é para o agente um depósito de objetos potencialmente relevantes para os seus interesses, a diferenciação desses objetos é inevitável. A distinção suprema é aquela entre objetos interativos e não interativos. (Parsons se apressa em nos lembrar que "este é um emprego técnico do termo interação. Ele implica um relacionamento cujos dois participantes são agentes no sentido técnico. Portanto, ele é diferente do sentido no qual interação é sinônimo de interdependência".[18] É crucial ter em mente este comentário, que é pertinente a todos os termos que aparecem na teoria de Parsons, para não incorrermos no erro habitual de criticar seu sistema por aquilo que ele não é, uma descrição de viés conservador da sociedade.) Naturalmente, os objetos interativos são, eles mesmos, agentes. Como tais, possuem sistemas de ação completos e próprios, incluindo as suas expectativas em relação ao comportamento do agente original e a sua própria busca de gratificação. Na presença de outros agentes, a ação do ego não pode ser direcionada apenas às expectativas deles, mas também à possível reação deles às expectativas do ego. Do ponto de vista da teoria geral da ação, o ego e o outro são, naturalmente, mutuamente permutáveis. Consequentemente, o que emerge como um pressuposto de importância decisiva é que a interação é uma relação na qual as expectativas "atuam em ambos os lados".

Daí a "complementaridade de expectativas", também um conceito técnico que não se refere à identidade empírica das expectativas do ego e do outro, mas à sua relevância natural e, consequentemente, à importância de seus ajustes mútuos. A ação de uma pessoa é a sanção das outras. A complementaridade de expectativas acarreta necessariamente uma "dupla contingência": "Por um lado, as gratificações do ego dependem da sua escolha entre as alternativas disponíveis. Mas, por sua vez, a reação do outro vai depender da

---

[18] Parsons; Shils, op. cit., p.14.

A compreensão como obra da razão: Talcott Parsons

escolha do ego e resultará de uma escolha complementar por parte do outro".[19]

Isto é nada menos que uma afirmação da necessidade lógica da sociedade. De fato, se a interação é uma relação que envolve as respostas dos agentes às expectativas um do outro, uma certa "estabilidade de significado que só pode ser assegurada por 'convenções' cumpridas por ambas as partes", bem como uma "generalização que parte da particularidade de situações específicas", se tornam as pré-condições indispensáveis da ação, desde que a ação esteja direcionada para a satisfação dos interesses dos agentes. Portanto, a necessidade da sociedade (generalização de padrões típicos de situações internas) e do sistema cultural (estabilidade de significados) está contida logicamente no esquema de ação meios-fim.

Este é um ponto de crucial importância. Tanto a força como a fragilidade da descrição que Parsons faz do sistema social são averiguáveis somente quando percebidas como um exercício na exploração fenomenológica das condições transcendentais da ação social. Se este aspecto foi frequentemente omitido, e a descrição feita por Parsons foi injustamente criticada pelo que ela não era e não podia ser, o próprio sociólogo tem de ser considerado responsável: suas afirmações frequentes a respeito da condição "empírica" da sua análise confundiu em vez de esclarecer sua real importância. É muito importante perceber que os sistemas social e cultural são apresentados por Parsons como descobertas da análise fenomenológica do significado intencional do conceito de meios-fins; elas são deduzidas do conceito como os componentes indispensáveis sem os quais o conceito é inimaginável. Elas são ventiladas como "existentes" no modo husserliano de *Bewusstein*. Husserl começa postulando a subjetividade do ego transcendental a fim de dissolvê-lo e superá-lo na necessidade objetiva de atributos e relações significativos; Parsons começa postulando os motivos subjetivos do agente a fim

---

[19] Ibid., p.16.

A compreensão como obra da razão: Talcott Parsons

de dissolvê-los e superá-los na necessidade objetiva de redes social e culturalmente organizadas.

Só o projeto fenomenológico pode dar sentido à seguinte afirmação: "Quando, no debate anterior a respeito da ação, chegamos ao ponto em que a interação de um agente com outras pessoas ou objetos sociais se tornou crucial, nós revelamos o núcleo do desenvolvimento do sistema social"[20] (a única outra interpretação possível é em termos de mito etiológico, que seria totalmente contrária à letra e ao espírito do sistema de Parsons). Existe um vínculo de "necessidade fenomenológica" entre a decisão teórica de que a "organização dos elementos da ação é [...] acima de tudo uma função da relação do agente com a sua situação" e a necessidade dedutiva de um sistema social que

> consiste numa pluralidade de agentes individuais que interagem entre si numa situação que tem ao menos um aspecto físico ou ambiental, agentes que são motivados em termos de uma tendência à "otimização da gratificação" e cuja relação com a sua situação, incluindo um ao outro, é definida em termos de um sistema de símbolos culturalmente estruturados e compartilhados.[21]

Além disso, existe uma base fenomenológica para, por um lado, atribuir a Weber a "lei da racionalidade crescente" (descrevendo-a como a "generalização mais fundamental que emerge da obra de Weber"), enquanto, simultaneamente, o pune por sua tendência de "reificar seus conceitos de tipo ideal".[22] A lei da racionalidade crescente é, em Weber, uma generalização histórica; em Parsons, ela é um significado intencional fenomenologicamente descoberto do conceito de ação proposital.

O conceito utilitarista de ação social é criticado por Parsons devido à sua omissão em "perceber" fenomenologicamente as con-

---

[20] Ibid., p.23.
[21] Parsons, *The Social System*, p.5-6.
[22] Id., *The Structure of Social Action*, p.752-3.

sequências lógicas do modelo intencional. Como recordamos, a principal objeção de Parsons aos utilitaristas era que eles consideram que os fins da ação devem ser escolhidos aleatoriamente. Os fins só podem ser considerados como tais enquanto as "generalizações de padrões" e a "estabilidade de significados", isto é, os sistemas sociais e culturais, não se mostrarem como subprodutos indispensáveis e condições transcendentais de uma ação intencional. No momento em que eles se mostram assim, a não aleatoriedade dos valores, dos significados etc. fica imediatamente evidente. Fica analiticamente claro que

> Escolhas são sempre, naturalmente, ações de indivíduos, mas, num sistema social, essas escolhas não podem ser aleatórias entre os indivíduos. De fato, um dos imperativos funcionais mais importantes da manutenção do sistema social é que as orientações baseadas em valores dos diversos agentes do mesmo sistema social precisam estar incorporadas, em alguma medida, num sistema *comum*.[23]

Tomamos conhecimento, uma vez mais por intermédio da análise fenomenológica do significado necessário dos conceitos, que esse sistema comum inclui a necessidade de orientações de valores compartilhados, ideias e símbolos expressivos; que isso também inclui a necessidade dos indivíduos constituintes estarem motivados a "agir da forma requerida" e receberem a gratificação adequada por estarem assim motivados; que os imperativos funcionais precisam limitar necessariamente a incompatibilidade tolerável de motivos e valores; que, em outras palavras, uma "escolha voluntária de fins e meios" inclui, como sua condição necessária, sistemas sociais e culturais empenhados em eliminar todo e qualquer efeito material desse voluntarismo. O voluntarismo propriamente dito se resume ao pressuposto de que a materialização de normas socialmente determinadas é "mediada" por agentes conscientes; uma ideia bastante banal, sem qualquer consequência visível na análise de nenhum dos

---

[23] Parsons; Shils, op. cit., p.24.

três sistemas analíticos (personalidade, sociedade e cultura) generalizados a partir do modelo de ação social intencional. Na verdade, a menção à natureza "voluntária" da escolha dos fins e dos meios serve para ressaltar ainda mais os requisitos normativos, restritivos, antivoluntaristas e antialeatórios dos três sistemas. Ela torna possível, por exemplo, a seguinte proposição: "Não é possível que as escolhas dos agentes sejam feitas de maneira aleatória e ainda produzam um sistema social funcional".[24] A função principal da pressão sobre o caráter voluntário da ação é enfatizar a importância capital dos fatores "desaleatorizantes" entre as condições da ação proposital.

Na verdade, estamos muito distantes da ideia de que a compreensão penetra, de uma forma ou de outra, nas profundezas da mente subjetiva. O significado da compreensão sofreu uma mudança decisiva. Ela consiste agora no exame dos fatores des-subjetivantes, dos mecanismos e pressões que impedem que as escolhas dos agentes sejam aleatórias e desafiem a sistematização e a previsibilidade. Os métodos de Husserl foram aplicados para postular esses mecanismos e pressões que estão necessariamente contidos na própria ideia do modelo fins-meios. O que Weber descrevia como uma resultante da ação de forças históricas é, para Parsons, uma exigência inflexível e inquestionável da razão. Se a ação racional é um valor, eis aqui as consequências inevitáveis que chegam até a exigência de "atribuir poder e prestígio suficientes" para as "funções de alocação e integração" na sociedade, isto é, para as pessoas que são indicadas (ou autoindicadas) para distribuir, de forma diferenciada, prêmios e castigos e para espalhar as ideias dominantes.

Portanto, compreender a ação humana é "perceber" a estrutura do sistema social e cultural. É, única e indivisivelmente, o trabalho da razão que tenta penetrar em suas próprias exigências estruturais. Uma vez feito isso, adquirimos os critérios corretos para julgar o significado de ações invisíveis até aos próprios agentes, bem como

---

[24] Ibid., p.25.

para descrever as diferenças empiricamente determináveis entre os critérios e a conduta efetiva como falhas técnicas em satisfazer os pré-requisitos da racionalidade. A atividade de compreender a ação humana se dilui na análise fenomenológica das estruturas sociais e em suas condições transcendentais, chamadas "pré-requisitos funcionais", bem como na investigação empírica dos fracassos em suas aplicações práticas. A compreensão, portanto, se torna idêntica à análise estrutural; ela não precisa mais do sujeito. Ao contrário, ela realiza a sua tarefa quando consegue diluir o sujeito nas três estruturas sistêmicas interligadas: da personalidade, da cultura e do sistema social.

Em seu efeito final, não obstante as diferenças metodológicas e filosóficas, a teoria de Parsons pode ser vista como uma versão mais sofisticada da ideia principal da sociologia de Durkheim: mostrar a experiência prosaica da "realidade social" como um reflexo da necessidade transcendental. Entretanto, há duas diferenças importantes entre as aplicações de Durkeim e de Parsons.

A primeira é entre o moral e o racional. Para Durkheim, a sociedade como um sistema de sanções externas é indispensável para que o indivíduo seja uma criatura moral, e não um organismo movido por impulsos animais. Em sua versão, a sociedade é substituída por Deus como o fundamento último da ética. Parsons rejeitaria, muito provavelmente, esse argumento como mais um suporte metafísico (embora ele não pareça avesso à visão durkheimiana da sociedade como uma força "enobrecedora"). Em vez disso, Parsons defende a necessidade de restrições externas em relação aos pré-requisitos da racionalidade. A sociedade é a estrutura do único ambiente em que a ação racional é plausível, e, na verdade, concebível. Portanto, é necessário que o indivíduo seja capaz de agir racionalmente, isto é, escolher os meios corretos para os fins escolhidos. A regulação social da ação do indivíduo é, para Durkheim, acima de tudo um preceito moral; para Parsons, é uma exigência da razão técnica.

A segunda diferença reside no tratamento da relação entre o indivíduo e a sociedade. Para o realista Durkheim, trata-se de uma relação entre a parte e o todo, e tanto a parte como o todo são entidades reais por seus próprios méritos. Daí a evidente dificuldade, inerente ao sistema de Durkheim, de definir o significado preciso das frases "o todo é mais que a soma das partes", a sociedade "não é redutível à miríade de seus membros" etc., e de termos como *conscience* ou *mentalité collective*, que significavam essa entidade supraindividual. As objeções feitas a Durkheim com mais frequência estavam, de uma forma ou de outra, relacionadas a essa – como muitos enxergavam – incoerência fundamental da sociologia durkheimiana. Parsons evitou a dificuldade transferindo todo o problema do empírico para o fenomenológico. A personalidade (o indivíduo) e a sociedade são, *ambas*, conceitos abstratos, afastadas uma vez, ou várias vezes, da única entidade "imediatamente dada", o ato isolado. Ambas são compostas por elementos dentro dos quais o ato isolado é dividido durante o processo de análise. Como o material de construção é idêntico em cada um dos casos, a personalidade e o sistema social se diferenciam enquanto conceitos analíticos no modo em que os elementos constitutivos estão organizados, seja ao redor de muitos atos realizados pelo agente (personalidade), ou ao redor de padrões repetitivos de interação entre os agentes (sistema social). Portanto, nenhum é principal. A personalidade, o sistema social e, como nos lembramos, o sistema cultural são três direções alternativas de generalização nas quais a razão analítica pode se mover, começando cada vez do mesmo ponto inicial: um ato social singular. Todos os três são "modos de organização" dos elementos da ação.[25] Portanto, nenhum deles pode ser considerado uma "soma" de nenhum dos outros e, além disso, as armadilhas metafísicas que infestavam a sociologia de Durkheim são evitadas de maneira segura.

---

[25] Ibid., p.54.

A sociologia fenomenológica de Parsons alcançou, no sentido puramente metodológico, o que a sociologia de Husserl tentou em vão alcançar. Procedendo por meio da análise puramente fenomenológica do conteúdo intencional dos conceitos selecionados (não obstante incursões ocasionais, ainda que malogradas, no mundo empírico), ela chegou ao conceito de sociedade e de cultura como "necessidades objetivas", sem sacrificar o caráter essencialmente subjetivo da experiência da qual elas são construídas. Essa proeza admirável foi realizada substituindo a "ação social" pela subjetividade transcendental como o ponto de partida. Vimos como Husserl (inadvertidamente) provou que não se pode inferir fenomenologicamente o conceito de redes supraindividuais de qualquer tipo enquanto se deixa apenas a "subjetividade transcendental" no final da redução fenomenológica. Agora vemos como Parsons, ao postular o esquema meios-fins como seu "dado" irredutível, chegou aonde Husserl não pôde chegar. E ele nunca deixou a realidade empírica em suspenso interferir em suas bases de validação.

Contudo, a consequência importante para o nosso problema é que a própria ação, não o aspecto subjetivo do agente, passou a ser o lugar do significado, e que o esforço para compreender esse significado, em vez de se concentrar unicamente na subjetividade do agente, agora precisa ser uma complexa análise tripartite da ação. Nenhuma das três telas nas quais a ação pode ser projetada para elucidar a sua estrutura é suficiente para a compreensão. O significado que nós buscamos está em suspenso, por assim dizer, no espaço analítico definido pelas três dimensões da análise. Como tudo o mais na sociologia fenomenológica de Parsons, o significado deixa de ser um evento do mundo (neste caso, um evento psíquico na mente do agente); em vez disso, ele é um construto analítico que se refere a uma determinada relação entre uma determinada ação e os três sistemas analíticos.

Do ponto de vista do sociólogo, Parsons realizou mais que Husserl. Isso não quer dizer que ele se desvencilhou da conhecida fra-

A compreensão como obra da razão: Talcott Parsons

gilidade da fenomenologia de Husserl, que reduz gravemente a sua utilidade com relação aos problemas da compreensão quando eles surgem na prática social. A exemplo de Husserl, Parsons sugere que a compreensão é a tarefa de um analista especializado que atua no espaço asséptico de modelos que correspondem apenas parcialmente à realidade social. A exemplo de Husserl, ele não consegue dar uma resposta satisfatória à pergunta de como e quando suas descobertas analíticas podem mergulhar novamente nos problemas práticos da compreensão levantados pela prática da comunicação e da discordância. Como vimos, a validade das suas descobertas está confinada ao espaço designado pelo conceito básico inicial de ação intencional e com características de racionalidade. Seu modelo, portanto, só equivale à descrição empírica da realidade num mundo racional de agentes racionais. A teoria de Parsons não nos oferece uma pista quanto à plausibilidade ou à probabilidade desse mundo, nem indica como esse mundo poderia se tornar a realidade da ação social.

7
A compreensão como obra da vida:
Martin Heidegger

A força motriz da obra de Husserl foi seu desejo de criar um método infalível e plenamente confiável que levasse a uma interpretação do significado igualmente confiável e definitiva. Ao longo da sua busca, Husserl abandonou os métodos vulgares, irracionais e, portanto, precários que os homens e as mulheres comuns utilizam pragmaticamente para sustentar e orientar a sua vida no mundo. Desconfiado da conhecida ambivalência e volatilidade dessa compreensão vulgar, ele pressupôs que o único remédio era um afastamento radical desses obstáculos mundanos por parte do sujeito da interpretação. Acompanhamos seus esforços para alcançar esse objetivo, e descobrimos seu fracasso final; o sujeito verdadeira e radicalmente livre acabou sendo a consciência pura, incapaz de retornar ao mundo, e menos ainda capaz de lidar com a tarefa de compreender na única forma que conta: como ela é postulada pela, e na, vida no mundo.

Heidegger foi o autor da primeira e mais penetrante crítica do projeto irrealista de Husserl, formulada muito antes que o próprio Husserl percebesse o caráter contraproducente de seus esforços. O afastamento decisivo decorreu da abordagem de Heidegger à compreensão, expressa na descoberta de que a compreensão é um modo de ser, não um modo de conhecimento; consequentemente, o mistério da compreensão é um problema ontológico, não epistemológico. Para Heidegger, a atividade da compreensão só pode ser apreendida como um aspecto do ser, como uma essência da existência. Como disse Paul Ricoeur, em vez de perguntar o que deve ser feito para alcançar a compreensão correta, Heidegger escolheu outra pergunta como principal preocupação: o que, no modo humano de ser-no-mundo, determina tanto a possibilidade como a factibilidade da compreensão?

Portanto, Heidegger não está preocupado com um método que – uma vez concebido – pudesse ser aprendido e empregado por hermeneutas profissionais para resolver seus conflitos de interpretação. Heidegger tem pouco a dizer, quando muito, a todos aqueles que querem saber por que eles devem preferir uma interpretação específica e não outra. Em vez disso, ele examina meticulosamente as bases ontológicas da compreensão que homens e mulheres alcançam pelo simples fato de serem-no-mundo. Essa compreensão é uma necessidade, não uma conquista excepcional; uma necessidade que surge continuamente da sua simples existência, quando essa existência obstinada e ininterruptamente lhes revela a variedade de possibilidades nas quais eles podem ser-no-mundo. *Das Dasein ist seine Erschlossheit*[1] (existência é a sua própria revelação).

Esta é a principal mensagem de Heidegger.

Embora o filósofo e a sua doutrina raramente sejam citados como protótipos de lucidez, sua ideia principal é clara e inequívoca. A compreensão é um problema que existe *no* mundo, e se ela puder ser resolvida, será resolvida no mundo. As pessoas a resolvem diariamente. Se as suas soluções ficam um pouco abaixo do ideal de pureza e precisão dos filósofos, pior para eles, porque a compreensão só pode ser encontrada onde ela está. Se a verdade absoluta e a verdadeira compreensão só podem ser encontradas num mundo

---

[1] Heidegger, *Sein und Zeit*, § 28.

imaginário, sem preconceitos e antisséptico, livre dos seus compromissos terrenos, então a verdade absoluta e a compreensão plena não existem. Mas então não importa muito que a compreensão humana siga o seu caminho.

Ao investigar o mistério da compreensão, Heidegger nos convida a partir numa viagem não menos prolongada e arriscada que a de Husserl para a "subjetividade transcendental". Mas sua expedição vai numa direção completamente diferente, se não oposta. Ela evita a preocupação dos filósofos com extremos intempestivos e, em vez disso, retorna à origem da existência humana. Heidegger deposita suas esperanças numa existência terrena não contaminada pela falsa filosofia, em vez de depositá-la numa consciência não maculada pela existência. A verdadeira resposta – a única resposta acessível – se encontra ali, no nosso ser-no-mundo imaculado, genuíno e "pré-reflexivo", que as abstrações filosóficas ofuscaram em vez de revelarem.

Heidegger parece identificar as origens da existência com os primórdios da história ocidental, como aqueles antigos antropólogos que esperavam encontrar na vida "selvagem" e incivilizada a autenticidade tão procurada do "homem natural". Livres da sofisticação estéril da filosofia posterior, os antigos gregos puderam expressar a verdade da existência humana com uma lucidez jamais superada. O infortúnio da civilização ocidental foi ter assumido a tradição filosófica grega quando essa expressão simples já estava encoberta por uma espessa camada de pseudorrefinamentos .

A palavra grega original para aquilo que existe, para o ser (*das Seiende*; traduzido por Ralph Mannheim como "ente"), era *physis*. Ela foi traduzida para o latim, por meio do qual entrou em nosso próprio pensamento, como *natura*. Essa tradução infeliz desencadeou uma longa sequência de modificações imperceptíveis do significado original, particularmente dentro da tradição filosófica cristã, que acabou nos conduzindo ao beco sem saída no qual estão sendo travadas as batalhas dos filósofos contemporâneos. Mal conseguimos nos lembrar hoje do que *physis* significava originalmente. Temos de recuperar e reaver a riqueza do significado original, já que ele teve êxito onde os filósofos posteriores falharam: em resumir a própria essência da existência.

> O que a palavra *physis* denota? Ela denota o surgimento do autoflorescimento (por exemplo, o desabrochar de uma rosa), a abertura, a revelação, aquilo que se manifesta nessa revelação e persiste e resiste nela; em suma, a esfera das coisas que surgem e permanecem. [...] *Physis* significa a força que surge e o real permanente sob o seu controle. [...] *Physis* é o processo de elevação, de emergir do oculto, por meio do qual o oculto é posto de pé pela primeira vez.[2]

Os gregos cunharam seu conceito de *physis* por meio de uma experiência poética e existencial fundamental do ser, não por meio de uma generalização proveniente dos estudos naturais. Da perspectiva distorcida da nossa era científica, na qual *physis* se tornou, acima de tudo, o movimento espacial dos átomos pesquisado pela física, a riqueza poética e existencial da *physis* não é mais perceptível. A ideia grega é traduzida erroneamente como a incipiente ciência da natureza deles, apenas uma "etnociência" entre tantas registradas pelos etnógrafos; "os gregos se tornaram essencialmente um tipo superior de hotentote, que a ciência moderna deixou bem para trás". Na verdade, os supostos "filósofos naturais" estavam à nossa frente, perdidos como estamos em meio a ideias mal concebidas na história posterior da filosofia; a verdade da existência, que em vão nós tentamos colar a partir dos fragmentos da evidência empírica, se apresentou a eles em sua plenitude primitiva e não mediada. Eles sabiam o que nós esquecemos – que a verdade não é esta ou aquela relação com o ser, uma postura assumida a respeito dele, mas o próprio ser:

> A essência do ser é *physis*. A aparência é a força que emerge. A aparência torna manifesto. Já sabemos, então, que o ser e as aparências provocam a emergência do encobrimento. Como o ente *é*, ele se situa e permanece em

---

[2] Heidegger, *An Introduction to Metaphysics*, p.14-5.

desvelamento, alētheia. Nós traduzimos e, ao mesmo tempo, de forma descuidada, interpretamos essa palavra como "verdade". [...] O ente é verdadeiro na medida em que ele existe. A verdade enquanto tal é ente. Isso quer dizer: a força que se manifesta permanece em desvelamento. Ao se revelar, o desvelado em si mesmo ganha destaque. Enquanto desvelamento, a verdade não é um apêndice do ser.[3]

Posteriormente, porém, a verdade foi expulsa, de forma irresponsável, da sua morada natural – a existência. Ela se tornou propriedade do Espírito, cuidadosamente apartada dos seus compromissos terrenos, da labuta e do suor das tarefas terrenas; do Espírito majestosamente suspenso bem acima do mundo das coisas e dos utensílios, numa altura suficientemente elevada para tornar sua contemplação do mundo pura e não perturbada pelas preocupações terrenas. Poderíamos nos perguntar em que medida a epistemologia, tal como a conhecemos, a busca da verdade interpretada como a avaliação do ser por um Espírito independente, refletia a própria experiência existencial dos filósofos: o pensamento como o passatempo preguiçoso de homens livres que detestavam o trabalho, atividade de escravos; o pensamento como o atributo daqueles que dominam, o manuseio das coisas como o atributo daqueles que são dominados. Sejam quais forem os motivos, a verdade passou a significar o poder do Espírito que governa, em vez da característica do ser; o próprio ser foi despojado da sua capacidade automotora original e transformado numa matéria passiva, cega e invisível a si mesma, dependente para a sua completude de algo externo e estranho a si mesmo. Em razão disso, o problema da verdade foi colocado de forma indevida como sendo o problema da relação entre a ideia (fruto do Espírito) e os fatos (o fruto da natureza). Por ter sido colocado de forma indevida, ele tem sido insolúvel desde o começo, e está condenado a permanecer assim até que seja abandonado.

Uma vez mais, os antigos gregos mostram o que deve ser colocado em seu lugar:

---

[3] Ibid., p.102.

A compreensão como obra da vida: Martin Heidegger

> Aprendemos com Heráclito e Parmênides que o desvelamento do ser não é simplesmente dado. O desvelamento só acontece quando é alcançado pelo trabalho; o trabalho da palavra na poesia, o trabalho da pedra no templo e na estátua, o trabalho da palavra no pensamento, o trabalho da *polis* como o lugar histórico no qual tudo isso está baseado e preservado.[4]

Alētheia, a verdade, aquilo que não está oculto, é produzida incessantemente pelo trabalho no mundo, e só aí pode ser encontrada. A ideia de verdade que pode e deve ser concebida fora deste mundo, como uma criação de um agente não terreno livre dos vínculos terrenos, é um absurdo.

Isso representa nada menos que uma reviravolta total e irreversível da posição assumida e defendida, em vão, por Husserl. Foi ele que exigiu que "devíamos 'recuar' da nossa posição, inibindo ou destruindo o interesse ou o envolvimento, para que a manifestação da facticidade irracional impregne a experiência não controlada".[5] Foi Husserl também que, logo antes de morrer, descobriu, para sua tristeza, que "o problema original persiste: como pode haver uma identidade entre o Ego solitário e transcendente e a sociedade intersubjetiva de seres humanos naturais em seu mundo cultural?".[6] Para Heidegger, esse era o resultado que devíamos esperar quando o interesse e o envolvimento tivessem sido destruídos. Nenhuma "facticidade" será revelada a quem "recuar" deste mundo. O Ego transcendente está condenado a uma solidão que nenhuma quantidade de bufões filosóficos jamais eliminará. Ser-no-mundo, como Heidegger irá enfatizar diversas vezes, é próprio da existência humana: "Porém, afinal de contas, esta é a coisa mais banal e inútil que podemos dizer; isso significa simplesmente que [a existência humana] é encontrada

---

[4] Ibid., p.191.
[5] Thodes, Sensuous Abstraction and the Abstract Sense of Reality. In: EDIE (org.), *New Essays in Phenomenology*, p.17.
[6] Peursen, Some remarks on the Ego in the phenomenology of Husserl. In: INGARDEN; TYMIENIECKA (orgs.). *For Roman Ingarden: Nine Essays in Phenomenology*, p.39.

em meio a outros seres e, portanto, pode ser experimentada ali".[7] Banal a ponto de ser inútil. No entanto, foram precisos dois milênios para recuperar essa verdade pura e evidente. Mais difícil ainda, a restauração da verdade perdida ou esquecida foi um insulto para os *sanctum sanctorum* da nossa era científica: a crença de que a busca da verdade é uma luta entre a teoria pura e desinteressada e um preconceito proveniente do sectarismo. Afinal de contas, é uma certeza raramente questionada que o verdadeiro conhecimento não tem pressuposto, que as paixões terrenas confundem a mente curiosa, que a preocupação com outras coisas que não seja o conhecimento puro só pode resultar na distorção da verdade. Para Heidegger, esta própria crença é a nossa ruína original; desde que a aceitamos, nossa busca pela verdadeira compreensão perdeu o rumo.

Sem jamais negar a importância histórica da conquista científica, Heidegger fez questão de enfatizar que a natureza dessa conquista está fadada a representar a sua limitação: a ciência é apenas "inteligência prática", a qual só pode funcionar dividindo a existência humana em termos teóricos e práticos. O prejuízo é menor quando a conquista científica é colocada discretamente em seu verdadeiro contexto – como um aspecto da especialização utilitarista que torna as tarefas práticas mais práticas e fáceis de realizar. Contudo, o prejuízo é enorme quando essa atividade é apresentada como um valor cultural; de certo modo, como *o* valor cultural da nossa época. Na opinião de Heidegger, é mentira que algo tão heterogêneo e dividido, tão diferente da própria existência humana, possa ser um valor cultural. Em sua antiga obra *O que é metafísica* (1929), ele anunciou o veredito que jamais seria modificado:

> Atualmente, essa miscelânea de disciplinas só se mantém unida por meio da organização técnica das universidades e faculdades, e só preserva seu significado por meio dos objetivos práticos das diferentes áreas de conhecimento. As ciências perderam as raízes em seu solo vital.[8]

---

[7] Heidegger, *The Essence of Reasons*, p.43.

[8] Repetido em Heidegger, *An Introduction to Metaphysics*, p.49.

Separadas desse solo vital e absorvidas por suas preocupações práticas parciais e extremamente especializadas, as ciências não conseguem oferecer nenhuma resposta significativa às questões fundamentais da existência humana. Não há caminho de volta entre as ciências e a plenitude da existência humana.

Ao expandir as ideias básicas de Platão, a tradição científica tendeu a considerar a mente como um espelho que simplesmente reflete os objetos externos; quanto melhor esse espelho estiver polido e limpo, mais ele irá "se anular", e menos ele irá interferir no aspecto do reflexo. Para os românticos, ao contrário, a mente se tornou "uma lâmpada, um projetor irradiante".[9] Tudo o que se tornou parte da realidade humana e porção da existência humana, o fez somente por meio dessa lâmpada, que o "roubou" da escuridão eterna. Os homens não são registradores do mundo, eles são as condições existenciais dele. A postura fundamental do romântico é a sua percepção de um mundo mais pleno, mais real porque mais completo, o qual

> termina, paradoxalmente, fazendo com que ele dê mais valor às sensações e às aparências que compõem a sua vida diária. Eles apuram o seu *insight* e fazem com que ele encontre atrativos e importância em muitas coisas que os outros descartam como banais ou nem chegam a perceber.[10]

Essa foi, em grande medida, a postura de Heidegger e o seu estilo de filosofar. Se aceitarmos a definição de Novalis da atividade romântica: "Ao atribuir ao que é vulgar um significado nobre, ao que é comum um aspecto misterioso, ao conhecido a dignidade do desconhecido, ao finito a aparência do infinito – eu estou sendo romântico"[11] – então, e nessa medida, Heidegger era um romântico.

---

[9] Cf. Abrams, *The Mirror and the Lamp*. In: Furst, *Romanticism in Perspective*, p.128.

[10] Bowra, *The Heritage of Symbolism*, p.230.

[11] Novalis apud Fairchild, *The Noble Savage*, p.504.

Na plenitude do conceito heideggeriano de existência, todas as distinções tradicionais que proporcionaram aos filósofos os seus problemas e o tema das suas discussões são fundidas e restauradas naquilo que Heidegger considera a sua unidade primitiva. Por isso, a maioria das dificuldades filosóficas indeléveis são expostas como produtos de diferenciações incorretas, que empobrecem desnecessariamente a existência humana. Em razão de a "natureza" ter sido substituída pelo fenômeno genuíno do mundo é que "os problemas recorrentes de cognição e conhecimento" foram criados, "para cuja solução inúmeras 'teorias do conhecimento' foram elaboradas.[12] O falso dilema dividiu irremediavelmente os filósofos em realistas e idealistas. Os dois campos gastaram a maior parte do seu tempo e energia tentando provar a existência de um mundo exterior. Mas

> "provar" a existência de um mundo exterior é omitir a natureza *a priori* do Ser-no-mundo. [...] As rochas e as árvores não dependem do homem para existir no universo, mas a realidade, que é simplesmente um modo de interpretação do mundo pelo homem, depende, sim, da existência do homem.[13]

Se ao menos nos lembrarmos de que a existência humana não é algo reunido diligentemente a partir de fragmentos de evidência empírica, mas o *a priori* fundamental do mundo como conhecemos e como podemos conhecer, incluindo todas as investigações filosóficas que podem ser feitas a respeito deste mundo, então, fica evidente que a consciência e a "natureza exterior", tão nitidamente opostas em nossa tradição filosófica, longe de serem parceiras autônomas em relações contratuais recíprocas, estão inextricavelmente unidas numa coisa só, dentro do fenômeno abrangente do nosso ser-no-mundo.

Um raciocínio semelhante vai pôr a nu a artificialidade e a falta de motivos de outras consagradas diferenciações geradoras de pro-

---

[12] King, *Heidegger's Philosophy*, p.93.
[13] Gelven, *A Commentary on Heidegger's "Being and Time"*, p.126, 128.

A compreensão como obra da vida: Martin Heidegger

blemas: entre a realidade e a potência (uma não pode existir sem a outra), e – extremamente importante por causa da nossa preocupação com a compreensão – entre mim e os outros. A comunicação com os outros não é, de modo algum, um mistério, mas uma condição *a priori* da existência. Ser-no-mundo é, desde o princípio, orgânica e irremediavelmente ser-com; é uma ilusão, elaborada por abstrações enganosas, imaginar que tem de ser "provado" primeiro que isso pode ser assim, ou causado por meio da aplicação de esforços especiais e tecnologicamente sofisticados. *Das In-der-Welt-sein ist gleich ursprünglich das Mitsein und Mitdasein* (Ser-no-mundo é, desde o princípio, ser-com e existir-com).[14]

Já dispomos, espero, de informações preliminares suficientes acerca da natureza do projeto de Heidegger para examinar a solução que ele propõe para o problema da compreensão.

Examinemos o caso seguinte:

Tenho um cachorro de estimação. Gosto muito dele. Adoro ver seu rabo abanando quando volto para casa e seu sono tranquilo aos meus pés quando descanso na cadeira. Eu o alimento e levo para passear. Protejo-o dos perigos do mundo exterior. Se eu pensasse bastante nisso, talvez dissesse que a minha vida está ocupada por meu animal de estimação, que ela é animada por sua presença, que eu gosto dele por causa de todos os pequenos atos agradáveis que eu executo graças à sua presença. Mas eu dificilmente diria isso, a não ser que fosse forçado por uma interrupção súbita da nossa feliz coexistência cotidiana; dificilmente diria isso porque não tenho motivo para pensar a respeito da natureza da nossa coexistência. Não que eu não compreenda essa natureza; nós coexistimos felizes e sem dificuldade, não enfrentamos nenhum obstáculo naquilo que já se tornou nosso modo habitual de ser, a nossa própria existência. E, desse modo, eu nunca tenho nenhum motivo para submeter essa coexistência a um exame meticuloso, para perguntar sobre a sua natureza,

---

[14] Heidegger, *Sein und Zeit*, § 24.

A compreensão como obra da vida: Martin Heidegger

para analisar a semelhança ou a diferença entre o que ela realmente é e o que ela poderia ou deveria ser. Normalmente, eu nunca teria a oportunidade de definir – mesmo para mim – essa coexistência como um espécime de categoria mais ampla, um exemplo de relação entre um animal de estimação e seu dono. Desde que a nossa vida juntos prossiga normalmente, não existe motivo para questionar. Contudo, essa existência sem questionamentos não é um exemplo de ignorância, de falta de compreensão. É só que a compreensão, que um observador externo pode deduzir a partir da tranquilidade da minha rotina, continua obscura para mim. E ela pode muito bem continuar calada até que a rotina bruscamente interrompida revele a fragilidade dos hábitos cotidianos e exija uma análise.

Existem várias maneiras pelas quais a minha rotina pode ser perturbada, fazendo surgir, portanto, a necessidade de questionar. Meu cachorro pode desaparecer: ele pode ser atropelado por um carro, pode ser roubado, pode se perder em uma das suas escapadelas solitárias. Seu desaparecimento cava um buraco na minha existência. Falta alguma coisa, existe um vazio onde antes existia a completude, o nada em vez de algo. Esse nada mostra para mim que o meu cachorro ausente é, de fato, algo, um objeto, um animal de estimação – membro da categoria dos animais de estimação, um objeto definido, um objeto definível. Essa pode ser a primeira vez que me ocorre tal pensamento. Só quando eu subitamente sinto falta dele, começo a perguntar, antes de mais nada, o que ele era exatamente: o que ele é me aparece na forma de "o que eu perdi", e somente quando ele pode assumir essa forma.

Ou meu animal de estimação, uma criatura tão adorável e carinhosa, pode, de repente, me morder. Até onde eu me lembro, ele nunca se comportou assim. Na verdade, só agora, enquanto chupo meu dedo mordido, é que eu começo a vascular a memória em busca do registro que eu não costumo examinar, para colocar um fato diante do outro, comparar, tirar conclusões. No final da minha investigação vai surgir uma imagem – de um animal de estimação

A compreensão como obra da vida: Martin Heidegger

de como ele deve ser *e* de como ele "normalmente" é. "Animais de estimação não devem se comportar assim." "Mas o meu animal de estimação nunca se comportou assim." O que está se formando em minha mente é a essência "do que é ser animal de estimação", a consciência do que pode significar ser um animal de estimação. Agora eu consigo explicitar o significado de ser um animal de estimação, algo com que eu dificilmente estava habituado antes. Sejamos claros a respeito do que aconteceu: agora eu consigo dizer diretamente o significado "do que é ser animal de estimação" só porque uma possibilidade de o meu cachorro ser outra coisa (um animal agressivo e perigoso) se revelou para mim. Agora eu compreendo o que é um animal de estimação, só porque sei que nem todos os cachorros são assim o tempo todo, e que um cachorro ser um animal de estimação como eu compreendia é simplesmente uma possibilidade.

Finalmente, podem me perguntar, com admiração ou censura: "Por que você dá tanta importância a uma criatura perigosa como essa? Se eu fosse você, não o deixaria chegar perto de casa". Ouço a pergunta, e subitamente fica claro para mim que o meu cachorro de estimação é um objeto que pode ser olhado com respeito, avaliado, elogiado ou criticado, apreciado ou detestado, admirado por sua beleza ou condenado por sua feiura, um objeto de brincadeira ou de rejeição. Inevitavelmente, me ocorre uma pergunta: o que é realmente o meu cachorro, independentemente do que as pessoas possam dizer a respeito dele? E o que é esse cachorro para mim? Que significado ele tem? Na verdade, por que eu faço tanto estardalhaço? Essas perguntas, e talvez outras semelhantes, me vêm à mente só porque eu me vi diante de um choque de opiniões. A pergunta que ouvi se chocou com um obstáculo que a impede de ser calmamente absorvida por mim. Desconfio que esse obstáculo é a minha própria visão do meu cachorro, em desacordo com a intenção que eu senti na pergunta. É apenas uma suspeita, já que nunca senti qualquer necessidade de expressar claramente essa minha visão. Ora, pela primeira vez, sou forçado a fazê-lo. Entre as duas opiniões

A compreensão como obra da vida: Martin Heidegger

conflitantes, a presença do meu cachorro, tão familiar que chega a ser insignificante, perdeu a sua antiga transparência e se tornou um sujeito por direito próprio, algo a respeito do qual eu posso e devo fazer perguntas. É só nesse momento que eu o considero um portador de um significado que eu faço questão de compreender.

Resumindo, nas palavras de Arland Ussher: "O mundo só se revela como mundo para mim quando as coisas dão errado".[15]

Segundo São João, "no início de todas as coisas, o Verbo já existia". Segundo o evangelho de Heidegger, para que todas as coisas começassem, era preciso que houvesse a Existência. Eu começo a procurar pelas palavras quando a existência me revela seus contornos imperfeitos; preciso de palavras para remendar as rachaduras do meu mundo. Não começo olhando para o meu mundo, contemplando-o, analisando: eu começo vivendo-o. Seja qual for o material de que o meu mundo se componha, tudo está ali "naturalmente", como elementos imperceptíveis da totalidade da minha existência. Ele só se torna um objeto da minha contemplação quando ganha destaque por estar ausente, ou quando a sua incompatibilidade me surpreende. Ou então quando ele resiste a ser assimilado em meu mundo por causa da sua má vontade, da sua resistência obstinada à usabilidade.[16]

Em sua segunda meditação, Descartes começou a explicar o que pode significar saber "que as coisas existem". Ele escolheu um pedaço de cera como exemplo. Esse pedaço tem um pouco da doçura do mel e do aroma das flores; ele tem uma cor, um tamanho e uma forma visíveis; ele é duro e frio. "Percebam, porém, que enquanto eu falo e aproximo o fogo do pedaço de cera o que restava do gosto se dissipa, o cheiro se evapora, a cor se modifica, a forma é destruída, o tamanho aumenta, ele se torna líquido e esquenta [...]." O que de fato ali existe? Em que sentido podemos dizer que aquele pedaço

---

[15] Ussher, *Journey through Dread*, p.80.
[16] Cf. Vycinas, *Earth and Gods*, p.36-7.

de cera existe? Existir não equivale a ter atributos, a ser, por meio disso, si mesmo? Em que sentido podemos dizer que a cera tem atributos? Que atributos seriam esses?

A réplica de Heidegger a esse raciocínio é feita mais ou menos assim.

Descartes enveredou por um caminho errado em sua decisão preliminar de situar a questão da existência "lá fora", nesse pedaço de cera e naquele fogo, e de enunciar seu problema como a questão dos atributos que as coisas possuem em si mesmas, fora ou possivelmente fora do nosso mundo da vida: isso determinou tanto a impossibilidade como a irrelevância do seu projeto. A próxima coisa que ele terá de admitir a contragosto é que *nos non docent, qualia [corpora] in seipsis existant* [através dos sentidos não recebemos nenhuma informação sobre o ente em seu ser]. Logo se produzirá uma sequência interminável de teorias epistemológicas, disputando entre si a procura de uma solução menos absurda e bizarra para um problema que a vida diária resolve fácil e ininterruptamente. O pecado original de Descartes foi postular que, desde o começo, os objetos só têm o modo de *Vorhandenheit*, isto é, de existir lá fora, ocupando um lugar no espaço, fechados em si mesmos, entrincheirados em segurança do lado de fora da existência empírica humana, de dentro da qual eles só podem ser olhados e contemplados. Tendo, primeiro, reduzido seu Ego à pura capacidade de pensar, tendo permitido que esse Ego depauperado só se comunicasse com o mundo por intermédio da contemplação, Descartes limitou severamente sua própria possibilidade de enfrentar o problema que ele pretendia resolver: de certa forma, ele deixou a contemplação como o único ponto de encontro entre os objetos "lá fora" e a existência humana. É claro que o fim já foi determinado pela escolha do ponto de partida. É claro que o que as coisas são não pode ser estabelecido unicamente pela contemplação. É claro que nunca teremos certeza se o nosso pensamento sobre os objetos reflete realmente o que eles "realmente são". É claro que, se avaliado pelos critérios de constância e solidez que tendemos a atribuir às coisas em si, nosso conhecimento sempre parecerá lamentavelmente frágil e duvidoso. No entanto, a questão é: e daí? Por que isso deveria nos preocupar?

Isso de fato nos preocupa só porque já contrariamos o evidente e simples mundo da vida no qual raramente existem motivos para duvidar do que é cera. É uma ilusão do filósofo que a primeira vez que entramos em contato com a cera é quando tentamos lhe atribuir características abstratas que ela supostamente tem inteiramente por si. Essa tentativa não é o nosso primeiro encontro, mas um afastamento absolutamente radical do mundo da vida em que costumávamos encontrar a cera literalmente, sem nunca fixar o olhar nela como um objeto estranho, independente do nosso próprio ser-no-mundo, e, consequentemente, um lugar de atributos independentes. Acima de tudo, nós *usávamos* a cera; nós a despejávamos derretida em moldes de vela, nós lacrávamos cartas com ela, esculpíamos esculturas nela. A cera estava ali, junto conosco, no mundo, dificilmente considerada um problema em si mesma. Poderíamos dizer que a conhecíamos bem na medida em que a manuseávamos da maneira correta. E não tínhamos nenhum motivo para perguntar ou pensar se de fato a conhecíamos, desde que continuássemos a fazer as coisas certas e as coisas certas fossem feitas sem obstáculo. Fazíamos tudo isso sem nunca precisar de uma resposta à pergunta "Quais são os atributos da cera?" – a pergunta que nós respondíamos ininterruptamente durante o manuseio da cera e, portanto, não tinha nenhuma necessidade de ser feita. É justamente isso que Descartes não conseguiu levar em conta. Portanto, ele queria que nós apreendêssemos a essência da cera fora do próprio contexto do mundo da vida no qual essa essência nos é apresentada em toda a pura obviedade da existência da cera. Ao situar seu problema nesse espaço artificial, ele se privou da única possibilidade de responder à sua própria pergunta. E assim o fez toda a epistemologia baseada na separação entre sujeito e objeto e determinada a descobrir o que os objetos são independentemente de seu contexto natural, o mundo da vida.

A compreensão como obra da vida: Martin Heidegger

Segundo Heidegger, o *Dasein* – a existência típica dos humanos – exige os "objetos" como *Zuhandenheiten*, implementos (Vycinas), realidade acessível (King), utilizabilidade. Como a cera, literalmente exigida na moldagem das velas ou na lacração das cartas, como o cachorro de estimação contido naturalmente em meu descanso vespertino, eles estão dissolvidos tão completamente em nossa vida diária que, em condições normais, eles não nos parecem objetos opacos que nos convidam a questionar seu significado. Nós os aceitamos sem discutir. Eles simplesmente estão ali, de maneira natural e não problemática. Todo conhecimento parte dali. Ser oferecido à mão é, certamente, a condição sem a qual "conhecer coisas" é inimaginável.

> Em sua familiaridade com a significatividade/significância, existência é a condição ôntica da possibilidade de poder-ser-descoberto o ente que vem ao encontro de um modo-de-ser do conjuntar-se *(Bewandtnist)*, a utilizabilidade *(Zuhandenheit)*.[17]

"O modo-de-ser do conjuntar-se" é a característica existencial de todas as utilizabilidades. Elas estão plenamente determinadas dentro do meu mundo da vida, embora eu raramente preste atenção à sua determinação ou tente expressá-lo. Na verdade, estou familiarizado com o significado delas; eu sei, de algum modo, que a cera está ali para lacrar, que o martelo está ali para martelar, e o animal de estimação, para brincar. Sei tudo isso de que se compõe a minha existência, embora não o saiba *teoricamente*; isto é, eu não me distancio do objeto do meu conhecimento. A distinção entre sujeito e objeto é uma distinção teórica, que é percebida *depois* que o "distanciamento" ocorreu. Ela não se sobrepõe à distinção entre a minha existência *(Dasein)* e o mundo da minha existência, que me é apresentado o tempo todo, sempre como unidade, e antes que qualquer outra distinção (incluindo esta entre sujeito e objeto) pudesse ser feita, até mesmo antes que eu pudesse realizar este ato de autodistanciamento com o qual toda criação de distinção se inicia.

---

[17] Heidegger, *Sein und Zeit*, § 18.

A compreensão como obra da vida: Martin Heidegger

Portanto, "normalmente" não temos nenhum motivo para postular o conhecimento teórico, a compreensão, como uma tarefa; além disso, podemos tranquilamente passar sem ele. Ou melhor, poderíamos, se o mundo funcionasse placidamente e sem interrupção, se houvesse uma harmonia perfeita entre a minha mão estendida na direção do mundo e a forma do mundo que a mão está esticada para manusear, se os dois estivessem perfeitamente ajustados um ao outro. Mas essa harmonia não existe. É provável que a mão estendida na direção do mundo fique suspensa no vazio, ou toque numa superfície áspera, ou pegue um objeto grande demais ou pesado demais para ser agarrado. O mundo está cheio dessas incoerências e, por esse motivo, a possibilidade constante do conhecimento teórico está inerradicavelmente presente.

O processo que leva ao conhecimento teórico é desencadeado quando as coisas revelam que a sua utilizabilidade, a sua disposição para serem manuseadas e a sua adequação submissa não são características garantidas. Suponham que eu precise pregar a tampa de uma caixa, mas não tenha nada com que bater no prego; é então que eu começo a pensar nas características de um objeto que eu poderia usar para fazer a tarefa. É então que tenho a minha atenção voltada (estou me tornando consciente de) para o fato de que o objeto deve ser pesado, inquebrável, resistente e ter uma superfície que permita bater no prego. Durante o processo, eu me distanciei, sem perceber, do objeto que eu buscava: criei uma imagem teórica dele, postulei-o como um objeto que pode ser analisado, como um *Vorhanden*, disponível (Vycinas), realidade substancial (King), uma coisa diante de mim, uma coisa "lá fora". Ou suponham que eu tenho um martelo que podia atender ao objetivo, mas que eu não consigo levantar; é pesado demais. De novo, embora "ser pesado demais" seja, em última análise, uma característica da minha relação com o martelo, não do próprio martelo, eu prefiro supor que o "peso" frustrante é uma propriedade do martelo. O peso me é revelado como um atributo do martelo, uma característica que se projeta das nossas relações práticas e as impede de serem assim. De novo, o martelo se torna um *Vorhanden*, postulado como um objeto de conhecimento teórico pela ação da distância que surgiu entre nós. Ou suponham que, ao bater no prego, o martelo quebrasse, e eu não pudesse terminar o trabalho. O martelo quebrado me mostra o que o martelo era quando não estava quebrado: um objeto pesado, resistente etc. que usei para bater no prego. Tudo isso me é revelado quando o uso tranquilo e rotineiro do martelo chega num impasse. Então, eu começo a perguntar o que o martelo realmente é. Eu começo a fazer essa pergunta quando ele deixa de fazer parte do meu mundo da vida familiar, e, portanto, se coloca diante de mim como um coisa-em-si, um objeto opaco que precisa ser penetrado pela análise teórica.

Todos esses exemplos da passagem do modo do *Zuhandenheit* para *Vorhandenheit* têm uma característica em comum. Todos ocorrem quando a ação-a-partir-da-familiaridade falha, quando o curso "natural" da ação "a-fim-de" foi interrompido, entrou em conflito com a falta do seu componente natural ou com uma situação frustrante na qual os componentes não são o que eles "costumavam ser". Em outras palavras, uma "utilizabilidade" se torna uma "coisa-lá-fora", um objeto à espera de que o nosso conhecimento teórico lhe atribua características, quando ela revela que pode não estar lá ou pode ser diferente. O conhecimento teórico parte da revelação das possibilidades, da descoberta que a realidade familiar não esgota a esfera das possibilidades, de um "impacto" contra a falta de adaptação entre realidade e possibilidade. Começamos a pensar na "essência" das coisas como sua própria característica quando descobrimos a possibilidade de que as coisas não estejam lá ou sejam diferentes.

Portanto, não é a realidade que exige (e, na verdade, torna possível) o conhecimento teórico; é a possibilidade que o faz. A pergunta "O que é *X*?" só faz sentido quando foi descoberta a possibilidade de que *X* pode ser outra coisa. Num mundo em que a descoberta não pudesse ser feita, o conhecimento teórico não surgiria; ele seria impensável num mundo em que todas as possibilidades fos-

A compreensão como obra da vida: Martin Heidegger

sem idênticas à realidade. Mas o nosso mundo não é esse mundo. Para ser preciso, a nossa existência só é especificamente existência humana, *Dasein*, na medida em que o nosso mundo não é esse mundo. O nosso mundo não ser esse mundo, e a nossa existência ser humana são, na verdade, duas formas de expressar a mesma verdade. Na medida em que a nossa existência é humana, a falta de identidade entre possibilidade e realidade, e, consequentemente, conhecimento teórico, não é apenas concebível, mas inevitável. A pergunta teórica a respeito da essência das coisas, seja ela enunciada dentro do discurso realista (o que são elas em si?), ou no discurso empírico (como elas aparecem para nós?), ou num discurso fenomenológico (como elas existem no modo do ser?), não é uma proeza realizada pelo filósofo; em sua forma grosseira, ela surge sempre, e não pode deixar de fazê-lo, bem no meio da nossa modesta existência. A teoria é o nosso destino.

Como é possível? Por que a existência está condenada a descobrir possibilidades e, consequentemente, a teorizar? A resposta não é imediatamente evidente. Ela exige que observemos mais de perto a estrutura da existência; até agora nos concentramos no mundo da existência, não na própria existência. Diferenciamos, a exemplo de Heidegger, dois modos nos quais o mundo pode confrontar *Dasein*. Ainda não sabemos em que modo *Dasein* se confronta. Segundo o filósofo, a resposta à nossa pergunta pode ser encontrada neste modo – ou modos.

É inútil procurar em seus textos a ideia do ser humano como um recipiente vazio, que ainda seria preenchido com conteúdo (percepções, socialização ou seja lá o que for). Não que Heidegger simplesmente não esteja interessado nos primórdios biográficos – reais ou imaginários – da consciência, mas que ele não atribuía a esses primórdios, quando imaginados, o rótulo de "existência". Talvez os seres humanos individuais de fato comecem a sua vida individual como recipientes vazios clinicamente limpos, mas se o fazem ou não é irrelevante para o nosso problema. A existência é, desde o princípio, irremediavelmente ser-no-mundo, e ela só pode ser analisada enquanto tal. E, desde o princípio, ser-no-mundo, por sua vez, significa *ser com*, com as coisas e com outras pessoas. Como vimos, o conhecimento teórico é uma característica secundária e derivada do ser-no-mundo. A existência está rodeada, acima de tudo, pela utilizabilidade; as suas preocupações cognitivas só podem surgir numa fase posterior, como resultado de algo que aconteceu anteriormente na esfera "próxima" e familiar. Recordamos que essa esfera é composta principalmente de coisas que são manuseadas, e que só são conhecidas por meio do manuseio. Portanto, o surgimento do conhecimento teórico não é uma questão de curiosidade cognitiva, mas de preocupações e ocorrências práticas muito mais amplas. E reconstruí-lo não é compreender como uma consciência vazia vem a ser preenchida, mas como a existência, que prescinde da teorização, atinge um ponto em que esta se torna uma necessidade. Podemos colocar nestes termos: o problema do conhecimento, enunciado pela maioria dos epistemólogos como a passagem do vazio para a plenitude, é reformulado por Heidegger como a questão da passagem da existência pré-reflexiva (mas ainda assim plena!) para uma existência que inclui a autorreflexão.

Desse modo, travamos conhecimento com a existência quando ela já é em si – ser dentro, e junto com, seu mundo densamente povoado. Nesse primeiro encontro, não encontramos nada que lembre nem remotamente uma "sala vazia", uma "*tabula rasa*" ou outras imagens favoritas dos epistemólogos. Encontramos a existência no estado de *Befindlichkeit* ("situação") ou *Stimmung* ("sintonia"). Na verdade, os dois termos significam a mesma coisa; como geralmente acontece com Heidegger, o primeiro termo atribui ao conceito seu nome próprio e diferenciado dentro da ontologia heideggeriana (indicando, de certo modo, o lugar ao qual o conceito pertence e dentro de qual universo do discurso ele deve ser interpretado); o segundo nos remete à analogia mais próxima, convocando, por meio disso, o poder da imaginação para ajudar a assimilar a nova ideia.

Befindlichkeit é, nas palavras de Heidegger, um nome ontológico para "estar sintonizado". A imagem é perfeita, e realmente ajuda a compreender o que o filósofo tinha em mente. Desde o princípio, a nossa existência sempre esteve "sintonizada" para se tornar uma existência específica, esta existência aqui, situada no (ou, de novo, na expressão criativa de Heidegger, "jogada no") mundo, que contém o que contém. A existência já entra pré-fabricada nesse modo inicial; ela está pronta, "sintonizada", no primeiro momento em que nos encontramos com ela. Ela não existia antes de essa "sintonia" ser realizada, e não podemos dizer nada a respeito da forma na qual ela podia existir nesse tempo. Heidegger insiste enfaticamente nesse aspecto, escolhendo expressões vigorosas como *"ursprünglich"* (desde o princípio), *"hartnäckig"* (obstinadamente), *"immer"* (sempre) para indicar o modo pelo qual a "sintonia" está baseada na existência.

Podemos nos afastar um pouco do vocabulário especificamente heideggeriano e nos aproximar da forma em que os problemas costumam aparecer no discurso sociológico afirmando que só é possível perceber o que a "compreensão" implica e que papel ela desempenha na vida humana se iniciarmos nossa análise pelo homem já "imerso" neste mundo, "infestado" de preconceitos, com a sua consciência "comprometida", no sentido de ser estimulada em algumas direções e moderada em outras. Portanto, somos convidados a esquecer a compreensão "imparcial"; a consciência pura, expurgada do contexto da vida, é uma incoerência; seria difícil demonstrar o que isso significaria. Imaginar essa consciência seria o equivalente a exigir que conhecêssemos um mundo que está privado dos supostos objetos do nosso conhecimento. Os objetos de todo conhecimento futuro já têm de estar constituídos "ao alcance da mão" antes que o conhecimento se torne possível. Porém, junto com esses objetos, acontece a "sintonia", e com ela os preconceitos que muitos epistemólogos desejam eliminar.

A palavra alemã para "preconceito" (ou melhor, pré-julgamento), *Vorurteil*, está alinhada com outros termos heideggerianos:

Vorhabe (posição prévia), *Vorsicht* (visão prévia) e *Vorgriff* (concepção prévia), considerados todos como a indicação das condições necessária do conhecimento. Todos eles se unem para criar uma situação na qual a utilizabilidade é finalmente transformada num objeto-lá-fora e submetida a um escrutínio teórico. Todos precisam, de algum modo, preceder essa transformação, portanto, já estar presentes na condição de "situação". Daí a natureza dialética de *Befindlichkeit*: ele aproxima o ser humano do próprio ato de "sintonia". Tendo feito isso, ele guarda zelosamente seu prisioneiro, fato esse claramente visível no momento em que é feita uma tentativa de ultrapassar a cerca (ver algo com olhos não marcados pelo que eles viram até então, com um olhar "imparcial"). Mas, por outro lado, é precisamente a "sintonia" que torna o ser humano um ser-no-mundo, consequentemente, um ser aberto às coisas deste mundo, e (como já vimos) obrigado a se deparar com a rebelião das coisas e forçado a fazer o esforço chamado conhecimento teórico. A "sintonia" é a liberdade disfarçada de grilhões. O preconceito que ela acarreta é a condição do nosso conhecimento. Não que o conhecimento "preconceituoso" seja melhor que o não preconceituoso; é que, se não fosse pelo "preconceito", não haveria conhecimento.

Enquanto permanecem apenas "em situação", "em sintonia", os homens podem chegar à fase do conhecimento teórico, se distanciar das "coisas lá fora", e, ainda assim, não conseguir se distanciar de si mesmos, de olhar para si mesmos como objetos. Digo isso para enfatizar que os dois atos são diferentes e exigem tipos diferentes de esforços, não para sugerir que um acontece sem o outro (o que, como veremos posteriormente, não pode ocorrer). Distanciar-me de mim mesmo é, de certo modo, muito mais radical e decisivo que me distanciar dos outros. Como vimos, conhecer as coisas teoricamente significa descobrir a possibilidade de que elas não estejam lá ou que sejam diferentes. Em relação a nós mesmos, a mesma descoberta significa mais que a simples passagem da familiaridade para o conhecimento teórico. Significa nos retirar do modo de "situação" e nos passar para o modo de "compreensão". É a revelação da possibilidade de ser livre, que o estado de "situação" contém e oculta ao mesmo tempo.

Como ele oculta essa possibilidade de liberdade? De um jeito semelhante àquele no qual "utilizabilidades" evitaram perder a sua familiaridade e a sua "simplicidade" pragmáticas. Em ambos os casos, "as coisas precisam dar errado" antes de poderem se revelar como problemas, como não-necessariamente-aquilo-que-consideramos-que-elas-sejam, como capazes de não estarem ali, ou de estarem ali de forma diferente. O que impede minha própria existência de perder a sua familiaridade pragmática é (podemos expressar desta maneira, que não é necessariamente heideggeriana) a sua transparência prática, que a impede de nos revelar sua opacidade intelectual; uma certa serenidade, uma clareza inconteste a respeito do seu comportamento diário; de novo em termos sociológicos, seu caráter habitualizado e rotinizado bem adaptado às condições nas quais ela acontece. O que oferece à nossa existência um suporte suplementar, mas poderoso, para guardar o seu pragmatismo é a presença de uma autoridade criativa, que acrescenta um toque de honradez à maneira óbvia na qual estamos situados no mundo. Heidegger denomina essa autoridade de *das Man*, termo que resiste à tradução para o inglês, já que deve toda a sua formidável acuidade ao modo pelo qual ele viola regras linguísticas obrigatórias em alemão ou francês, mas ausentes em inglês. Dizemos em alemão *man sagt*, que em inglês significa, aproximadamente, "it is being said".* Muito do caráter de *man* se perde com a tradução. A coisa mais importante que se perdeu é o fato de que *man* desempenha a função gramatical de pronome pessoal, sugerindo, portanto, que ele significa uma pessoa (um dicionário alemão-inglês traduz *man* como *"one; a man; we, you, they; men, people"*.** Na verdade, porém,

---

* Em português, "dizem" ou "diz-se". (N. T.)

** "Um; um homem; nós, você, eles; homens, pessoas". (N. T.)

A compreensão como obra da vida: Martin Heidegger

ele não significa ninguém em particular, apenas um hábito disseminado que é famoso, sobretudo, por seu anonimato, por sua falta de vínculo com qualquer origem em particular. Ao acrescentar *das* a *man*, e escrever *Man* com letra maiúscula, Heidegger põe esse nada, esse anonimato, na forma gramatical de um substantivo, que indica não um vazio, mas uma coisa sólida e que ocupa o espaço. *Das Man* é todo-poderoso justamente por sua indefinição, pelo fato de que foi feito de um vácuo concentrado, e, portanto, imune a ataques que atravessam o espaço vazio como uma faca atravessa a manteiga, sem destruir nada e deixando tudo como estava. Esse *das Man* é, nas palavras de Heidegger, tão *ursprünglich*, primitivo, como a própria condição de "situação". "*Das Man* é um *ninguém*, a quem toda a nossa existência, em seu ser-com, já se rendeu." Essa rendição é um ato original que normalmente tem consequências duradouras: "No começo, eu não sou 'eu', no sentido do meu próprio *self*; para começar, *Dasein* é *Man* e tende a permanecer assim." O que é ser *das Man* em vez de ser eu mesmo? *Das Man* é, acima de tudo, a Média; é o "nivelamento" de diversas possibilidades de ser.[18] Quando refletida em miríades de espelhos, nossa existência não tem a possibilidade de nos surpreender como algo bizarro e, portanto, que precisa ser analisado; ela nos convida a jogar nossos refletores nela e apresentá-la como um problema. Não é que nós nos tranquilizamos quando olhamos ao redor e percebemos a praticidade geral com a qual nossos semelhantes levam suas vidas, tão parecidos uns com os outros em sua aparência decidida, moldada de antemão; o verdadeiro problema é que, enquanto a autoridade discreta do *das Man* nos mantiver rigidamente sob controle, é improvável que surja justamente a ocasião que exigiria tranquilidade. "Estar em situação", permanecer sob o controle do *das Man* tem enormes vantagens, que se tornam visíveis quando são perdidas: simplicidade, familiaridade, segurança, exis-

---

[18] Heidegger, *Sein und Zeit*, § 35-8.

A compreensão como obra da vida: Martin Heidegger

tência compartilhada, nenhuma das quais poderia ser mantida sem o suporte poderoso do *das Man*.

São dessas vantagens que eu tenho de abrir mão quando percebo a minha existência como um simples "estar em situação", e *das Man* como um simples nada. É por isso que a minha emancipação não é fácil; e é por isso que, mesmo se tivesse uma oportunidade, ainda seria tentado a voltar correndo para o abrigo aconchegante do *das Man*. É justamente a *Unheimlichkeit* (complexidade) da existência "de fora" que dá grande destaque às atrações únicas do *das Man*.

E, no entanto, a superação da condição de "estar em situação", a libertação da pressão inflexível do *das Man*, é inevitável pelo mesmo motivo que as "utilizabilidades" precisam se transformar repetidamente em "coisas lá fora". A nossa existência está destinada a se revelar a nós como uma simples possibilidade. Pior ainda, o que está destinado a se revelar a nós é a possibilidade da nossa não existência, afinal de contas, sabemos que vamos morrer. Uma vez conscientes de que não existe uma base sólida para a própria condição de estar vivo, de existir, a possibilidade de existir de maneira diferente também aparece. Já que a nossa existência pode não continuar, ela também pode ser diferente da forma que ela assumiu por estar "em situação", "sintonizada".

> A expressão fundamental *es geht um*, está em jogo, apresenta-nos a primeira alusão de como o *não* se manifesta originalmente para o homem. Como seu próprio ser poderia estar em jogo para ele, a menos que ele fosse revelado de antemão como um ser que tolera perder? O homem existe, isto é, compreende a si próprio em seu ser a partir da possibilidade inalterável de que ele também pode *não* ser. [...] Isso permite que o homem compreenda as possibilidades do seu próprio ser e as dos outros seres; isso é a origem da possibilidade enquanto tal.[19]

A nossa vida é sempre, e desde o princípio, vida-direcionada--para-a-morte. Na frase terrível de Heidegger, o homem já está

---

[19] King, op. cit., p.48.

morrendo *enquanto* nasce. Obstinadamente presente como uma possibilidade, a morte "relativiza" a nossa existência e a revela como uma outra possibilidade. De fato, nesse sentido o conhecimento da minha própria morte é a fonte última de toda possibilidade, da própria noção dela; poderíamos dizer que o simples ato de nos "distanciarmos" do mundo e da nossa própria existência "em situação" tem sua origem na descoberta da morte, como se o modelo de existência humana de Heidegger fosse o anverso do de Freud; é o "trauma da morte", não o "trauma do nascimento", que o estrutura. A descoberta da morte é inevitável, mas, ao mesmo tempo, é o mais heroico e decisivo dos atos que o homem pode cometer. Ele significa passar da condição de *Befindlichkeit* para a de *Verstehen*, de "estar em situação" para compreender, a única condição que pode ser chamada de existência autêntica; a primeira é similar à do plâncton, direcionada ao outro, mera-existência. Só quando eu compreendo que a minha existência é uma possibilidade entre muitas é que ela se torna autenticamente humana. Autenticidade, compreensão e revelação da realidade como potencialidade são, na verdade, nomes diferentes que se referem ao mesmo ato ou condição. Todos também se referem a uma oportunidade que está sempre e organicamente disponível em toda existência; a uma oportunidade, porém, que ainda tem de ser descoberta e transformada de uma proposta (*Wahl*) histórica numa escolha (*Auswahl*).

Desse modo, a compreensão é uma conquista, mas uma conquista que está ao alcance de todos os homens e mulheres. A compreensão é, na verdade, o nosso destino, contra o qual podemos lutar, mas do qual não podemos escapar.

Não devemos confundir compreensão com a simples capacidade impensada de agir. Todos os nossos "deslocamentos" pelo mundo, incluindo o que não exige qualquer superação da condição "situada", implicam inclusão, escolha, uso da linguagem etc. Contudo, a compreensão começa quando uma forma particular de distanciamento acontece: a abertura de um espaço entre a minha facticidade, o

A compreensão como obra da vida: Martin Heidegger

modo como eu já sou, e a esfera das minhas possibilidades. Como já vimos, compreensão significa perceber a possibilidade como possibilidade. Em outras palavras, compreensão significa projetar (*Entwurf*). Este ato tem duas partes: por um lado, as possibilidades são "jogadas" para o futuro, no que-ainda-não-é; por outro, as possibilidades assim projetadas são reprojetadas, jogadas de volta para a realidade, expondo-a, por meio disso, como um objeto que pode ser questionado, desafiado e transformado.

Além disso, a compreensão não deve ser confundida com um ato puramente intelectual num drama do pensamento diante do mundo, com o Espírito dominando a matéria. Por mais que se repita que a essência da existência humana reside em sua facticidade – na verdade, nunca é demais repetir –, é preciso aceitar essa afirmação "com toda a gravidade,[20] e perceber, pacientemente, suas múltiplas consequências. Se a compreensão é a revelação das possibilidades, ela só pode ocorrer no mundo, no contexto do "lançamento" da nossa existência num "local" que inclui coisas e outras pessoas. Para serem reveladas, as possibilidades têm de estar ali, no mundo. Elas estão ali porque o passado as criou. Mas elas não seriam reveladas se a nossa existência não estivesse, como diz Heidegger, sempre "à frente de si mesma", isto é, iluminando-se com as projeções possíveis do presente, do ponto de vista do futuro, que revela o presente como um conjunto de possibilidades. No momento em que eu começo a me ver como uma possibilidade flexível, em evolução, inacabada e indeterminada, estou "me abrindo" não apenas para o futuro (essa visão distante de Heidegger não era incompatível com a ideia de "conhecimento como controle", que é a base do modelo de ciência que o século XIX nos legou), mas também para o passado. Só então eu posso assimilar realmente o passado, receber essa história que me foi transmitida na facticidade da minha existência. Porque

---

[20] Landgrebe, *Major Problems in Contemporary European Philosophy: From Dilthey to Heidegger*, p.119.

233

só então a história se revela a mim como uma sequência infinita de possibilidades, tão inacabada e indeterminada como a minha existência. Só então a minha existência vai alcançar essa plenitude e essa autenticidade em que *Sein* é *Zeit*, facticidade *é* historicidade.

> Quando eu me volto para o passado como se ele fosse um "objeto" passivo esperando para me revelar seus segredos, eu ignoro o fato de que o passado se revela a mim em termos de possibilidade humana, e que são as minhas projeções, isto é, o que eu considero possível, que determinam o que eu deverei "ver" ou ignorar objetivamente.[21]

Este resumo não está inteiramente correto: não é apenas aquilo que eu *considero* possível que determina qual passado pode ser revelado para mim e como, mas aquilo que *é* a minha possibilidade historicamente moldada. Portanto, a minha compreensão da história não é um processo entre uma mente atemporal que anseia e a facticidade absoluta, incerta e multiforme dos acontecimentos e dos fatos. A minha compreensão da história é, ela mesma, história. Eu só posso compreender a história quando realizei plenamente meu potencial de ser histórico. A história que eu procuro compreender e a minha existência – que incorpora essa compreensão, que é tanto a luz lançada na história como as suas sombras – são feitas do mesmo material. Por isso, o conhecimento histórico nunca termina realmente. A história é *die stille Kraft des Möglichen* (a força silenciosa do possível): a história é uma força suficientemente poderosa para produzir possibilidades, mas não para forçá-las a se manifestar. Elas permanecem em silêncio até serem trazidas para a ribalta pela existência autêntica. Ao fazer com que elas se manifestem ruidosamente, a existência autêntica ilumina seu próprio potencial. O que as possibilidades do passado dirão quando forem forçadas a falar depende desse potencial. Mas o próprio potencial depende da mensagem que essas possibilidades são capazes de transmitir.

---

[21] Langan, *The Meaning of Heidegger*, p.58.

A compreensão como obra da vida: Martin Heidegger

Por isso – novamente um exemplo difícil de dialética –, a assimilação da história é sempre um acontecimento histórico. Só podemos aprender a nossa história de dentro dela, nunca, nem por um único instante, escalando um cume "supra-histórico" para, dali, enxergar a história "como ela realmente era". A história e a sua assimilação se fundem num processo contínuo no qual o ser e o tempo são uma coisa só.

Isso significa, na prática, que uma compreensão atemporal, absoluta, plena e irreversível da história é inconcebível. Ela não pode ser alcançada pelo, e dentro do, *Dasein*, a existência humana. Nossa compreensão da história é algo que buscamos continuamente, mas nunca alcançamos, num processo interminável de *Wiederholung* ou *Überlieferung* – recapitulação e expressão – que anda em círculos. O famoso "círculo hermenêutico" da filosofia de Heidegger se torna uma característica da própria existência, que incorpora continuamente sua própria recapitulação e enriquece, por meio disso, sua própria expressão, preparando o terreno para uma nova recapitulação, e *da capo*.*

Recordemos: a compreensão é sempre uma compreensão da história. E a compreensão é sempre histórica. Mas essa historicidade da compreensão é a-histórica. Como a própria compreensão, ela é uma propriedade eterna da existência. A compreensão está atuando no mundo, mas não se deve fazer nada em relação ao mundo ou no mundo para tornar essa compreensão possível. Ela já é uma possibilidade, sempre à espera de ser descoberta.

O conceito de historicidade de Heidegger deixa muitos problemas sem solução. O sociólogo atribuiria importância capital a um, o papel da interação humana, ao qual Heidegger dá apenas uma atenção superficial. Ele se contenta em resolver suas diferenças com Husserl e declarar que "o outro" está original e inevitavelmente presente em minha existência. Mas então seu interesse no "outro"

---

* Em italiano no original: novamente, desde o começo. (N. T.)

diminui. O fato de haver muitas pessoas coexistindo e envolvidas em relações múltiplas (as trocas linguísticas são um aspecto de praticamente todas, mas apenas um aspecto) não parece surpreendê-lo como uma característica marcante e decisiva da existência – e, consequentemente, da prática da compreensão. Seu *Dasein* está envolvido no diálogo com a história, com o passado e o futuro, com muito mais frequência e com muito mais intensidade e paixão do que com seus contemporâneos. Heidegger eliminou, de fato, a maior parte das essências atemporais atribuídas ao homem. Seu *Dasein* não é *homo oeconomicus*, nem *homo faber*, nem mesmo *homo creator*. Mas ele tem, sim, uma essência, atemporal em sua dependência do tempo: ele agora é *homo historicus*. Em vez de um ser-espécie, ele é agora é um ser-era: ou melhor, sua existência como membro da espécie assume a forma de ser-era. Além disso, parece que a era histórica é a mesma para todos que foram lançados nela. A tradição é o único elemento que diferencia uma era cronologicamente determinada, mas a especificidade da tradição parece esgotar a sua peculiaridade. Não existe outra diferenciação. A diversidade de tradições pode explicar as diferenças de essência por meio das quais a era se revela aos diferentes contemporâneos; e, desse modo, a ideia de que as pessoas, apesar de serem cronologicamente contemporâneas, podem, ainda assim, se diferenciar umas das outras pode ser facilmente ajustada ao sistema heideggeriano, por menor que fosse o interesse do próprio Heidegger pelo problema. No entanto, o que ressalta como um problema cujo ajuste apresentaria dificuldades insuperáveis é essa diferenciação de contemporâneos que lhes atribui um começo desigual em sua emancipação das suas respectivas "sintonias" e "situações". Para Heidegger, a passagem do "ser em situação" para a "compreensão" é uma oportunidade franqueada igualmente a todos os habitantes de uma era, limitada apenas pela riqueza e maturação da "recapitulação" e da "expressão" relacionadas. Mas, evidentemente, não é isso que acontece. Essa igualdade não existe.

As outras pessoas não estão presentes no meu mundo apenas como outras existências – um convite constante à comunicação, e objetos potenciais desta. O que acontece entre nós não são apenas trocas linguísticas. Mas *Rede* e *Gerede* – discurso e conversa – é a única tipologia das relações humanas na qual Heidegger está interessado. É inútil procurar em seus textos um relato, ou ao menos um reconhecimento, sobre a rica variedade de formas pelas quais uma existência humana pode penetrar na existência do outro: conflitos que vão da rixa à guerra, violência física, submissão política e econômica, bloqueio do acesso à informação etc. Será que todos esses tipos de relações humanas são desprovidos de importância na moldagem tanto da realidade como do potencial da compreensão? Será que os problemas mais agudos e persistentes da compreensão podem ser realmente postulados se eles não receberem a atenção que merecem?

Esta omissão é que está na origem – ou assim parece – da acusação levantada frequentemente contra Heidegger e contra a filosofia existencialista em geral: sua irremediável carência ética. Como todas as existências humanas foram *ursprünglich* iguais em seu único atributo significativo – a sua historicidade universal –, não sobra nenhuma outra diferença que possa gerar problemas éticos. Portanto, a ética é dissolvida na compreensão, assim como a compreensão é dissolvida na historicidade. Não surpreende que *Schuldigkeit*, o Dever existencial, elevado por Heidegger à categoria do mais alto (na verdade, o único) imperativo moral, é explicitado como a obrigação de retornar a si mesmo do estado de perdição em *das Man*, e de aceitar esse difícil modo de existência que está em sintonia com o nada. [22] Compreender é ser ético. Ser ético é fazer uso da oportunidade de compreender. Talvez se possa combinar novamente dessa maneira razão teórica e razão prática, afastadas há tanto tempo de forma tão injustificada. Para Heidegger, porém, o preço de reduzir a distância

---

[22] Cf. Heidegger, *Sein und Zeit*, § 58-60.

A compreensão como obra da vida: Martin Heidegger

entre elas é enorme. Acreditar que é possível alcançar um compromisso autêntico com o mundo unicamente por meio da conversa e da compreensão significa fechar os olhos aos aspectos da situação mundial que realmente decidem quando pode ocorrer o encontro entre compreensão e compromisso, e quais serão as consequências desse compromisso.

Basta compreender para erradicar a incompreensão? Mas a incompreensão não é uma relação entre as pessoas antes de poder se transformar no embrutecedor *das Man*?

Nem essas perguntas, nem as respostas a elas, estão presentes em Heidegger.

Como nos lembramos, Dilthey sempre foi fascinado pelo ideal da compreensão objetiva da história, isto é, uma compreensão que ela mesma não seria histórica; ele buscou avidamente uma perspectiva acima ou fora da existência histórica, da qual a história pudesse ser vista como um objeto de análise objetiva. Constatamos que a sua busca foi infrutífera; Dilthey só podia oferecer o fim da história como o ponto a partir do qual a verdadeira compreensão se tornaria uma possibilidade. Husserl pode ser considerado um filósofo que tirou conclusões lógicas do fracasso da hermenêutica histórica em oferecer bases sólidas para a compreensão objetiva: ele supôs que a compreensão objetiva só pode ser alcançada fora e apesar da história pela razão, que, por seu próprio esforço, se ergue acima de suas limitações históricas. A solução de Heidegger é oposta ao dilema de Dilthey. Não existe compreensão fora da história; a compreensão é a tradição envolvida numa eterna conversa consigo e com sua própria recapitulação. A compreensão é a modalidade da existência, sempre incompleta e indefinida como a própria existência. O fim da história, em vez de revelar o verdadeiro significado do passado, significaria o fim da compreensão; a compreensão só é possível como uma atividade inacabada e voltada para o futuro. Longe de representarem restrições inadequadas impostas à verdadeira compreensão, os pré-julgamentos moldados pela tradição são os únicos instrumentos com os quais a compreensão pode ser alcançada. A existência é a sua própria revelação; o ato da compreensão abarca o passado e o futuro. Não pode ser de outra maneira. Como a própria existência, a compreensão extrai a sua realidade da totalidade histórica na qual está mergulhada. O significado é produzido por um sem-número de relações dentro dessa totalidade. Não é o ego, seja ele empírico ou transcendental, que evoca o significado entre as suas intenções. Como a sua existência, seus significados são pré-moldados para ele por seu mundo. Portanto, a sua compreensão controla essa totalidade supraindividual de significados chamada linguagem. Na descrição de Gadamer:

> O pensamento depende do fundamento da linguagem na medida em que a linguagem não é simplesmente um sistema de sinais cujo propósito é a comunicação e a transmissão de informações. Onde existe a verdadeira linguagem, a coisa a ser nomeada não é conhecida antes do ato de nomeação. Mais exatamente, dentro da nossa relação linguística com o mundo, aquilo de que se fala é articulado primeiro por meio da estrutura constitutiva da linguagem do nosso ser-no-mundo. A fala permanece ligada à linguagem como um todo, a virtualidade hermenêutica do discurso que supera a qualquer momento aquilo que foi dito. É justamente nesse aspecto que a fala sempre transcende a esfera linguisticamente constituída dentro da qual nos encontramos.[23]

Portanto, a tarefa da teoria hermenêutica não consiste na formação da compreensão. A compreensão já está dada na realidade da linguagem. A única tarefa que a hermenêutica pode, sensatamente, ter esperança de realizar é descobrir como, precisamente, os significados se constituem e se mantêm na linguagem e nas infindáveis associações linguísticas.

---

[23] Gadamer, *Hegel's Dialectic: Five Hermeneutical Studies*, p.115.

8
A compreensão como obra da vida:
de Schütz à etnometodologia

Certa ocasião, *sir* Karl Popper contou aos seus ouvintes uma história que evidentemente o deixara abalado.[1] Ela dizia respeito a um antropólogo convidado a se juntar a algumas mentes brilhantes para debater uma questão importante da metodologia da ciência. Depois de uma longa e acalorada discussão, que o antropólogo ouviu em silêncio, pediram-lhe sua opinião. Para grande consternação de todos os presentes, o antropólogo replicou que não prestara muita atenção ao conteúdo da discussão. Considerava que o conteúdo era o que menos interessava do que ele vira e ouvira. Havia outras coisas muitíssimo mais interessantes; como a discussão se iniciara, como ela evoluíra, como uma intervenção desencadeara outra e como elas se encadeavam em sequências, como os participantes determinavam se havia discordância etc. O nosso antropólogo, supostamente, considerou o tema que provocou tanta celeuma como apenas mais uma daquelas "crenças locais" cuja veracidade ou falsidade é basicamente irrelevante para um estudo acadêmico. É por isso que ele não estava particularmente interessado no tema. Em vez disso, registrou com genuíno interesse a interação na qual os

---

[1] Adorno et al., *The Positivist Dispute in German Sociology*, p.93-5.

especialistas eruditos se envolveram e que o tema declarado do debate "ocasionou".

É claro que *sir* Karl ficou indignado. Para ele, as afirmações são feitas a respeito de algo, e devem ser avaliadas, de um jeito ou de outro, por meio de análises do que foi dito. A importância que as afirmações possam ter resulta do grau de precisão e veracidade com o qual elas apreendem o tema em questão. Quando confrontado com uma afirmação, *sir* Karl supostamente consideraria que a "interpretação imanente" era a única maneira adequada de lidar com ela. Ele tentaria extrair da frase a mensagem que ela continha, e depois tentaria pôr à prova a veracidade da mensagem.

Sir Karl talvez não estivesse ciente de que o comportamento estranho desse antropólogo anônimo logo se tornaria o princípio fundamental de uma influente escola de teoria e pesquisa sociológica; que o fundador dessa escola, Harold Garfinkel, transformaria o comportamento estranho do nosso antropólogo numa metodologia alternativa.

> Uma concepção alternativa da tarefa pode funcionar melhor. Embora à primeira vista possa parecer estranho agir assim, suponhamos que descartemos o pressuposto de que para descrever um costume como uma característica de uma comunidade de compreensão seja preciso saber desde o início em que consiste a compreensão geral essencial. Com isso, descartemos a teoria dos símbolos associada ao pressuposto segundo a qual "símbolo" e "referente" são, respectivamente, atributos de algo dito e de algo sobre o qual se falou, e que, desta forma, sugere que o símbolo e o referente estão relacionados a conteúdos correspondentes. Por isso, ao descartarmos essa teoria dos símbolos, também descartamos a possibilidade de que se invoque um entendimento compartilhado em questões essenciais para explicar um costume.
>
> Se esses conceitos fossem descartados, então não seria possível diferenciar as partes sobre as quais se fala de *como* as partes falavam [...]
>
> Em vez de, e ao contrário de, nos preocuparmos com a diferença entre *aquilo* que foi dito e *aquilo* sobre o qual se falou, a diferença adequada é entre o reconhecimento por parte de um membro da comunidade linguística de que, por um lado, alguém está dizendo algo, isto é, de que ele estava *falando*, e, por outro, *como* ele estava falando. [2]

---

[2] Garfinkel, *Studies in Ethnomethodology*, p.27-8.

Surge assim uma escola que pede que seus membros parem de perguntar o *que* foi dito e, em vez disso, se concentrem em investigar *como* aquilo foi dito. Garfinkel chamou de "etnometodologia" o campo que a escola declarou como seu território. Ao revelar sua semelhança familiar a todo um conjunto de termos já utilizados pela antropologia descritiva – etnobotânica, etnomedicina etc. –, a nova palavra pretende ser autoexplicativa. Todos esses termos significam a atividade de descrever como o *ethnos* – o povo em estudo – lida com a realização das tarefas normalmente classificadas como pertencentes ao campo, por exemplo, da taxonomia das plantas ou da descrição das doenças e do tratamento dos doentes. De modo semelhante, a etnometodologia pretendia se envolver na descrição de "formas locais" de desempenhar a tarefa de viver. No entanto, com exceção dessa semelhança, a analogia que o nome do novo campo tornou visível se mostrou enganosa. Todos os termos antropológicos existentes significavam a intenção dos antropólogos de se concentrarem nas diferenças entre os diversos *ethnos*; por exemplo, nas diferenças da prática médica das etnias hopi e zuni. A etnometodologia, pelo contrário, empregou o *ethnos* em seu nome de uma forma completamente diferente, significando os seres humanos enquanto tais, sem nenhuma referência a variações tribais ou culturais. A segunda parte do nome, "metodologia", era igualmente genérica; em vez de se referir a um campo de atividade específico e selecionado, ela aludia ao método de "estar ativo" em geral, ao método de fazer seja lá o que for, demonstrando, então, o que nenhum dos termos aparentemente análogos fez: indiferença e falta de interesse na "essência" da atividade analisada, no "âmago" das práticas humanas. Desde o começo, a etnometodologia teve a pretensão de ser uma ciência da ação humana extremamente genérica, de atuar num nível tão genérico a ponto de neutralizar as diferenças essenciais entre *ethnos* e as suas diversas atividades.

Essa generalidade, essa elevação do projeto bem acima do nível no qual variações de culturas, de classes e de outros grupamentos "particularistas" se tornam incômodos e parecem relevantes, talvez seja a justificativa para que Garfinkel (e de forma ainda mais implacável por seus discípulos) descrevam a etnometodologia como a "sociologia fenomenológica". Não encontrei muitos indícios de que Garfinkel (ao menos à época em que *Estudos de etnometodologia*, a obra mais seminal da escola, foi publicada) tivesse lido Husserl (ele citou Husserl a partir de Marvin Faber). Mais importante, além dessa generalidade, seu projeto tem pouca semelhança com a essência da fenomenologia tal como Husserl a resumiu. Em primeiro lugar, a questão do "âmago", das essências das coisas, em torno da qual a fenomenologia de Husserl girava, foi completamente descartada em favor da questão do "como". Em segundo lugar, e mais importante, Garfinkel escolhe como campo de estudo justamente a esfera da realidade que, para Husserl, era indispensável que fosse "deixada de lado" e jamais "ganhasse destaque" novamente, para que o projeto fenomenológico se tornasse factível.

De fato, o projeto fenomenológico original, tal como o conhecemos a partir dos textos de Husserl, precisou passar por uma grande transformação antes de poder ser citado como o antecessor legítimo da atividade etnometodológica. Essa transformação tinha sido realizada por Alfred Schütz, e é à sua obra que devemos nos voltar agora.

Alfred Schütz estava interessado na compreensão, na possibilidade de apreender o significado da atividade humana. A exemplo de Husserl, ele supunha que a compreensão, para ser minimamente possível, tem de ser o produto da razão; e que essa razão, para alcançar a verdadeira compreensão, precisa subir (ou descer) até o nível mais geral no qual o produto da subjetividade humana universal é apresentado em sua forma pura, não corrompida por misturas aleatórias e particularistas. Novamente, tal como Husserl, Schütz não via a compreensão como o apreender da obra de outro sujeito em sua singularidade, transmitida por meio de uma experiência totalmente individual que ninguém mais pode compartilhar. Ele buscava carac-

A compreensão como obra da vida: de Schütz à etnometodologia

terísticas comuns a toda a humanidade que pudessem servir de base para a compreensão justamente em razão desses atributos comuns. "Uma outra humanidade cultural e uma outra cultura só podem se tornar acessíveis por meio de um complexo processo de compreensão, a saber, no nível básico da natureza comum".[3] Ele menciona, com aprovação, a caracterização que Husserl faz da base intelectual dessa compreensão como a "'ciência das essências', que tem de examinar as estruturas invariáveis, peculiares e essenciais da mente".[4] A exemplo de Husserl, Schütz desejava explorar a possibilidade de uma análise "objetiva" dos significados "subjetivos"; a viabilidade de alcançar o conhecimento indispensável e essencial da realidade humana em contraposição ao conhecimento das características contingentes e meramente existenciais dessa realidade; as "essências objetivas", e não apenas os significados arbitrários que um determinado sujeito pretende lhes atribuir. Portanto, o objetivo estratégico que forneceu a estrutura do projeto de Schütz estava muito próximo do de Husserl. Mas a semelhança parava por aí.

Talvez a divergência fundamental entre as estratégias de Schütz e de Husserl tenha sido mais bem externada numa breve declaração referente à peculiaridade da compreensão dos fenômenos sociais: de acordo com Schütz, ela consiste em "reduzi-los à atividade humana que os criou".[5] Se Husserl desejava atribuir os fenômenos sociais a seus significados intencionais localizados no "ego transcendental", Schütz os atribui, à maneira de Heidegger, à ação humana. Depois de direcionar o problema da compreensão para o processo social da produção de significado, Schütz afirmou que sociologia era "a análise objetiva do subjetivo", algo que Husserl não queria nem podia fazer. Porém, pelo mesmo motivo, Schütz chamou a atenção em sua análise justamente para os aspectos "existenciais" da vida humana

---

[3] Schütz, *Collected Papers*, v.1, p.127.
[4] Ibid., v.1, p.132.
[5] Ibid., v.2., p.10

que Husserl julgava indispensável "deixar de lado" e "suspender" enquanto durasse o esforço de compreensão.

Como Heidegger, e ao contrário de Husserl, Schütz não considera o mundo da vida "ingênua e pré-reflexivamente dado" como algo que deva ser "deixado de lado", mas como o campo que o estudioso dos fenômenos sociais nunca deveria abandonar; como o *habitat natural* do problema da compreensão. Como Heidegger, o mundo da vida de Schütz está completo desde o princípio. Quando a nossa investigação começa, ele já contém todos os motivos pelos quais ela se torna necessária, e todos os recursos de que se possam precisar para satisfazer essa necessidade. De acordo com Schütz, o mundo da vida contém tudo que é consensual, e que normalmente não é objeto de crítica, na postura do bom senso; portanto, ele também contém os outros homens, "e, na verdade, não apenas fisicamente, à semelhança dos outros objetos e no meio deles, mas dotados de uma consciência que é basicamente igual à minha". Os outros não estão simplesmente presentes como um objeto potencial de contemplação: "É incontestável para mim, na atitude natural, não apenas que eu posso influenciar meus semelhantes, mas também que eles podem me influenciar".[6] Os outros me são apresentados, desde o início, como fontes conscientes, isto é, autônomas, de ação; justamente por isso, eu enfrento a necessidade de fazer adaptações recíprocas, a ameaça dos atritos, a atuação em relação a contradições e mal-entendidos; como eles são sujeitos autônomos, tudo que eu lhes fizer provocará uma resposta da parte deles; precisamos entrar num acordo e, para isso, precisamos negociar. Portanto, a necessidade de compreensão está contida organicamente na própria estrutura do mundo da vida. Na verdade, ela é a condição mesma da sua existência. A compreensão não é um feito dos filósofos, como em Husserl. Ela é o destino humano, como em Heidegger. O fato de o mundo da vida existir mostra que os homens enfrentam, de algum

---

[6] Schütz; Luckmann, *The Structures of the Life-World*, p.4-5.

modo, com a sua conduta pragmática e costumeira, a necessidade de compreender uns aos outros. Se ao menos descobrirmos o modo como eles o fazem, seremos capazes de revelar o mistério da compreensão. Saber como a compreensão é alcançada significa saber como a compreensão é possível.

Num estilo verdadeiramente heideggeriano, Schütz considera as outras pessoas presentes no mundo da vida (e, na verdade, todos os outros objetos ali presentes) como dados no modo de *Zuhanden* – coisas "à mão", elementos fundamentais da minha vida diária, raramente me dando motivo para elegê-las com objetos de reflexão deliberada. Normalmente, eu lido com elas de forma impassível, de passagem, sem me deter para um momento de reflexão. É preciso um choque para deslocar os objetos do modo de *Zuhanden* para o de *Vorhanden*, para trazê-los ao centro da minha atenção. A seguinte declaração parece quase uma citação de Heidegger:

> O mundo da vida cotidiana é aceito naturalmente pela nossa visão de bom senso, e, portanto, sente a força da realidade enquanto as nossas experiências práticas demonstrarem que a unidade e a coerência deste mundo são válidas. Mais ainda, essa realidade nos parece natural, e não estamos dispostos a abandonar a nossa postura em relação a ela sem ter sentido um choque específico que nos obrigue a romper os limites das esferas "finitas" do significado e a deslocar a força da realidade para outra esfera.[7]

No mundo da rotina, tudo é considerado como dado e, portanto, não é notado. Dito de outra forma, a maior parte das tarefas rotineiras da vida cotidiana é realizada sem envolver a capacidade analítica, "enquanto fazemos outra coisa", "inconscientemente" (no sentido de que nenhum motivo para realizá-las desta e não daquela maneira nos vem à mente, e nenhuma regra para executá-las desta maneira é conscientemente invocada). O mundo no qual agimos nos parece "naturalmente" organizado em partes "relevan-

---

[7] Schütz, *Collected Papers*, v.1, p.343-4.

A compreensão como obra da vida: de Schütz à etnometodologia

tes" e "secundárias", e o conhecimento que a nossa "mudança de relevâncias" esconde atrás dessa organização "natural" nos escapa. Não percebemos – e a menos que as coisas "deem errado", não precisamos perceber – que as nossas motivações são responsáveis, em grande medida, por organizar o mundo que nos rodeia, e, em particular, por distribuir de forma diferenciada "relevâncias tópicas" entre as suas seções.

> Uma vez que é considerado como dado, o sistema de relevâncias motivacionais determina um sistema de relevâncias tópicas que, expressas de forma paradoxal, são tópicas simplesmente por uma questão de norma – ou seja, tópicas não como um tema, um problema a ser resolvido, algo a ser questionado de novo, mas como "tópicos à mão", como questões outrora temáticas que foram respondidas "definitiva" e exaustivamente, problemas resolvidos e deixados de lado "de uma vez por todas". Esses tópicos à mão perderam, por assim dizer, a sua relevância interpretativa. [...] Ao se tornarem rotineiros, ao ficarem "ao alcance da mão", os horizontes interno e externo acessíveis aparentemente desapareceram. Ou, dito de forma mais adequada: eles foram excluídos, e com isso foram excluídas todas as possibilidades de reinterpretar o tópico à mão.[8]

O mundo da rotina, composto inteiramente desses *Zuhandenen*, não é, portanto, um objeto de interpretação ativa ou de reinterpretação. A menos que sejamos questionados, não temos necessidade de "motivar" nossas ações rotineiras voltadas para os outros e para nós mesmos. Para nós, as nossas ações rotineiras parecem elementos da natureza quase tanto como seus objetos. Seus "horizontes desaparecem", ou seja, normalmente não consideramos o modo de ação que adotamos como apenas um de todo um conjunto de alternativas, nem vemos os fins que queremos alcançar como objetivos cuja escolha exige justificativa. No mundo da rotina, a rotina não provoca análise, nem precisa dela para seguir em frente. Nem os motivos nem os fins da ação rotineira são "tópicos enquanto tema".

---

[8] Schütz; Zaner (org.), *Reflections on the Problem of Relevance*, p.139-40.

A compreensão como obra da vida: de Schütz à etnometodologia

Para alguém interessado em estudar o aspecto subjetivo da ação humana, em apreender os motivos da ação, em compreender a ação e não apenas registrar suas formas exteriores e observáveis, essa descoberta é crucial, pois ela mostra a futilidade das estratégias tradicionais de "compreensão". Geralmente se supõe que, para dar a devida atenção ao caráter subjetivo e motivacional da ação humana, precisamos utilizar o poder especial chamado "empatia"; ou seja, nos colocarmos na pele de outra pessoa e tentarmos reviver dentro da nossa própria cabeça os pensamentos e estados mentais que supostamente tiveram de acompanhar a ação da outra pessoa. A empatia é considerada um instrumento de análise útil porque se supõe que ela pode produzir resultados importantes: existem pensamentos e estados mentais que, uma vez reconstituídos, oferecem uma compreensão da ação particularmente profunda e exaustiva. A descrição que Schütz faz do mundo da rotina desvaloriza a empatia assim compreendida. Não há muito a ganhar com ela, porque existem poucos motivos – ou nenhum – a serem descobertos por meio da reconstituição dos conteúdos conscientes da mente de outra pessoa. Em condições normais, os motivos não aparecem simplesmente na cabeça do agente como se fossem atos articulados da consciência. Eles são empurrados para um segundo plano, são "armazenados". Se perguntado a respeito dos seus motivos, o agente dificilmente seria capaz de prestar conta das razões que realmente dão sentido à sua ação, ou dos inúmeros pressupostos que "tinham de ser assumidos" (embora, de modo algum, conscientemente) para tornar a sua ação possível. Como dizia Aaron V. Cicourel, um dos discípulos mais originais de Schütz: "Os participantes da interação social aparentemente 'compreendem' muitas coisas [...] apesar de essas questões não serem mencionadas explicitamente".[9]

Só existe uma maneira de interpretar a afirmação anterior: a compreensão dos agentes não assume a forma de pensamentos

---

[9] Cicourel, *Cognitive Sociology*, p.40.

A compreensão como obra da vida: de Schütz à etnometodologia

realmente pensados, trazidos pelos próprios agentes à luz da consciência. A palavra "compreendem" é posta entre aspas porque essa compreensão, que claramente não é um "acontecimento" empírico no tempo e no espaço, não é aquilo que entendemos normalmente por compreensão: um ato intencional da consciência. Ela aparece em nossa análise da ação, não na cabeça dos agentes, e aparece como uma condição indispensável da existência do agente, não como um relato daquilo que realmente aconteceu "lá fora". Se dizemos que os agentes "aparentemente" compreendem muitas coisas que eles não relatam, o que queremos dizer é que, a não ser que essas coisas fossem "compreendidas", não seríamos capazes de fazer um relato lógico da ação que observamos. A ação simplesmente não faria nenhum sentido.

Como podemos lidar com a compreensão de um ato significativo? Como podemos apreender o significado da ação humana ou seus signos linguísticos se é pouco provável que isso pode ser alcançado por meio da empatia, por meio da descoberta do que realmente aconteceu "na cabeça" do agente? Lembremos que Heidegger não estava particularmente interessado nesse problema. A compreensão lhe interessava como modo de existência, não como uma questão metodológica de um pesquisador profissional dos assuntos humanos. É antes na obra tardia de Ludwig Wittgenstein que encontramos muitas ideias capazes de elucidar a visão que Schütz tinha da tarefa enfrentada por um cientista social empenhado em apreender a ação humana como um comportamento significativo (embora, é claro, fosse difícil provar que algum deles influenciou diretamente o pensamento do outro).

Wittgenstein define a tarefa de decifrar "o que dá às palavras seu significado" como a de descobrir "sem o que elas não teriam significado". Em outras palavras, a tarefa não é observar empiricamente e depois descrever os eventos (sejam eles "concretos" ou mentais), mas analisar as condições indispensáveis do significado: o que *tem de acontecer* para uma palavra ter um significado. Se seguirmos essa regra,

A compreensão como obra da vida: de Schütz à etnometodologia

logo descobriremos – com o auxílio de Wittgenstein – que as noções de senso comum do significado não ajudam muito. Por exemplo, se é o "referente", um objeto lá de fora (como o portador de um nome), que dá à palavra o seu significado, por que então as palavras conservam seu significado muito depois que seus referentes concretos desapareceram? Se é um conhecimento semelhante à definição na cabeça do falante que dá significado às palavras, o que fazer com os casos extremamente frequentes de "algo que sabemos quando ninguém nos pergunta, mas que não sabemos mais quando temos de falar sobre ele"? A dedução, certamente, é que "saber", no sentido da primeira parte da frase, não é o mesmo que "saber" no sentido da segunda parte: compreender o significado de algo não é a mesma coisa que ser capaz de explicar aquilo, por exemplo, de definir a palavra, ou de revelar o motivo da minha ação. O que é isso, então?

> Procurem não pensar, de modo algum, na compreensão como um "processo mental". – Pois *essa* é a expressão que os confundem. Mas se perguntem: em que tipo de caso, em que tipo de circunstância nós dizemos "Agora eu sei como seguir em frente" [...]?

Compreender o significado é saber como seguir em frente na presença de uma palavra, de um ato ou de outro objeto cujo significado compreendemos. Segundo Wittgenstein: "A mudança quando o aluno começou a ler foi uma mudança em seu comportamento".[10]

Agora podemos interpretar as palavras de Cicourel de maneira mais completa. Quando afirma que os agentes "aparentemente compreenderam" muitas coisas das quais eles não fizeram nenhum relato, ele pode querer dizer que eles obviamente sabiam como "lidar" com o que fizeram. Se nós agora queremos compreender o que eles compreenderam, não tentemos recriar seus "processos mentais", mas procuremos observar seu comportamento de perto. Por exemplo, registremos fielmente seu diálogo. O fato de o diálogo

---

[10] Wittgenstein, *Philosophical Investigations*, p.27e, 42e, 61e, 63e.

251

A compreensão como obra da vida: de Schütz à etnometodologia

ter ocorrido mostra que os participantes da conversa se compreendiam; caso contrário, não saberiam como "seguir em frente", e o diálogo não seria possível. Isso é algo que sabemos, e é tudo que precisamos saber para compreender a conduta que percebemos. A leitura não é "uma expressão" do "conhecimento de como ler". Compreender o ato da leitura é especificar as condições nas quais o ato da leitura é possível. A compreensão não é um ato de empatia, mas um ato de análise. Nas palavras de Schütz:

> O significado não é uma característica de algumas experiências vividas [*Erlebnise*] que surge de maneira inconfundível no fluxo de consciência. [...] Ele é, sim, o resultado da minha explicação de experiências vividas no passado que são apreendidas de forma reflexiva a partir de um presente real e de um esquema de referência realmente válido. [...] Primeiro as experiências vividas se tornam significativas, depois, quando são explicadas *post hoc*, se tornam compreensíveis para mim como experiências bem delimitadas. Desse modo, só são subjetivamente significativas as experiências vividas que são [...] examinadas no que diz respeito à sua constituição, e que são explicadas em relação à sua posição num esquema de referência que estiver à mão.[11]

O significado, portanto, não é uma entidade hipotética que precede a experiência de um ato. Em vez disso, o significado é estabelecido retrospectivamente, durante uma análise posterior, quando as lembranças ou a imagem da experiência, e não a própria experiência, são dissecadas e reorganizadas de acordo com um "esquema de referência" externo à experiência. Isso se aplica ao estudioso profissional da vida social no mesmo grau em que se aplica aos membros comuns da sociedade em situações comuns. Esse significado, que nós buscamos para expressar o nosso conhecimento de "como seguir em frente", só é estabelecido durante o processo de interpretação. Mesmo se tendermos a expressar os resultados da interpretação em termos de "intenções" ou objetivos de ação conscientes ("é claro que, em princípio, é possível fazer referência aos atos originais de 'al-

---

[11] Schütz; Luckmann, op. cit., p.15, 16.

A compreensão como obra da vida: de Schütz à etnometodologia

guém' dotados de significado"),[12] é a nossa atividade interpretativa que nos dá a real compreensão de tudo aquilo que experimentamos.

Logo, o tema adequado de uma sociologia "da compreensão", isto é, de uma ciência social que vise a apreensão dos fenômenos sociais, é a análise dos procedimentos interpretativos por meio dos quais os significados são implantados no mundo da vida cotidiana. Esta afirmação tem consequências realmente revolucionárias. É necessário se esforçar um pouco para compreender o alcance dessas consequências. Elas significam nada menos que uma redistribuição radical das funções atribuídas às diversas unidades que compõem o discurso sociológico. O que foi utilizado, de maneira impensada, como um recurso da atividade sociológica (por exemplo, um referente explicativo), agora se transformou no tema da investigação sociológica. Em vez de utilizarmos o conceito de classe como uma explicação do comportamento, temos de analisar o comportamento que faz com que as pessoas considerem a sua ação em termos de classe.

Os procedimentos interpretativos são os objetos adequados do esforço de compreensão, já que o "significado" não existe nem pode ser encontrado em outro lugar. O significado não é uma característica imanente dos objetos, nem é um evento psíquico na cabeça de um agente. Também não é, certamente, a essência intencional husserliana. Todo significado resulta da interpretação; é algo a ser construído, não descoberto. Nesse sentido, não existe diferença fundamental entre o sentido que os agentes deduzem da sua ação e o significado atribuído a essa ação por um sociólogo, ou, aliás, por qualquer observador externo; todos eles estão envolvidos num processo basicamente semelhante de construção de significado por meio da interpretação, e todos eles utilizam o mesmo tipo de recurso para fazê-lo. Neste sentido, a sociologia "compreensiva" ao estilo de Schütz é profundamente diferente da sociologia acadêmica tradicional, que diferencia categoricamente o papel reivindicado pelos sociólogos (pensar, interpretar, selecionar, testar, fazer sentido

---

[12] Ibid., p.17.

A compreensão como obra da vida: de Schütz à etnometodologia

etc.) daquele atribuído aos objetos humanos da pesquisa sociológica (determinado pelo ambiente, diretamente ou por meio da avaliação racional dos ativos ambientais e dos ajustes resultantes). De novo, como em Heidegger, é sugerido que existe apenas um tipo de compreensão, aplicável tanto aos membros "comuns" da sociedade como aos seus estudiosos especializados e treinados; ambos os casos de "fazer sentido" podem ser descritos em termos idênticos. O projeto da sociologia compreensiva é factível justamente por esse motivo; e continuará factível enquanto for concebido numa forma que possa ser baseada nessa identidade essencial. A superioridade dos sociólogos em relação aos procedimentos interpretativos acionados com indiferença pelos membros comuns da sociedade pode consistir apenas no fato de eles acionarem o mesmo procedimento conscientemente e de maneira metódica. Essa diferença, porém, não é do tipo que pode servir de base a uma reivindicação privilegiada do acesso à verdade. A verdade, por assim dizer, não está em discussão. Como todos os significados contêm os procedimentos interpretativos que os instituíram em razão da sua base exclusiva, eles são inválidos fora do contexto desses procedimentos e não existe nada que possa ser comparado com eles para decidir a sua validade. Todos os significados são "objetivos", graças aos procedimentos interpretativos que os produziram; contudo, nenhum significado consegue sobreviver à separação do seu contexto natural. Este é um novo argumento em favor da antiga teoria, das ciências culturais, da natureza "racional" de toda objetividade, enunciada, por exemplo, por Florian Znaniecki: "O sistema cultural é real e objetivamente como ele foi (ou é) apresentado aos próprios sujeitos históricos quando eles o estavam (ou estão) experimentando e lidando efetivamente com ele".[13]

A outra forma de transmitir as mesmas características do conceito de compreensão de Schütz é dizer que ela representa, de certa forma, uma versão sociológica da "lógica analítica transcendental" de Kant; ou melhor, que ela representa uma tentativa de construir

---

[13] Znaniecki, *The Method of Sociology*, p.37.

A compreensão como obra da vida: de Schütz à etnometodologia

uma lógica analítica transcendental do mundo da vida. Como sabemos, Kant não estava interessado nos conteúdos reais das experiências (que devia ser deixado para o conhecimento empírico, baseado em impressões sensíveis), mas nos princípios "que são a base indispensável da possibilidade da própria experiência". Esses princípios devem preceder logicamente (embora em nenhum outro sentido) toda experiência e estar presentes (num sentido "estruturante") em toda experiência. Portanto, eles devem ser verdadeiramente *a priori*, possuir o caráter de vereditos da razão e não das generalizações empíricas, que devem permanecer para sempre contingentes e arbitrárias, por mais abrangentes que elas sejam. Os princípios lógicos transcendentais, ao contrário, não são arbitrários; eles contêm ideias de necessidade e de universalidade ilimitada em sua própria concepção. Kant chamou essas proposições transcendentais, preocupadas com as condições indispensáveis de todo conhecimento, de "crítica da razão pura". Para ele, seu uso "será apenas negativo, não para ampliar os limites da nossa razão, mas para purificá-la, e para protegê-la contra o erro – o que, por si só, não é um ganho desprezível". Nesse sentido, a doutrina de Schütz pode ser corretamente chamada de uma "crítica da sociologia". Ela repousa inteiramente em proposições transcendentais se, a exemplo de Kant, aplicamos o termo "transcendental" "a todo conhecimento que está menos interessado nos objetos do que no modo de conhecimento desses objetos, desde que esse modo de conhecimento seja possível *a priori*".[14]

A crítica de Schütz se dirige a uma sociologia que pressupõe, ingenuamente, que o significado de um fenômeno social é "dado" como um objeto por direito próprio e que, portanto, ele pode ser "descoberto" em vez de construído. De acordo com o padrão estabelecido por Kant, a crítica precisa se basear na produção de uma espécie de "analítica transcendental" da produção de significado; na

---

[14] Kant, *Critique of Pure Reason*, p.26-7, 38.

A compreensão como obra da vida: de Schütz à etnometodologia

especificação das condições que precisam ser satisfeitas para que a produção de significado seja possível. Se substituirmos "significado" por "concepção" e "sociologia" por "filosofia", descobriríamos em Kant a seguinte caracterização adequada do projeto de Schütz:

> O termo "analítica de significados" não significa, para mim, a análise deles, nem o processo habitual, nas investigações sociológicas, de dissecar os significados que se apresentam de acordo com seus conteúdos e, portanto, tornando-os claros; mas ele exprime a análise minuciosa, até aqui pouco tentada, da própria capacidade de compreender, para investigar a possibilidade dos significados *a priori*, procurando por eles unicamente na compreensão, como o seu nascedouro, e analisando simplesmente o uso dessa capacidade.[15]

Assim como Kant demonstrou que o espaço, o tempo ou a causalidade não são, como pensamos acriticamente, atributos dos objetos "lá fora", mas princípios organizadores do conhecimento (condições transcendentais de "as coisas serem conhecidas" em vez de "as coisas existirem"), Schütz também pretende demonstrar que inúmeros aspectos que nós atribuímos acriticamente a "realidades sociais" são, na verdade, princípios organizadores do nosso ser-no-mundo (princípios transcendentais do mundo da vida em vez do mundo sozinho). Ou seja, a crítica que Schütz faz da razão sociológica consiste em especificar as condições transcendentais do mundo significativo como o conhecemos.

Essas condições transcendentais precisam ser de dois tipos, supondo que "o mundo da vida é uma realidade que nós modificamos por meio dos nossos atos e que, por outro lado, modifica as nossas ações".[16]

O primeiro é o "estoque de conhecimento", "que me serve como esquema de referência para a etapa real da minha explicação do mundo". O estoque de conhecimento deve conter um mínimo de informações sem as quais a ação não seria possível, isto é, que não

---

[15] Ibid., p.71.
[16] Schütz; Luckmann, op. cit., p.6.

A compreensão como obra da vida: de Schütz à etnometodologia

podem ser adquiridas durante a própria ação. Como essa informação veio a ser possuída em primeiro lugar é uma questão fora de cogitação. A única coisa que importa é que ela deve estar "à mão" para que o modelo de ação funcione. Talvez partes do estoque sejam elementos do "dom natural" de um agente humano parecido com Kant; talvez outras partes sejam socialmente induzidas e tenham se sedimentado desde as etapas iniciais de socialização. De modo geral, isso é irrelevante para o problema de Schütz. A expressão repetida amiúde "desde o princípio" não se refere ao momento de nascimento do indivíduo nem da sua sociedade. Ela se refere, sim, ao começo da ação significativa, cujo modelo, naturalmente, se estende no tempo.

"Tipos" são um elemento indispensável do estoque de conhecimento. Se estiverem confusas, as nossas impressões não são analisáveis, elas só são imagináveis se estiverem organizadas desde o princípio em objetos e acontecimentos que são elementos de categorias, cada um com características e pistas inconfundíveis que facilitam a sua identificação. Os tipos têm o atributo da permanência; uma característica importante da postura natural é a generalização "e assim por diante", o que significa que as coisas vão continuar sendo o que elas são no momento e que, consequentemente, eu poderei repetir no futuro as mesmas ações que eu cometi em relação a elas no passado. Tudo isso eu aceito acriticamente; não que eu tenha sido convencido, enquanto raciocinava e discutia, que as coisas e os acontecimentos são realmente os tipos que eu considero que eles sejam; pelo contrário, eles servem como um ponto de partida inquestionável da minha ação porque eu nunca questiono a base da minha aceitação. Tipos e generalizações como "e assim por diante" etc. são autoexplicativos – "fatos da vida" evidentes que não exigem nenhuma comprovação.

Essas "autoevidências" de que se compõe o estoque de conhecimento constituem a estrutura dessa característica do mundo da vida, a qual, como diz Schütz, foi denominada por Max Scheler de "visão de mundo natural-relativa". Natural, porque aceita como a natureza normalmente é aceita: algo banal, um fundamento cuja existência não pode ser posta em dúvida de maneira sensata. Relativa, porque baseada, em última instância, no ato de aceitação. Embora a aceitação como tal seja um ato indispensável sem o qual nenhum mundo da vida pode surgir, não existe nada de indispensável no conteúdo dos axiomas aceitos. A tipificação, por exemplo, é inevitável, uma condição verdadeiramente transcendental do mundo da vida, mas o modo como a realidade na verdade se "divide" em tipos não é inevitável, e deve permanecer o elemento de relatividade irremovível em qualquer conjunto imaginável de autoevidências.

A tipificação, naturalmente, é um processo duplo: por um lado, ela solidifica alguns aspectos da realidade num campo incorrigível e autoevidente de "não problemas"; por outro, ela traça a linha que torna tudo que foi deixado do outro lado potencialmente problemático. Ou seja, o processo de tipificação determina, pelos mesmos motivos, o que deve ser determinado e o que deve permanecer indeterminado.

Como já sabemos, o estoque de conhecimento contém a informação de que existem outras pessoas como nós e que a sua conduta tem a mesma estrutura que nós "conhecemos" a partir da experiência do nosso próprio comportamento. Esse conhecimento transforma as outras pessoas em parceiros potenciais numa comunicação que é considerada uma "troca de significados", um esforço mútuo para captar a mensagem transmitida por palavras, gestos, expressões faciais etc. As outras pessoas (de novo, um pouco de conhecimento é um elemento indispensável da atitude natural) se diferenciam de todos os outros tipos porque devem ser compreendidas; ou seja, sua conduta deve ser interpretada como uma ação basicamente voluntária e orientada por um propósito.

Uma vez definidas pela atitude natural como, acima de tudo, parceiros potenciais da comunicação, as outras pessoas são tipificadas segundo a sua acessibilidade a essa função. Algumas ingressam

A compreensão como obra da vida: de Schütz à etnometodologia

no "mundo realmente ao alcance";[17] essas são as pessoas com quem eu realmente me comunico, com quem eu converso e que conversam comigo, que reagem a estímulos gerados por minha própria conduta; pessoas com as quais eu estou envolvido numa interação que exige uma vigilância constante quanto ao significado do seu comportamento, uma "interpretação recíproca" permanente. Todas as outras pessoas são tipificadas em meu mundo da vida de acordo com a sua distância desse modelo essencial de comunicação baseado no "mundo realmente ao alcance". Desse modo, algumas pessoas pertencem ao "mundo com um potencial de alcance" (tanto "restauráveis" como "atingíveis", desde que elas possam entrar com frequência no círculo central do mundo da vida, a saber, o "mundo realmente ao alcance". Porém, como elas não estão lá o tempo todo, uma parcela significativa das suas atividades ocorre sem que eu tenha a necessidade ou a possibilidade de interpretá-la, e vice-versa; só uma pequena parte da minha conduta passa por seu escrutínio. Essa interação parcial é, naturalmente, uma questão de grau. À medida que passamos da comunicação quase ilimitada para contatos cada vez mais esporádicos e fragmentados, o mundo das outras pessoas se torna estratificado. Quanto mais distante a camada em questão estiver do centro do "mundo realmente ao alcance", mais fina será a fatia das experiências compartilhadas com cuja interpretação estaremos de acordo. Cada vez menos pessoas são consideradas parceiras na comunicação real ou potencial; cada vez menos a interpretação e a compreensão parecem ser os métodos indispensáveis de lidar com elas. Os indivíduos, tão importantes e vigorosos quando estão dentro do "mundo realmente ao alcance", se transformam gradualmente em espécimes típicos, enquanto a tendência à "explicação causal" do seu comportamento (em sintonia com o modelo dos objetos inanimados) controla o impulso de interpretá-lo em termos de significado e propósito.

---

[17] Ibid., p.36 ss.

Procurei transmitir a atmosfera das teorizações de Schütz em vez de seus conteúdos. Espero, contudo, que o significado da "analítica transcendental" esteja agora suficientemente claro. O estoque de conhecimento, junto ao mundo da vida estratificado e dividido "desde o princípio" em tipos estáveis e margens indeterminadas, é um produto típico da "analítica transcendental". Na verdade, uma vez feita a pergunta "sem a qual o mundo da vida seria inconcebível", torna-se evidente e necessariamente verdade que o estoque de conhecimento, como foi esboçado antes de forma fragmentada, deve ser a primeira parte da resposta. A segunda parte são os "procedimentos interpretativos", já mencionados brevemente. De fato, uma vez que o estoque inicial de conhecimento está dado, a questão seguinte é a sua aplicação para produzir mundos da vida reais durante o processo de interação diária entre os membros de uma comunidade de homens e mulheres. Essa é a famosa questão do "como", que, segundo a "analítica transcendental" concebida por Schütz, constitui a essência da sociologia.

Os textos de Schütz estão cheios de questões "como". Aqui temos alguns exemplos escolhidos ao acaso:[18]

> Como as tipificações são constituídas no estoque de conhecimento é um problema que ainda deve ser investigado em detalhe.

> Como a transformação de um possível problema num problema real acontece, como eu fico motivado com uma explicação do horizonte, é uma questão cuja solução deve nos interessar agora.

> Como acontece o desenvolvimento desses estoques de conhecimento. Não é preciso enfatizar que não queremos nos preocupar aqui com a formulação de hipóteses histórico-causais ou de esquemas de significado. Essa tarefa pertence ao campo da sociologia empírica do conhecimento. Estamos interessados, antes, na questão básica de quais são os pressupostos gerais para a formação de um estoque social do conhecimento.

---

[18] Ibid., p.7, 9, 261-4.

A compreensão como obra da vida: de Schütz à etnometodologia

(A resposta a essa pergunta é que o estoque subjetivo de conhecimento tem de ser "anterior" ao social; mas isso é explicitamente postulado não como uma proposição analítica empírica, mas como uma proposição analítica transcendental:

Um estoque subjetivo de conhecimento independente do estoque social de conhecimento é concebível sem contradição. Por outro lado, imaginar que este último se desenvolve independentemente da aquisição subjetiva de conhecimento é totalmente absurdo.)

Quais são os pressupostos para aceitar o conhecimento subjetivo no estoque social de conhecimento?

Numa esfera em particular, as questões "como" são imperativas. É fácil perceber que essa esfera se sobrepõe, de maneira geral, ao campo tradicionalmente ocupado pela pesquisa sociológica. Schütz define essa esfera como "conhecimento habitual", que ocupa:

> uma posição híbrida entre os elementos básicos do estoque de conhecimento e o estoque de conhecimento no sentido mais restrito. Os primeiros elementos são universais e, em princípio, invariáveis. [...] Os elementos básicos do estoque de conhecimento estão ao alcance de todos; eles são os mesmos independentemente da visão de mundo natural-relativa em que ele tenha sido socializado.[19]

Imagina-se que os últimos elementos não sejam aqueles nos quais o projeto de Schütz esteja particularmente interessado; ele os deixa, com prazer, para as "hipóteses histórico-causais" já mencionadas; as questões "por que" normalmente são questões empíricas, que exigem explicações causais ou quase causais, e Schütz não tem nenhum interesse em contribuir com a técnica de respondê-las desenvolvida em outro lugar. Mas o campo intermediário, o do "conhecimento habitual", é considerado frequentemente um ponto pacífico para ser investigado a sério. O sociólogo medíocre raramente vai além da colheita de seus frutos conceituais; é raro

---

[19] Ibid., p.109.

261

ele estar genuinamente interessado em seus processos de fruição. Enquanto se comporta dessa maneira, o sociólogo medíocre não consegue se livrar da atitude natural e colocá-la diante de si como um objeto de análise teórica. Na atitude natural, os elementos do conhecimento habitual "são um componente indispensável de cada horizonte experimental, sem que eles mesmos se tornem o centro da experiência". Logo, "é só por meio da reflexão, na atitude teórica, que eu posso entendê-los com a força da consciência.[20] Mas trazê-los "com a força da consciência" é justamente a tarefa fundamental da pesquisa sociológica tal como Schütz a vê. Só quando isso for feito é que poderemos dizer que realmente compreendemos a ação humana. Portanto, a tarefa da compreensão se resume à questão de como o conhecimento habitual passa a ser formado e depois usado para gerar a ação humana.

A sociologia de Schütz é deliberadamente formal. Ela não é adequada (nem pretende ser) para compreender por que este ou aquele elemento de um determinado mundo natural-relativo (um dos muitos possíveis) é do jeito que é e não diferente do que é, como ele claramente poderia ser. Sua sociologia não se interessa pela "essência" das coisas, a principal preocupação de Husserl. Nem se sente particularmente entusiasmada pelo desejo de compreender um objeto cultural historicamente dado em sua singularidade própria, que era o significado da compreensão de acordo com a concepção da hermenêutica histórica tradicional. Em vez disso, a sociologia de Schütz assume a mesma postura em relação ao mundo social que Kant assumiu em relação ao conhecimento em geral: ela quer imaginar as condições em que qualquer objeto pode adquirir a sua "essência", ou qualquer fato cultural pode alcançar a sua individualidade. Desse modo, ela é programaticamente neutra em relação a qualquer tipificação com a qual a postura natural possa compor a sua reali-

---

[20] Ibid., p.101.

dade. Como o antropólogo que deixou Popper tão enfurecido, ela vai insistir em deixar claro o padrão do processo de tipificação, em vez de tentar apreender de forma imanente seus resultados exteriorizados ou explicá-los geneticamente. Na sociologia de Schütz, compreender um objeto cultural significa enunciar os pressupostos sem os quais o objeto em questão não conseguiria surgir.

Esta não é simplesmente uma escolha arbitrária do seu campo de interesse, à qual todo estudioso tem direito. Schütz acredita que esse é o único caminho que uma sociologia "compreensiva" poderia seguir. Na verdade, a única base de significados é o mundo da vida no qual eles estão inseridos; eles só conservam a sua objetividade na medida em que a "visão de mundo relativa" da qual eles fazem parte continua sendo o mundo "natural" de uma determinada comunidade; e o único lugar em que se pode estudá-la é o próprio local em que ela nasceu e se manteve. Um sociólogo empenhado em compreender, e não apenas descrever, os fenômenos sociais tem diante de si apenas duas possibilidades: ele pode levar a sério as preocupações dos seus objetos humanos e tentar ajudá-los enquanto eles testam reiterada e continuamente a consistência e a coerência das suas imagens da realidade; ou ele pode lhes dizer que aquilo que eles consideram "objetividade", "verdade" etc. recebe todo o sentido que ele possa ter das próprias atividades deles, e, portanto, a única maneira sensata de abordá-lo é desvendar o ambiente socialmente organizado no qual ele é produzido e mantido vivo. Como diz Garfinkel, "o sentido (ou o fato) *reconhecível*, ou o caráter metódico, ou a impessoalidade, ou a objetividade dos relatos não são independentes das ocasiões socialmente organizadas de seus usos". Ou, de maneira ainda mais enfática, "'Realmente', fiz uma referência inevitável a tarefas ocupacionais diárias e ordinárias".[21] Num contexto um pouco diferente, Alan Blum analisou o verdadeiro

---

[21] Garfinkel, op. cit., p.3, 14.

significado do termo similar usado para "realmente" – a expressão utilizada com frequência "nós concordamos que" – e sugeriu que ela "passa a significar nossa concordância em não tratar daquilo que o 'nós concordamos' não diz, e ela surge não como uma limitação ou falha do projeto, mas como uma característica positiva e construtiva".[22] Dir-se-ia que "nós concordamos" é um termo preferido dos estudiosos ou de outras pessoas para quem a possibilidade de o 'não diz' ser problemático ocorreu, mas foi eliminada. "Realmente" seria uma expressão usada com mais frequência por pessoas francamente ignorantes de todas as coisas que elas precisam ignorar para acreditar na realidade do "realmente". Em ambos os casos, porém, os holofotes da "objetividade" podem se voltar para X só porque P, Q e R foram deixados na sombra. O espaço da vida diária rotineira e do conhecimento habitual deixado na sombra é aquele em que ocorrem processos essenciais que atribuem o grau de objetividade a alguns construtos culturais e expulsa outros para os lugares proibidos das coisas indizíveis. A etnometodologia trata de trazer essa área sombreada para a notoriedade da análise teórica, para mostrar que a

> "concordância compartilhada" se refere a diversos métodos sociais para efetuar o reconhecimento do membro de que algo foi dito-de-acordo-com-uma-regra e não com a combinação demonstrável de questões fundamentais. [...] Para atribuir prioridade exclusiva ao estudo dos métodos de ações concertadas e aos métodos de compreensão comum.[23]

Schütz forneceu bases teóricas para o que etnometodologia afirmou ser um programa de investigação empírica. Uma vez que, comprometidos com a "analítica transcendental", seria possível chegar, só por meio da dedução, aos "elementos básicos" do estoque de conhecimento. Também poderíamos deduzir que, entre os elementos básicos e o conhecimento específico explicável histórica

---

[22] Blum, *Theorizing*, p.21.

[23] Garfinkel, op. cit., p. 30-1.

A compreensão como obra da vida: de Schütz à etnometodologia

e causalmente, também deve haver uma zona intermediária na qual elementos básicos universais estão em ação produzindo visões de mundo "naturais-relativas" historicamente diversificadas. Mas dificilmente poderíamos descrever a estrutura dessa zona intermediária ("conhecimento habitual", na terminologia de Schütz) enquanto utilizássemos apenas a dedução. Temos de examinar atentamente as situações reais em que as pessoas interagem e "descobrir" como elas lidam com isso, em vez de construir um sistema axiomático que explique a possibilidade da sua interação. E é isso que etnometodologia se propôs a fazer.

Portanto, a etnometodologia é uma atividade basicamente empírica. Ela visa compreender a interação humana esclarecendo os procedimentos por meio dos quais os significados são produzidos na prática. Como vários dos seus praticantes mais famosos declararam recentemente, "nosso interesse [está] naquilo que chamamos de fundamentos ou presságios dos fenômenos, não nos próprios fenômenos".[24] Mas esses fundamentos ou presságios só podem ser alcançados por meio dos fenômenos; eles só podem ser recuperados por meio de um processo guiado pela teoria do mundo da vida, mas que começa na sua prática.

No entanto, a etnometodologia é conhecimento formal. Como a teoria da compreensão de Heidegger e seu lugar na existência, como a teoria do mundo da vida de Schütz, ela enunciou seu projeto em termos que excluem todas as tomadas de atitude a respeito dos fenômenos no mundo real. A neutralidade moral radical da etnometodologia foi alcançada restringindo seu aparato cognitivo para que ele possa ser usado somente para descrever a "tecnologia" da vida, não a própria vida, a "tecnologia" da produção de significado, não os próprios significados. Portanto, a sua neutralidade moral reflete a neutralidade da tecnologia que ela descreve.

---

[24] McHugh et al., *On the Beginning of Social Inquiry*, p.2-3.

A compreensão como obra da vida: de Schütz à etnometodologia

De fato, a característica impressionante da pesquisa empírica feita pela etnometodologia é que ela nunca leva à explicação dos fenômenos sobre os quais, ao menos à primeira vista, ela está concentrada. Ao contrário, ela tende a tornar os fenômenos sob investigação tão "transparentes" quanto possível. Os fenômenos servem melhor aos propósitos da atividade empírica etnometodológica se forem reduzidos a janelas através das quais é possível olhar diretamente para o intrincado mecanismo de relógio que eles escondem, em vez de revelar, na vida diária. Mas então o etnometodólogo não estaria interessado nas cremalheiras e nos fragmentos específicos, não universais e contingentes que tornaram os fenômenos o que eles são; em vez disso, ele tentaria moldar as propriedades gerais e indispensáveis do mecanismo do relógio, purificado ao máximo de todo conteúdo específico. Diríamos que a pesquisa etnometodológica não é *dos* fenômenos, mas *através* dos fenômenos. Portanto, ela está decidida a ignorar tudo que prive os fenômenos da sua transparência, tudo que solidifique os fenômenos em entidades específicas e individuais.

Portanto, a atividade empírica da etnometodologia está subordinada à tarefa da "analítica transcendental". Como toda analítica transcendental, ela produz um conhecimento essencialmente negativo: ela dissolve os fenômenos aparentemente sólidos a ponto de as suas bases processuais se tornarem visíveis. Ela revela que a "ação dos membros no mundo" é a única base desses fenômenos.

Entretanto, se os fenômenos (e aquilo que reificamos como seus "significados") têm como única base a ação dos membros, uma questão que não faz sentido dentro do discurso etnometodológico é a questão da verdade. De fato, a etnometodologia não dispõe de instrumentos que lhe permitam diferenciar os significados "verdadeiros" dos "falsos", a compreensão "verdadeira" da "falsa". O êxito ou o fracasso da interação depende do acordo entre os membros quanto ao tema da sua conversa, mas em nenhum momento ele depende de uma correspondência entre o significado que os membros

A compreensão como obra da vida: de Schütz à etnometodologia

atribuem ao tema e determinadas características intrínsecas do tópico baseadas em algo que não seja o próprio acordo – por exemplo, "um objeto real lá fora" mencionado na conversa. Para Durkheim, a crítica moral de uma realidade social só poderia ser questionada da perspectiva de outra sociedade; para a etnometodologia, a validade de um acordo só pode ser contestada e posta em dúvida da perspectiva de outro acordo comunitário. Mas não há nenhum motivo pelo qual a nossa preferência por um dos acordos concorrentes poderia ser justificada de forma convincente, isto é, nenhum motivo que não seja, em última análise, outro acordo.

Do ponto de vista da etnometodologia, a referência a "objetos reais", "indicadores objetivos" etc. nada mais é que uma maneira pela qual os membros negociam e explicam seu acordo. Fingir que poderíamos obter um acesso direto aos próprios objetos enquanto utilizamos recursos que não têm base comunitária implicaria uma ideia absurda de conhecimento sem significados e de discurso sem linguagem. A única realidade da qual podemos estar conscientes, termos uma noção e sermos capazes de explicar é construída durante a ação dos membros.

Da forma como é postulado pela etnometodologia, o problema da compreensão está radicalmente divorciado do problema da verdade. Mais precisamente, a verdade (ao menos no sentido da correspondência entre o que está sendo dito e o que se disse a respeito de algo) se torna irrelevante para explicar a origem, a base, a construção e o suporte da compreensão.

Recordamos que, para Dilthey, a localização do ato de compreensão é uma tradição histórica (a versão de Dilthey do enraizamento comunitário) que se mostrou um problema extremamente difícil em razão dos obstáculos que ela ergueu no caminho do conhecimento objetivo e verdadeiro do significado. Dilthey não concebeu nenhuma solução definitiva, exceto o "fim da história", para o paradoxo de uma história-livre, apreensão objetiva do significado que se esperava que fosse alcançada a partir de uma perspectiva inevitavelmente histórica.

A compreensão como obra da vida: de Schütz à etnometodologia

Husserl procurou uma saída para o dilema da compreensão por meio de uma razão capaz de se purificar da restrição histórica. Essa purificação resultaria – Husserl esperava – num divórcio radical entre a busca dos verdadeiros significados e a atividade empírica da compreensão, incuravelmente relativista que é e que continuará sendo para sempre. Heidegger rejeitou a possibilidade dessa purificação. Para ele, a compreensão só pode ser uma projeção e uma reprojeção infinitas, um processo interminável de recapitulação ao longo do qual a tradição fornece tanto a base como o objeto do conhecimento. Vimos que para explicar a validade dessa compreensão Heidegger teve de reformular o conceito de verdade. A compreensão é verdadeira não no sentido da correspondência entre uma afirmação e a realidade sobre a qual ela diz algo, mas no sentido da autorrevelação da existência; portanto, a autocompreensão da existência, "a verdade sobre a existência" (ou melhor da existência), não pode ser menos histórica (e, desse modo, menos "relativa") que a própria existência. A etnometodologia descartou os adereços mais sutis da argumentação de Heidegger, mas recuperou a essência da mensagem: por causa da sua autoconsciência, o processo de compreensão deve estar divorciado do problema da verdade tal como ele foi concebido e ganhou destaque com o avanço da ciência positiva.

Naturalmente, essa decisão arrojada levanta a questão do *status* da própria etnometodologia como um conhecimento confiável do ato da compreensão. Se o "relativismo comunitário" é o incômodo de todo conhecimento, a etnometodologia não pode ficar de fora da regra universal. Daí a acusação de "regressão infinita" dirigida com frequência contra a atitude etnometodológica. E, no entanto, a etnometodologia não pode deixar de tratar a acusação com indiferença; na verdade, não é difícil para ela agir assim. Naturalmente, a etnometodologia tem "raízes comunitárias"; todo conhecimento tem, e não há como ser diferente. Ter raízes comunitárias não prejudica a validade da etnometodologia mais do que o fato de, digamos, a física ser uma discussão de atividades num moderno laboratório

A compreensão como obra da vida: de Schütz à etnometodologia

de física que prejudica a validade do conhecimento físico. De certa forma, a acusação de "regressão infinita" só influencia as pessoas cujo discurso já envolve a noção de que a realidade está separada do mundo da vida e a verdade está separada do acordo comunitário. Mas essas noções são justamente aquelas para as quais a etnometodologia não tem serventia.

Entretanto, nem todos pensam assim. Considera-se que a tranquilidade com que a etnometodologia enfrenta as acusações de relativismo é obtida por um preço alto demais para ser aceitável. A serenidade etnometodológica exige que se abandone a esperança de um conhecimento verdadeiro (objetivo, apoditicamente obrigatório e definitivo). Essa exigência desafia duas expectativas poderosas geradas e alimentadas pela nossa era. A primeira, que o conflito entre opiniões contraditórias pode ser decidido fazendo-se referência a um ponto de vista que é mais confiável e a um guia de ação mais adequado porque não toma partido e está "acima dos conflitos". A segunda, que a emancipação da humanidade só pode ser alcançada por meio da destruição das falsas crenças, das ilusões e dos enganos. As duas expectativas só podem conservar seu vigor na medida em que a crença de que o verdadeiro conhecimento em geral, e a verdadeira compreensão em particular, for – em princípio – realizável e mantida (o "verdadeiro" significado corresponde a algo mais consistente e, portanto, mais confiável que as areias movediças do acordo comunitário). Este talvez seja o principal motivo pelo qual é improvável que a tranquilidade etnometodológica, por mais atraente que seja em razão da ausência de problemas que oferece, se torne uma postura universal. A busca pelo verdadeiro conhecimento e por seu fundamento vai prosseguir. O que Schütz e a etnometodologia revelam por trás da rotina diária são proposições universais invariáveis totalmente purificadas de toda especificidade histórica. Sua revelação "desmistifica" a realidade por trás da qual elas se escondem, mas também desmistifica, em vista da sua universalidade, toda realidade, inclusive aquela postulada pelas tarefas emancipadoras em questão. Não é que as proposições universais de Schütz sejam, na verdade, historicamente limitadas. Elas são, de fato, condições transcendentais de toda vida humana. Parece que existe outra coisa errada em seu projeto e em sua implementação etnometodológica: as proposições parecem agir em contradição com o impulso original de compreender.

Partindo do pressuposto de que a tarefa da compreensão é esclarecer as condições de todo significado e de todo entendimento, Schütz privou-a do único conteúdo que poderia ser útil para compreender com "consequências práticas". As pessoas começam a sentir a necessidade de compreender quando as suas intenções são contestadas e as suas esperanças destruídas. A exigência de compreensão surge da desesperança sentida quando o significado da condição humana é obscuro e o motivo do sofrimento incompreensível. A explicação detalhada de Schütz do motivo de essa obscuridade ser uma condição transcendental da vida do mundo ajuda tanto quanto uma descrição minuciosa da técnica de fazer nós ajuda o condenado a superar o medo da forca. Quando perguntamos a respeito do significado da nossa experiência, estamos interessados, acima de tudo, não no significado do sofrimento em si, mas no do sofrimento sentido aqui e agora; se queremos saber por que o nosso destino é tão obscuro, estamos interessados acima de tudo em compreender os motivos de uma obscuridade específica aqui e agora, para nos livrarmos de uma forma específica de sofrimento que sentimos de maneira extremamente dolorosa neste momento específico, e que, portanto, constitui "objetivamente" uma etapa indispensável no interminável processo de emancipação: o único "significado" de emancipação que realmente importa na situação em questão. Mas dificilmente esses interesses podem ser satisfeitos unicamente por meio da análise transcendental, ou por meio da pesquisa empírica que visa apenas as características formais do processo de vida. Esses interesses não podem ser satisfeitos por nenhum projeto intelectual que considere irrelevante a historicidade ou a especificidade histórica do seu objeto.

Sendo a emancipação, sempre historicamente determinada e historicamente específica, fonte permanente do nosso impulso de compreender, é forçoso concluir que a análise penetrante de Schütz deixou o problema prático da compreensão onde este se encontrava.

9
A compreensão como a expansão da forma de vida

A respeito do sofrimento e da felicidade, Arthur Schopenhauer escreveu:

> Do mesmo modo que um riacho não forma um redemoinho enquanto não encontra um obstáculo, a natureza humana, bem como a animal, é feita de tal modo que nós realmente não notamos nem percebemos tudo que acontece de acordo com a nossa vontade. Se o percebêssemos, então o motivo disso seria, inevitavelmente, que aquilo não ocorrera de acordo com a nossa vontade, mas deveria ter encontrado algum obstáculo. Por outro lado, tudo que impede, contraria ou se opõe à nossa vontade, e, portanto, tudo que é desagradável e doloroso, nós sentimos imediatamente, de pronto e de maneira muito evidente. [...] Nisso reside a natureza negativa do bem-estar e da felicidade, ao contrário da natureza positiva do sofrimento.[1]

Se eu falo de felicidade, é porque alguma coisa me faz sofrer. Meu sonho de felicidade é um sonho da ausência de sofrimento. Minha imagem de alegria é o negativo da minha sensação de desgosto. Meu Jardim do Éden é a libertação de tudo que me atormenta no Vale de Lágrimas. A felicidade é o ato de libertação do sofrimento. O sofrimento sempre é específico. A imagem da felicidade sempre é

---

[1] Schopenhauer, *Parerga and Paralipomena*, v.2, p.291.

A compreensão como a expansão da forma de vida

generalizada, ao passo que a eliminação do sofrimento específico é vista como a erradicação de todos os sofrimentos.

Como isso é uma ilusão (a eliminação de um sofrimento específico é apenas a eliminação de um sofrimento específico), a felicidade só é possível como um propósito, um desejo, um esforço. Com diz Freud, "somos feitos de modo a só podermos derivar prazer intenso de um contraste, e muito pouco de um estado de coisas".[2] Embora tenhamos a tendência de projetar a felicidade no estado de satisfação, a felicidade se encontra inteiramente em seu projeto e no esforço que ele inspira. Não existe estado de felicidade; existe apenas luta contra o estado de sofrimento.

O engano é um dos obstáculos que obriga o riacho da vida a formar redemoinhos. A incompreensão é uma forma extremamente comum de sofrimento. Ela torna a nossa situação incerta, imprevisível, cheia de perigos. Ela nos impede de perceber essa ordem que "decide quando, onde e como algo deverá ser feito para que [...] sejamos poupados da hesitação e da indecisão".[3] No estado de incompreensão não sabemos "como seguir em frente" (Wittgenstein). Nosso processo de vida, portanto, ameaça chegar a um impasse.

A incompreensão é um estado que exige um esforço para tornar o incerto certo, o imprevisível previsível, o opaco transparente. Chamamos esse esforço de "compreensão". Nós o projetamos como um estado no final do nosso esforço. Mas esse estado não existe. Não existe estado de compreensão. Só existe luta contra a incompreensão. A imagem da compreensão é o negativo da experiência da incompreensão.

Só a experiência da incompreensão é que nos torna conscientes, instantaneamente, da tarefa da compreensão. Enquanto estamos envolvidos com atividades rotineiras e metódicas, nas quais os acontecimentos se seguem uns aos outros com a regularidade da noite e do dia, não

---

[2] Freud, *Civilisation and its Discontents*, p.13.
[3] Ibid., p.30.

274

A compreensão como a expansão da forma de vida

podemos descobrir que a compreensão é um trabalho em si mesmo, um trabalho que exige um conjunto independente de habilidades próprias. Só depois que a rotina é interrompida é que podemos, em retrospecto, reajustar nossas lembranças de uma conduta supostamente prosaica para mostrar que ela contém uma complexa atividade de compreensão. Percebemos que o conhecimento de "como seguir em frente" é uma tarefa só quando *não* sabemos como seguir em frente.

A incompreensão, porém, é tão comum como a rotina diária. Ela é gerada ininterruptamente nas duas fronteiras em que as regras revelam a sua ambiguidade e os hábitos se mostram guias medíocres. A primeira é a fronteira da "realidade exterior", a segunda é a fronteira da "realidade interior".

As duas "realidades" são fontes potenciais de incompreensão porque elas resistem, de vez em quando, à nossa intenção e impedem que nos comportemos do modo que, não fora isso, o faríamos. Elas podem resistir às nossas intenções porque são, por assim dizer, fontes independentes de ação, quer dizer, independentes da nossa vontade. O outro nome para a sua independência é a nossa falta de controle sobre elas. A realidade é algo cuja etapa seguinte só depende em parte daquilo que eu faço ou pretendo fazer. Esta é uma expressão "ontológica" daquilo que em termos práticos é "falta de controle".

Em primeiro lugar, tentamos lidar de forma preventiva com a tendência que a realidade tem de ser incerta. Tentamos diminuir a possibilidade de geração de incerteza. Isso pode ser feito, obviamente, submetendo a realidade ao nosso controle. Coletivamente, nós sempre tentamos fazer isso, e a ordem artificial chamada "civilização" é uma prova dos nossos esforços. Erguemos barreiras entre os enclaves do "mundo civilizado" e a natureza selvagem. Tentamos manter o ar do interior dos muros livre dos germes e dos vírus que abundam do lado de fora; construímos casas em que a chuva não entra e a temperatura se mantém estável dentro de uma faixa estreita de variação. Como nos faltam os recursos para submeter toda a natureza a esse controle (para encerrá-la toda dentro dos enclaves civilizados), o controle assume, sobretudo, a forma de separação. A tarefa é manter do lado de fora a parte da natureza que não podemos submeter à nossa vontade.

A outra forma que o nosso esforço para evitar a incerteza pode assumir é o acordo. Só uma parte da "realidade exterior" é potencialmente passível dessa forma de controle, a parte composta pelas outras pessoas. Como as consideramos réplicas de nós mesmos, supomos que, assim como nós, elas podem, se se esforçarem bastante, evitar um comportamento descuidado, isto é, evitar criar uma situação de incerteza para os outros. Ou seja, supomos que elas podem, de um modo geral, controlar a sua "realidade interior". É por isso que podemos concordar em atribuir variações específicas de comportamento a situações específicas. Em vez de isolar a parte da realidade incapaz de autocontrole, no caso do acordo nós isolamos partes da possível conduta dos elementos – humanos – da realidade que consideramos "responsáveis", isto é, capazes, em princípio, de controlar seu próprio comportamento. Cuidamos para que eles não recorram à força física para conseguir algo que as "regras" rejeitam. Cuidamos para que eles reajam às nossas aberturas de uma das poucas formas que as regras permitem. É claro que não basta ser um humano para ser tratado como tal. Normalmente, nós não acreditamos que todos os seres humanos são capazes de respeitar as regras. Normalmente, existem tipos de pessoas que, a exemplo da natureza incontrolável, preferimos manter fora das fronteiras. Nós geralmente preferimos isolar raças estranhas, criminosos, doentes mentais e, às vezes, crianças ou mulheres.

Desde que transcorra tranquilamente, a rotina diária não justifica a premissa de que a compreensão é um problema que deve ser resolvido por um conjunto isolado de métodos teóricos ou práticos. "Transcorrer tranquilamente" significa, sobretudo, um casamento entre expectativas tipificadas e a conduta real das pessoas que

A compreensão como a expansão da forma de vida

constituem uma parte do grupo no qual transcorre a rotina diária. Durante a maior parte da história da humanidade, isso foi sendo alcançado limitando-se rigidamente o número e os tipos de pessoas que, em razão de todos os objetivos práticos e, portanto, teóricos, faziam parte desse grupo.

Há diversas maneiras de manter o grupo pequeno. Em toda parte, até bem recentemente – e em grande parte do mundo atual –, o grupo foi "naturalmente" pequeno, graças à restrição técnica da mobilidade geográfica. Então, para a maioria das pessoas, as fronteiras da sua "simplicidade" (o cercado aconchegante dentro do qual elas podiam agir de maneira prosaica, sem se afastar dos seus próprio atos e sem transformá-los em objetos de análise) se aproximaram bastante das fronteiras do seu *oikoumene* – o mundo habitado conhecido –, quando não coincidiram com elas. Os sinais de alerta – navegadores romanos espalharam *hic sunt leones* [aqui há leões] nas margens dos seus mapas – eram erguidos nas proximidades das suas casas; ninguém espera se comunicar com uma *communitas leonum* [comunidade do leão], que dirá compreendê-los na hipótese improvável que eles tentem se comunicar.

E, o mais importante, a pequena *oikoumene* podia ser, e na maioria dos casos era, facilmente administrada com um único conjunto de significados e valores que raramente eram contestados, quando muito. É comum que as definições socialmente disponíveis do mundo sejam

> consideradas "conhecimento" a respeito dele e sejam constantemente verificadas pelo indivíduo por meio de situações sociais em que esse "conhecimento" é aceito naturalmente. O mundo socialmente construído se torna o mundo *tout court* – o único mundo real, em geral, o único mundo que alguém pode sinceramente imaginar.[4]

---

[4] Berger, Identity as a Problem in the Sociology of Knowledge. In: Remmling (org.), *Towards the Sociology of Knowledge*, p.275.

A compreensão como a expansão da forma de vida

Além disso, os habitantes da pequena *oikoumene* nunca eram confrontados com a possibilidade de que podia haver outros mundos, e que, consequentemente, seu "conhecimento" podia ser parcial ou conter alguma outra deficiência. A *oikoumene* inteira estava sujeita à mesma autoridade cultural; portanto, as definições produzidas e preservadas por essa autoridade possuíam a força e a solidez da natureza, e dificilmente poderiam revelar sua base "meramente convencional", que hoje associamos às regras feitas pelo homem, diferentes das leis estabelecidas pela natureza. As bases convencionais das definições, dos significados ou dos valores só podem ser descobertas no choque entre diversas autoridades reciprocamente autônomas que competem entre si pela verdade e pela força vinculante dos seus pronunciamentos.

Sozinha, a mobilidade geográfica limitada só conseguia sustentar o monopólio da autoridade cultural nas sociedades mais primitivas. Nos primeiros períodos da história, ele foi complementado por outros elementos concretos: prescrições e proscrições feitas pelo homem, cujo objetivo comum era distinguir entre proximidade física e cultural; em particular, impedir a comunicação cultural que a comunicação física tornara possível. Desse modo, o solar e a aldeia permaneceram durante séculos próximos um do outro; não há dúvida de que as suas respectivas "definições de mundo" e seus respectivos códigos de comportamento eram nitidamente diferentes; no entanto, a comunicação extremamente ritualizada e, por outro lado, restrita entre ambos, disposta numa estrutura fechada e formal de um cerimonial inviolável, impediu, na prática, a possibilidade de que o choque de significados se realizasse de uma forma que pudesse pôr em perigo as trocas mútuas. Permitiu-se que a aldeia vislumbrasse apenas as bordas externas e "públicas" do solar; o solar e a aldeia falavam línguas diferentes; só era possível se aproximar do solar e se dirigir a ele em ocasiões especiais e rigidamente determinadas e sobre assuntos também rigidamente definidos. Estas e muitas outras regras culturais simples mantiveram o solar e a aldeia, embora

A compreensão como a expansão da forma de vida

próximos um do outro fisicamente, em compartimentos estanques; no geral, os vazamentos que podiam despejar significados de um recipiente para o outro foram eficazmente controlados. Portanto, as restrições naturais de comunicação foram estimuladas e fortalecidas por barreiras socioestruturais. Ambas foram coroadas por princípios culturais que certamente desestimularam a "curiosidade mórbida" por modos de vida alternativos e, particularmente, a tentação de imitar estilos prescritos para outros. A ideia de perfeição, que a doutrina cristã trouxe da *Metafísica* de Aristóteles, exigia a conformidade com a sua própria gente, tachando a miscigenação cultural de impudicícia execrável.[5] Tanto em Aristóteles como em Platão, a palavra "perfeito" (*teleos*) foi usada quase como um sinônimo de "total" e "completo" (*pan, holos*). Segundo Aristóteles, perfeito é o que é pleno, o que contém todos os seus componentes; perfeito é o que em seu próprio gênero não pode ser melhor, que serve bem ao seu propósito. Subjacente a todas essas descrições está a ideia da variedade de maneiras em que uma coisa, ou uma pessoa, pode ser perfeita; cada categoria tem seu próprio modelo de perfeição, determinado por seu propósito e pelo gênero a que ela pertence e o qual ela não pode escolher nem mudar a seu bel prazer. Essa ideia de perfeição, mensurável apenas em relação a uma categoria, e não em relação a um critério absoluto comum a todos os seres humanos, permaneceu praticamente incontestada ao longo de toda a Idade Média. Daí a cegueira treinada para o modo de vida estranho, tão impressionante nos peregrinos medievais que se dirigiam à Terra Santa, e a lentidão com que a Europa passou a considerar civilizações e culturas recém-descobertas como um questionamento à sua presunçosa e pretensa retidão.

Com o trânsito na fronteira reduzido ao mínimo em razão disso, e os viajantes equipados com antolhos infalíveis, uma diversidade de formas de vida podia coexistir ao alcance umas das outras sem gerar

---

[5] Cf. Tatarkiewicz, *O Daskonalosci*, p.7.

o ambiente de incerteza do qual nasce o problema da compreensão. Isso podia persistir desde que a autoridade de cada padrão cultural continuasse incontestada em seus próprios domínios.

No entanto, a menos que fosse estimulado, nem sempre o isolamento cultural evitava a incerteza. Quando e onde foi imposto sobre grupos cujos contatos recíprocos não eram apenas esporádicos e marginais, ele teve de se apoiar na força. Enquanto permanece incontestado, o controle obtido e protegido pela força permite que o grupo dominante descarte a questão da diversidade cultural considerando outros estilos de vida como desvios condenáveis do padrão correto, ou como padrões inferiores por serem estranhos. Essa visão – é preciso reenfatizar – nunca era suficiente, a menos que fosse apoiada pela superioridade real do poder ou da força física. Considerar um padrão superior pode continuar eficaz como uma forma de suspender a comunicação (minimizando, portanto, a possibilidade de supor que a compreensão é uma tarefa) somente na medida em que isso complemente e reflita a verdadeira relação de subordinação. Ou, embora por um período relativamente breve, uma visão semelhante pode extrair sua força das aspirações de um grupo que vise estabelecer seu próprio controle.

Qualquer uma das situações normalmente acompanha a noção "hierárquica" de cultura.[6] A primeira situação obviamente serviu de base a padrões culturais aristocráticos, cujo predomínio antecipou efetivamente a declaração de que o problema de comunicação era um problema de negociação e acordo. Nesse aspecto, a forma aristocrática de controle é importante para a contradição insolúvel que pesa sobre ela: por um lado, ela apresenta o padrão aristocrático que está no topo da hierarquia cultural como o único cuja imitação pode, em princípio, corresponder ao ideal moral de perfeição; por outro lado, ela reflete a divisão social rígida e estável numa sociedade governada

---

[6] Pode-se encontrar mais sobre essa ideia em Bauman, *Culture as Praxis*, cap.1.

por uma aristocracia, e, portanto, torna abjeto, além do mais, o que já é difícil de alcançar. A rede aristocrática de valores e padrões comportamentais é equivalente ao estilo mais nobre e moralmente perfeito; ela é um ideal que só pode ser alcançado por meio de esforço e prática diligentes; ao mesmo tempo, afirma-se que a própria propensão para esse esforço não é alcançável por meio da sua prática, mas concedida no momento do nascimento a algumas pessoas e, de modo geral, negada a outras. Numa sociedade aristocrática, a visão hierárquica de cultura impede e destrói as aspirações cuja base moral ela própria provê. A sociedade aristocrática é construída mais com barragens do que com pontes. As duas barragens mais importantes foram descritas por Weber com os nomes de *commercium* e *connubium*, a dupla de exclusões institucionalizadas: a segunda reforçou com regras endogâmicas o que a primeira alcançou ignorando contatos sociais indesejáveis entre grupos fisicamente próximos mas culturalmente distantes. Como resultado, os estamentos ou castas de uma sociedade como essa tinham muitas, se não todas, das marcas das populações "endogâmicas", cujas "mutações culturais" internas demoravam para cruzar as fronteiras do grupo.

E, no entanto, a própria natureza hierárquica da sociedade aristocrática reduziu a eficácia das restrições impostas à comunicação intergrupal. A sociedade aristocrática não poderia deixar de estimular a imitação, que é combatida insistindo-se no valor desigual dos estilos de vida. Por isso mesmo, ela ressaltou a natureza assimétrica e não recíproca da comunicação cultural. O modo como ocorreu o movimento cultural entre os estamentos poderia ser mais bem descrito como um "gotejamento" e não uma "circulação" dos padrões culturais. A hierarquia unívoca canalizou e organizou os empréstimos culturais possíveis. Gabriel Tarde até chegou a definir a aristocracia como um grupo cuja característica mais notória era o seu "caráter iniciático".[7] Enquanto McDougall tentou utilizar a

---

[7] Tarde, *Les Lois de l'imitation*, p.248.

tendência "declinante" da imitação cultural, tal como engendrada pela visão hierárquica dos ideais culturais, para explicar o vigor ou a lentidão da mudança cultural.[8] Na Rússia, por exemplo, o impulso que a aristocracia podia dar à inovação cultural foi em grande medida ineficaz em razão da ausência de uma classe média que servisse de intermediária. Não existe imitação, disse McDougall, se a distância entre os grupos é grande demais. Na Inglaterra, onde o espaço entre a aristocracia e as classes baixas estava firmemente preenchido por uma classe média compacta e ramificada, a imitação foi imediata e a mudança cultural, vigorosa.

Se a comunicação entre os padrões culturais era assimétrica, o mesmo acontecia, e talvez em grau ainda maior, com a curiosidade a respeito dos modos de vida desconhecidos. Os padrões assinalados como os mais nobres e refinados podiam, frequentemente, ser observados de perto e cuidadosamente copiados (se não examinados) pelos de baixo que aspiram à promoção social; a literatura medieval tardia está cheia de admoestações para os ricos e arrogantes *burghers* que faziam justamente isso. Mas não havia quase nenhum incentivo para diminuir a curiosidade. Estilos e padrões estigmatizados como inferiores não eram considerados "culturas" por direito próprio, completas com valores fundamentais e lógica própria. Eles eram percebidos mais como versões imperfeitas ou degeneradas (imaturas, na melhor das hipóteses) de padrões hierárquicos mais elevados. Eles tendiam a ser descritos em termos daquilo que lhes "faltava", ou daquilo "do que eles ficavam aquém", em vez de serem descritos em termos de seus traços positivos, embora congênitos. Sua dessemelhança não era vista como a prova da relatividade de toda e qualquer superioridade cultural; em vez disso, as suas "imperfeições" eram consideradas a prova viva das vantagens do padrão definido como ideal. A postura de avaliação possuía, por assim dizer, um mecanismo autocorroborante inato. Ela podia permanecer imune

---

[8] McDougall, *An Introduction to Social Psychology*, p.290 ss.

A compreensão como a expansão da forma de vida

à simples acumulação de um tipo cultural de conhecimento, desde que a estrutura de controle social que a sustentava permanecesse intacta e inexpugnável.

Só quando o governo da aristocracia e a inviolabilidade dos limites de propriedade foram abalados é que a unidimensionalidade dos modos de vida foi seriamente questionada. Não que a noção hierárquica de cultura (bem como a sua base: o controle social e político) tivesse falhado na tentativa de se reafirmar de uma nova forma. Mas foi por meio das fendas na autoridade da nobreza, até então monolítica, que, pela primeira vez, os intelectuais europeus descreveram os mesmos modos estranhos que eles observavam havia séculos como entidades de pleno direito, como formas de vida autossustentáveis que podiam e deviam ser abordadas em seus próprios termos.

Dúvidas acerca do bom senso dos padrões cuja atemporalidade real ou imaginária fora citada para justificar sua autoridade abriram os olhos de Montaigne para a relatividade de toda e qualquer forma de cultura: "Aquele que se libertar desse preconceito violento do costume descobrirá que muitas coisas que são aceitas com uma convicção incondicional só se sustentam graças às barbas brancas e às rugas que as acompanham". Ele escreveu com desprezo a respeito dos seus contemporâneos menos sérios que "quando se encontram fora da sua aldeia parecem estar fora do seu ambiente". Na verdade, "nem todo país, mas toda cidade e toda profissão têm sua forma específica de civilidade". O reverso de cada costume é a ignorância e a incompreensão de qualquer outro costume que for diferente do costume da pessoa. Daí a nossa propensão à intolerância, bem como a nossa relutância e incapacidade de valorizar imagens diferentes da boa vida. "Todos nós chamamos de barbárie aquilo que não se adéqua às nossas práticas."

Essas descobertas levaram Montaigne, o principal pensador moderno, a condenar o costume como aquilo que "embota os sentidos". Obedecer ao costume significava mergulhar, de forma automática, no próprio estilo de vida; jamais se distanciar do próprio estilo, jamais imaginar que esse estilo pudesse ser objeto de uma descrição e um escrutínio imparciais. A ignorância e a presunção culturais nascem da falta de reflexão.

> O efeito principal da força do costume é que ela nos pega e agarra tão firmemente que mal temos a capacidade de escapar das suas garras e retomar a posse de nós mesmos a ponto de discutir e raciocinar fora dos seus comandos. Na verdade, como nós os absorvemos junto do leite materno, e o mundo mostra o mesmo rosto aos nossos olhos de criança, parece que nascemos para seguir o mesmo caminho; e as ideias que circulam ao nosso redor e que introduziram em nossa alma a semente dos nossos antepassados nos parecem usuais e naturais. Ocorre, então, que acreditamos que aquilo que destoa do costume destoa da razão; só Deus sabe o quão irracionalmente na maioria das vezes.

Cem anos depois, Blaise Pascal, desenvolvendo os ideais seminais de Montaigne, declararia com franqueza que os nossos princípios naturais não "passam de princípios do costume", e que "um costume diferente produzirá princípios naturais diferentes".[9] Portanto, a diferença entre os nossos próprios ideais e os ideais aparentemente aprovados por outros povos não é a diferença entre a natureza e a sua adulteração ou negligência, mas entre diversos costumes igualmente bem ou mal fundamentados. Todo conjunto de costumes deriva sua resiliência da sua própria consistência e da sua capacidade de autocorroboração. Temos de nos erguer intelectualmente acima do nível da vida cotidiana, que é controlada pelo hábito e que não oferece nenhuma oportunidade de autorreflexão, para reduzir a natureza humana todo-poderosa a seu tamanho real e costumeiro. Esse distanciamento intelectual, que apresenta todas as "formas específicas de civilidade" como objetos exteriores cujos conteúdo e estrutura têm de ser investigados para serem apreen-

---

[9] As citações de Montaigne e Pascal, ao lado de outras relevantes para o tema, podem ser encontradas na excelente antologia compilada por Slotkin, *Readings in Early Anthropology*.

A compreensão como a expansão da forma de vida

didos, propõe um padrão de pensamento que torna a expressão da compreensão uma possibilidade problemática. Naturalmente, há mais em jogo que o simples distanciamento intelectual. Tanto Montaigne como Pascal mencionam que os outros costumes possuem sua própria validade e seu próprio significado. Pressupõe-se que as pessoas que conferiram a esses costumes seus significados são, pelo mesmo motivo, sujeitos. Esta é outra maneira de dizer que elas são respeitadas como seres independentes, que lhes é concedido o direito de selecionar, e defender, seus próprios conceitos de certo e errado, de desejável e indesejável. Postular que outra pessoa ou outra cultura é um sujeito que deve ser compreendido, em vez de um objeto cujo comportamento deve ser eventualmente explicado (isto é, reduzido a circunstâncias externas e objetificadas), pressupõe um grau de respeito, além da aceitação de uma igualdade, ainda que relativa.

Tanto o respeito como a aceitação da igualdade estavam ausentes na postura que considerava que as culturas estranhas eram distorções do padrão natural ou um distanciamento do ideal. Eles estiveram ausentes novamente na era da "missão do homem branco", quando a Europa parecia ganhar rapidamente o controle do mundo. A superioridade militar e econômica refletia a perfeição dos padrões culturais. "Os nativos" passaram a ser vistos como formas imaturas ou infantis que a civilização europeia tinha ultrapassado e deixado para trás num estágio do seu desenvolvimento. Portanto, os "nativos" eram vistos como formas mais ou menos "subdesenvolvidas" do que, em seu aspecto desenvolvido, viria a ser encontrado na civilização europeia. A maioria dos adultos enxerga as crianças da mesma maneira: como seres que estão num processo por meio do qual eles próprios se tornarão adultos, que, de forma incompetente, ainda estão se esforçando para alcançar esse objetivo, e que devem ser assistidos nesse esforço. Em vez de sujeitos de tipo diferente, as crianças são miniaturas imperfeitas da subjetividade adulta. Logo, é possível explicar o comportamento da criança fazendo referência não a seus

A compreensão como a expansão da forma de vida

propósitos e intenções, mas às lacunas temporárias nesses propósitos e intenções, e à incapacidade resultante de agir de maneira adulta.

O problema da compreensão só é plenamente apreendido na medida em que "o outro" é capaz de sustentar sua autonomia e a sua autonomia é reconhecida, com ou sem entusiasmo. Só então "o outro" é reconhecido como um sujeito dotado de autoridade na negociação que se segue.

A tarefa da compreensão se torna então a tarefa de alcançar a ação conjunta de sujeitos independentes em condições nas quais a ação conjunta não está automaticamente assegurada. A preocupação com a compreensão surge em resposta à divergência que é reconhecida como tal, e não, por exemplo, considerada como uma simples teimosia ou incompetência.

No primeiro polo analítico encontramos o funcionário que tenta desvendar as intenções obscuras do seu chefe a fim de favorecer seus caprichos, escapar da sua cólera ou conseguir sua proteção. Ou um estudante que muito se esforça em meio a locuções misteriosas de um livro didático a fim de apreender o significado que ele acredita estar ali, mas que lhe escapa. Ou um imigrante que se esforça bastante para saber se "Apareça lá em casa uma hora dessas" é um convite para aquela noite ou um recurso para encerrar a conversa. Ou um namorado que observa atentamente os sinais discretos no comportamento da parceira a fim de controlar a eficácia das suas abordagens. O que todos esses exemplos têm em comum é o reconhecimento de que o outro lado tem autoridade para guiar a ação do sujeito: a aceitação dos motivos "a fim de" do outro como os motivos do "por que" do ego. Querendo aprender "como seguir em frente", o ego aceita as intenções do outro como as condições basicamente inalteráveis da ação. Ele as trata como se tratam os fenômenos naturais, exceto pelo reconhecimento do *status* simbólico dos atos humanos observáveis, e, consequentemente, uma tolerância em relação à possível decepção, insinceridade ou inépcia técnica. O motivo que desencadeia o esforço de compreensão nesse sentido

A compreensão como a expansão da forma de vida

é a intenção do ego de adaptar seu comportamento às exigências apresentadas pela influência inquestionável do outro sobre o ego. Isso continua sendo verdadeiro mesmo se, no final, o ego procure usar o conhecimento adquirido sobre a intenção do outro para manipular o comportamento do outro em seu próprio interesse.

A resposta do outro polo tem origem numa intenção oposta: o ego deseja transformar seus próprios motivos "a fim de" nos motivos "por que" do outro. A autonomia do outro ainda é reconhecida; o outro ainda é reconhecido como o proprietário legítimo do significado, como a autoridade suprema que decide qual é o significado da sua ação. Mas agora a ação do ego não para em "decifrar" esse significado. A intenção do ego é induzir o outro a mudar o significado que ele atribui à situação. Não é a ação do ego, e sim a do outro, que tem de ser adaptada; e não é a autoridade do outro, e sim a do ego, que tem de ser aceita como legítima e inquestionável. Essa intenção dá sentido à negociação em que se buscam relações de poder novas ou modificadas. O modelo de negociação pode assumir várias formas, da luta escancarada pelo controle (a espada de Weber), passando pelo uso de incentivos não relacionados ao tema em questão (a bolsa de Weber), até as formas mais sublimes, nas quais se recorre apenas ao poder da persuasão (a pena de Weber).

Tornou-se habitual, embora de modo algum universal, diferenciar entre os esforços que fazemos quando confrontados com acontecimentos "naturais" incompreensíveis e os esforços mais prováveis e adequados no confronto com o comportamento humano incompreensível. Às vezes se sugere que o termo "compreensão", em desacordo com o uso comum, deve ser reservado para estes últimos. O estudo sistemático do comportamento humano e de seus produtos é, portanto, "ciência compreensiva". Está claro que o termo "compreensiva" nesta proposição aparece com um sentido diferente daquele que aceitamos até agora. Seu uso sugere que "compreensão" é uma atividade significativamente diferente daquilo

A compreensão como a expansão da forma de vida

que Karl Popper apresentou como universal para toda ciência, incluindo a ciência do social.

Na visão de Karl Popper, a ciência visa a explicação causal da realidade, construída de tal maneira que a explicação oferece, desde o princípio, os meios para prever (e, portanto, controlar, se possuirmos os recursos necessários) o fenômeno que está sendo investigado.

> Não existe muita diferença entre explicação, previsão e teste. A diferença não é de estrutura lógica, mas de ênfase; ela depende do *que consideramos ser nosso problema* e do que não consideramos ser nosso problema. Se não é nosso problema descobrir um prognóstico, embora consideremos que é nosso problema descobrir as condições iniciais ou algumas das leis universais (ou ambas) a partir das quais podemos deduzir um *dado* 'prognóstico', então estamos procurando uma explicação (e o dado 'prognóstico' se torna o nosso 'explicandum'). Se consideramos as leis e as condições como dadas (em vez de algo a ser encontrado) e as utilizamos simplesmente para deduzir o prognóstico, a fim de obter, por meio disso, novas informações, então estamos tentando fazer uma previsão.[10]

Finalmente (podemos acrescentar), se utilizamos os nossos recursos para criar as "condições iniciais" nas quais a lei geral vai fazer com que o fenômeno aconteça, ou, ao contrário, impedimos que as condições sejam preenchidas para evitar a ocorrência que consideramos indesejável, então estamos tentando controlar o fenômeno. O que equivale a reconhecer que, "em virtude da sua estrutura lógica, as teorias científicas são teorias tecnicamente utilizáveis".[11] A identificação do estado de incompreensão com a incapacidade de controlar, e a admissão de que o impulso para controlar é o motivo inicial da investigação científica estão explícitas na explicação científica. Superar a incompreensão é saber como, em princípio, controlar um fenômeno.

---

[10] Popper, *The Poverty of Historicism*, p.133.
[11] Wellmer, *Critical Theory of Society*, p.20.

A compreensão como a expansão da forma de vida

À primeira vista, é difícil perceber por que a compreensão da porção humana da realidade deve ter uma estratégia diferente. Se a realidade que confrontamos no momento é composta de objetos humanos ou inanimados, nós nos encontramos no estado de incompreensão do qual queremos muito escapar se nossos objetivos forem confusos e não nos vier "naturalmente" à mente nenhuma linha de ação satisfatória. Em outras palavras, nos dois casos entendemos a tarefa chamada de "compreensão" como aquela de retomar o controle da situação que tinha sido perdido. O "conhecimento" mental e a capacidade prática de agir estão, em ambos os casos, intimamente ligados. (Como Gadamer alertou recentemente, o termo alemão *Verstehen*, usado habitualmente para indicar a singularidade das humanidades como ciências "compreensivas", é usado originalmente na língua alemã "também no sentido de uma capacidade prática", por exemplo, *er versteht nicht zu lesen*, ele é incapaz de ler).[12] Também, em ambos os casos, queremos que esse conhecimento seja aplicado a fim de controlar a situação. Em vista dessa semelhança impressionante entre os dois casos que a sociologia "compreensiva" pretende apresentar como diferentes um do outro, temos de perguntar qual é o possível fundamento dessa diferença.

Dizem que a sociologia precisa ser uma ciência "compreensiva", já que o comportamento humano é "simbólico". Símbolos são objetos que nos remetem a algo além deles mesmos. De certa forma, eles possuem um significado que se encontra fora deles; só a pessoa que está ciente da "ligação invisível" entre o símbolo e o objeto que ele representa é capaz de apreender esse significado. Por exemplo, só quem conhece o código de trânsito "compreende" que um triângulo branco com silhuetas caminhando dentro dele é um aviso de que pode haver crianças atravessando a rua. Só um camponês do leste da Polônia que conheça bem os costumes locais compreenderá que a sua proposta de casamento foi recusada quando

---

[12] Gadamer, *Truth and Method*, p.231.

A compreensão como a expansão da forma de vida

lhe servirem uma tigela de mingau preto. No entanto, o argumento dos símbolos não parece convincente. Os símbolos podem atender os objetivos da compreensão e do controle só se a ligação com o objeto que eles simbolizam for regular e razoavelmente estável. Mas isso se aplica também aos sintomas que nos ajudam a compreender os eventos naturais. Desse modo, com a exceção de quem mora no deserto, uma calçada molhada "significa" uma chuva recente. Para todos aqueles que estão familiarizados com a química básica, a cor vermelha num papel de tornassol "significa" que a solução é ácida.

Uma réplica provável a esta objeção é que, ao contrário dos "sintomas", os "símbolos" são criados pelo homem. Ou seja, foram as pessoas que determinaram a conexão entre um símbolo e o seu referente; sem esse ato de determinação, não haveria nenhuma ligação entre os dois. Em outras palavras, os símbolos são arbitrários. Eles só poderiam variar se a decisão original tivesse sido diferente. No entanto, é fácil perceber que esse argumento, embora incontestavelmente verdadeiro, não tem importância imediata para o problema da compreensão. É um argumento tirado da história: ele aponta para a origem do significado dos símbolos em distinção aos sintomas, e não para uma diferença entre os processos envolvidos na compreensão de um ou de outro. É muito provável que o significado dos sintomas, igual ao dos símbolos, fosse um fenômeno histórico, que ele fosse determinado num momento específico por Deus. Porém, no que diz respeito aos nossos esforços para apreender a informação que o sintoma contém, isso é irrelevante. O que é relevante é que, ao menos durante o tempo do esforço, a ligação entre o sintoma e o seu referente seja bem definida e constante. Isso também se aplica aos símbolos compreensivos, por mais que estejamos conscientes de suas origens humanas.

De fato, quando eu digo "não compreendo" ao ser confrontado com um gesto humano estranho, uma frase de uma língua estrangeira ou um instrumento que não consigo vincular a nenhuma função conhecida, eu aceito tacitamente que existe algo a ser compreendido, que eu seria encaminhado para o seu referente se ao menos conhecesse a ligação entre eles. Em outras palavras, eu aceito que a ligação existe da mesma forma objetiva existente entre a calçada molhada e a chuva. É justamente por causa dessa suposição que a compreensão se torna um projeto viável. É verdade que os símbolos não foram símbolos desde o começo do universo, mas que eles só se tornaram símbolos quando a sua ligação com o referente deixou de ser aleatória e, consequentemente, arbitrária.

Foi Ferdinand de Saussure, o grande linguista suíço e pai da linguística moderna, que demonstrou que a arbitrariedade é a principal característica inconfundível dos signos humanos; ao contrário dos sintomas, a ligação entre *signifiant* [significante] (a forma sensível do signo) e *signifié* [significado] (seu conteúdo, significado ou referente) é puramente convencional. Ela aparece e desaparece juntamente à comunidade de pessoas que aceita essa convenção. Isso certamente é verdadeiro, na medida em que estejamos interessados na dinâmica histórica dos signos; no entanto, ainda não está claro de que maneira, se houver uma, essa origem peculiar dos signos tornaria a compreensão diferente da compreensão de outros signos com uma história comparativamente mais longa. Tendemos a concordar mais com o argumento apresentado por Émile Benveniste:

> Entre o significante e o significado, o laço não é arbitrário; pelo contrário, é necessário. O conceito ("significado") "boi" é forçosamente idêntico na minha consciência ao conjunto fônico ("significante") boi. Como poderia ser diferente? Juntos, os dois foram impressos no meu espírito; juntos, evocam-se mutuamente em qualquer circunstância.[13]

No argumento de Benveniste, a ênfase está em "todas as circunstâncias"; o signo e seu referente estão ligados na medida em

---

[13] Benveniste, La Nature du signe linguistique, p.105. In: Hemp; Householder; Austerlitz (orgs.), p.105.

que eles *sempre* aparecem juntos. A ligação é arbitrária somente do ponto de vista histórico; o que torna o signo um signo, isto é, um objeto de compreensão potencial, é o caráter indispensável, não arbitrário, da ligação, quaisquer que sejam suas origens históricas. Como diz A. Meillet, só podemos compreender as palavras porque elas produzem um sistema que "não existe isolado dos indivíduos que falam (escrevem) a língua. No entanto, ele existe independentemente de cada um deles, pois se impõe sobre eles".[14] Do ponto de vista de cada um que é confrontado com a tarefa da compreensão, o significado dos signos humanos é tão objetivo e exterior como o dos sintomas naturais. Devido a essa semelhança, e não apesar dela, ele espera que a compreensão lhe conceda a capacidade desejada de "seguir em frente".

Desse modo, a arbitrariedade original dos símbolos não prevê, em si, a suposta peculiaridade da "compreensão" como o método para conhecer o comportamento humano em vez dos eventos inanimados. Teríamos de procurar outros fundamentos. Poderíamos dizer, por exemplo, que existe uma diferença de tipo entre as leis que servem de base para a identidade dos sintomas naturais e as regras que garantem a identidade dos símbolos humanos. Diz-se com frequência "meras regras", sugerindo uma fragilidade relativa e uma regularidade um pouco menor com as quais os símbolos estão ligados aos seus significados. E, por isso, de acordo com Peter Winch, "só em termos de determinada *regra* é que podemos atribuir um sentido específico" às palavras.[15] De novo, não é imediatamente evidente por que isso deveria significar uma situação essencialmente diferente daquela transmitida na frase "só em termos de determinada lei é que podemos atribuir um sentido específico a um evento". Parece que a diferença entre as duas situações é mais interpretativa que imanente. São os modos pelos quais explicamos a regularidade que as fazem

---

[14] Meillet apud Leroy, *The Main Trends in Modern Linguistics*, p.96.
[15] Winch, *The Idea of Social Science and its Relationship to Philosophy*, p.27.

parecer diferentes. Chamamos uma regularidade de "lei" e a outra de "regra". Se o argumento relativo à arbitrariedade foi proveniente da história, o argumento relativo à "regra" provém da autoridade; ele se refere à diferença entre forças que estão por trás, respectivamente, de consequências controladas por regras e consequências controladas por leis. Graças a séculos de desenvolvimento científico, nós nos livramos da ideia de "legislador" na esfera dos fenômenos naturais. Ou seja, adquirimos um conjunto de procedimentos e um vocabulário que nos permitem descrever a regularidade dos eventos naturais sem nos referirmos a todo momento à sua autoria; podemos discutir de forma persuasiva os fenômenos naturais sem nos preocuparmos com a questão que preocupava nossos antepassados: quem, inicialmente, estabeleceu as leis da natureza. Aparentemente, não estamos preparados para nos livrar dessa questão de autoria ou autoridade quando discutimos fenômenos humanos. Pode ser interessante examinar os motivos disso.

Um possível motivo é que consideramos o autor anônimo das regras como menos autodisciplinado, ordeiro e sistemático que o autor das leis da natureza. Depois de concordar com, digamos, Espinosa[16] que "Deus não poderia criar as coisas de uma forma e numa sequência diferente da que ele fez", poderíamos parar de nos preocupar com a vontade de Deus e dedicar inteiramente os nossos esforços ao estudo das necessidades. Para gerar a ideia da lei como o principal instrumento de compreensão (e controle) da natureza, os cientistas tiveram de concordar que, quer Deus exista ou não, Ele não podia criar o mundo (isto é, estabelecer suas regras) de um jeito diferente, e que as coisas precisam obedecer às suas regras em todas as circunstâncias. Aceitos esses dois pressupostos, a existência de Deus se tornou irrelevante para a atividade científica. No entanto, em ambos os casos os cientistas sociais evitaram pressupostos simi-

---

[16] Cf. Espinosa, *Ética*, Teorema XXXIII.

A compreensão como a expansão da forma de vida

lares relacionados aos autores anônimos das regras sociais. Primeiro, já que eles conhecem inúmeras regras que se opõem, não podem ter certeza de que um determinado conjunto de regras humanas não poderia ser diferente do que é. Segundo, eles acreditam que as regras são muito menos apodíticas e "sem exceção" do que, na opinião deles, os cientistas naturais consideram que as leis sejam.

Assim, nas palavras de Winch:

> A ideia de obedecer uma regra é logicamente inseparável da ideia de *cometer um equívoco*. Se é possível dizer que alguém está obedecendo uma regra isso significa que se pode perguntar se ele está fazendo corretamente o que faz ou não. Caso contrário, não existe um ponto de apoio em seu comportamento no qual a ideia de regra pode se agarrar; nesse caso, não faz *sentido* descrever seu comportamento dessa maneira, já que tudo que ele faz é tão bom como qualquer outra coisa que ele possa fazer, ao passo que o essencial do conceito de regra é que ela deveria permitir que nós *avaliássemos* o que está sendo feito.[17]

Ou seja, a regra é uma norma (e dizer que algo "ocorre normalmente" é dizer que ocorre com uma regularidade quase infalível); é um padrão de comportamento, talvez com mecanismos incorporados que fazem com que a conduta real se aproxime do padrão, mas não deixa de ser um padrão. Pode ser que o comportamento real se aproxime dele, mas também pode ser que não. Dizem que essa é a diferença fundamental entre a ação humana controlada por regras e o comportamento tediosamente monótono e subordinado às leis dos fenômenos naturais ou, aliás, das máquinas:

> Dizem que os toca-discos de alta fidelidade foram aperfeiçoados ao ponto em que críticos musicais de olhos vendados são incapazes de diferenciar o seu "desempenho" do desempenho, digamos, do Quarteto de Cordas de Budapeste. Mas nunca diríamos que o toca-discos teve um desempenho especialmente brilhante no sábado, nem ele jamais mereceria um pedido de bis.[18]

---

[17] Winch, op. cit., p.32.
[18] Gunderson, The imitation game. In: Andersson (org.), *Minds and Machines*.

De longe, a diferença entre regras e leis parece ser de grau e não de tipo. Disseram-nos que o comportamento humano é um pouco menos repetitivo e monótono e, portanto, menos suscetível a previsões. Mas esse "menos" só faz sentido se estiver relacionado a uma ideia de lei científica um pouco datada. Poucos cientistas naturais concordariam atualmente que as leis que eles formulam são tão sem exceções como os cientistas sociais parecem acreditar. As leis da ciência natural são, na maioria das vezes, estatísticas, e elas podem especificar apenas o grau de probabilidade de que um determinado fenômeno vai ocorrer em uma ocasião, e não qualquer "necessidade" de que ele ocorra. A existência de uma regra indica, supostamente, uma probabilidade estatística similar; não faria muito sentido falar de regra no caso de um comportamento que só ocorre em um número pequeno de ocasiões. O conceito apodítico de lei natural talvez fosse indispensável para declarar a independência das explicações teológicas, como um manifesto de autossuficiência de um discurso "ateu". No entanto, uma vez conquistada a independência, a ciência adquiriu seu próprio impulso, e agora precisa tanto de leis "sem exceção" como o bom funcionamento da sociedade burguesa precisa de uma leitura diária da "declaração dos direitos do homem e do cidadão". Assim como a questão da autoria das leis se tornara irrelevante havia muito tempo, a descoberta da natureza estatística e probabilística das leis não foi considerada uma oportunidade para reviver preocupações metafísicas há muito esquecidas. Os cientistas conseguem lidar com leis "meramente estatísticas" sem remetê-las a qualquer tipo de "autoridade legislativa". É claro que a falta de uma certeza total não prova, por si só, que a questão da autoria tem de ser levada em conta no caso das regras do comportamento humano.

Tratar as regras de maneira independente se torna compreensível se concordamos que a sua implementação só pode ser mediada por decisões conscientes dos homens. Elas precisam ser "aplicadas" para se tornarem reais, e "conhecidas" para serem aplicadas. Desse modo, seu caráter inconfundível está baseado em eventos psíquicos que têm lugar na mente das pessoas; nada de natureza semelhante pode ser atribuído aos fenômenos naturais ou às máquinas (por mais semelhança que seu comportamento aparente possa ter com o comportamento humano).

Este, de fato, parece um argumento válido. Estamos preparados para aceitá-lo em todo nosso pensar e agir cotidiano. Sempre que não apreendemos "imediatamente" o significado do comportamento dos outros (isto é, sempre que não podemos ir em frente sem pensar como ir em frente), sempre que se torna necessário interpretar esse comportamento, tendemos a fazer nosso trabalho mental utilizando conceitos como "ele quer sugerir", "ele pretende", "ele quer que eu acredite que" etc. – tudo remetendo o significado do que foi dito ou feito a processos mentais de um tipo ou de outro. Isso nós só fazemos no caso do comportamento humano. Certamente nos ofenderíamos se alguém usasse termos semelhantes para descrever o comportamento de uma máquina. Essa indignação foi bem externada por Jefferson, numa citação feita por A. M. Turing:

> Só quando uma máquina for capaz de escrever um soneto ou compor um concerto em razão dos pensamentos e das emoções por ela experimentados, e não em razão do encontro casual dos símbolos, poderemos concordar que essa máquina se equipara ao cérebro – isto é, não apenas escreve um soneto, mas sabe que o escreveu. Nenhum mecanismo poderia sentir (e não simplesmente sinalizar artificialmente, um artifício vulgar) prazer com seus êxitos, tristeza quando suas válvulas queimam, ficar animado com a bajulação, infeliz com seus erros, encantado com o sexo, irritado e deprimido quando não consegue o que quer.[19]

Duas coisas muito diferentes estão misturadas nessa declaração. Uma é a constatação de um fato: realmente, até agora, nenhuma máquina foi capaz de escrever um soneto (embora, em princípio, fosse possível construir uma máquina como essa). A segunda, porém, é a constatação de uma interpretação: escrever um soneto *porque* se

---

[19] Turing, Computing Machinery and Intelligence. In: Andersson (org.), *Minds and Machines*.

A compreensão como a expansão da forma de vida

experimentam pensamentos e emoções. Jefferson apresenta aqui como um atributo da máquina o que, na verdade, é um atributo da sua própria interpretação (embora muitas pessoas possam compartilhá-la). O que Jefferson diz, na última afirmação, é que ele não está preparado para explicar um soneto que a máquina eventualmente escreva transferindo pensamentos e sentimentos para ele.

Este é um bom exemplo do raciocínio circular que normalmente está por trás do argumento "só os homens pensam e sentem": os fenômenos naturais ou as máquinas só seriam iguais aos homens se eu pudesse lhes atribuir pensamentos e sentimentos como as causas do seu comportamento. Consequentemente, demonstrei que eles não são iguais aos seres humanos. Explico o comportamento das pessoas fazendo referência aos seus pensamentos e sentimentos. Eu me recuso a agir assim no caso dos fenômenos naturais ou das máquinas. O que sugiro serem as características intrínsecas dos fenômenos são projeções da minha decisão de como interpretá-las.

Desse modo, a crença de que "os homens, e só eles, agem por causa de pensamentos e sentimentos" se baseia, no final das contas, em nosso hábito de interpretar. Jefferson é um homem, e ele está inclinado naturalmente a admitir que os outros homens são iguais a ele (isto é, que ele está certo em lhes atribuir características que ele atribui a si mesmo). Porém, Jefferson não é uma máquina. Como nunca foi uma máquina, ele naturalmente não tem motivo para atribuir às máquinas características que só são "conhecíveis" de "dentro". A pergunta "Como é ser uma máquina?" evidentemente só pode ser respondida por uma máquina; e mesmo se uma máquina a respondesse, os humanos não teriam motivo para acreditar nela; e talvez não tivessem capacidade de compreendê-la. Como escreveu Wittgenstein, se os leões pudessem falar, nós não os entenderíamos.

Vamos deixar bem claro o que o tipo de raciocínio como o de Jefferson implica: o comportamento humano é único não porque nenhum outro comportamento seja parecido com ele, mas porque somente fazemos um tipo especial de suposição a respeito dos humanos,

A compreensão como a expansão da forma de vida

e, consequentemente, fazemos perguntas a respeito do seu comportamento que não faríamos de nenhuma outra conduta. Para fins de interpretação, dividimos a nossa realidade "exterior" em duas, atribuindo à segunda características que "conhecemos" de fontes diversas.

Essas "fontes diversas" estão localizadas em nossa realidade "interior". "Compreender" o comportamento de outros humanos, ao contrário de simplesmente "explicar" a conduta de objetos inanimados, significa, no final das contas, extrapolar o método que utilizamos para explicar nossa própria ação para as nossas explicações do comportamento de outros objetos que reconhecemos como humanos. Reconhecê-los como humanos e extrapolar o método significa, na verdade, a mesma coisa.

Perceber um objeto como humano se resume a aceitar que o objeto tem sua própria "realidade interior", estruturada da mesma maneira que a nossa. Ou seja, que o objeto estabelece objetivos para a sua atividade, pretende "exprimir" algo na forma de resultados da ação, controla o andamento da ação em pensamento, reage emocionalmente à situação e às mudanças introduzidas pela ação etc. Acreditamos, sobretudo, que o controle do objeto sobre a sua própria realidade "interior" é tão limitado como o nosso; isto é, que a ligação entre os seus objetivos "evidentes", isto é, objetivos tal como ele os vê e explica, e o conteúdo real da sua ação é um pouco menos que perfeita; que ele não pode dar uma explicação completa e convincente dos motivos "verdadeiros" que guiam a sua ação; que ele é incapaz de conceitualizar todos os conteúdos da sua realidade "interior". Sempre que se explica o impacto da realidade "interior" na conduta real, surge a questão da "veracidade", que é diferente da questão da "verdade", porque ela só pode ser resolvida (quando muito) por meio do discurso e da negociação, não por meio de testes objetivos.

Esta é, de fato, a maneira pela qual outros seres humanos, como entidades diferentes dos objetos inanimados, são imaginados. É

A compreensão como a expansão da forma de vida

pouco provável que pudéssemos imaginá-los sem lhes atribuir todas essas inúmeras características que conhecemos a partir da nossa "experiência interior" (ou melhor, da forma que explicamos a experiência da nossa realidade "interior"). É bem provável que sempre iremos pensar que o comportamento humano se diferencia por meio de eventos psíquicos que têm lugar na cabeça do agente antes e durante o andamento da sua ação.

Quanto à pergunta do porquê, esperamos diversas respostas, dependendo se ela se aplica a humanos ou a objetos inanimados. Se uma pedra cai do alto de um penhasco, procuramos, como a resposta que nos é necessária, alguma informação sobre uma "lei geral" e sobre determinadas condições nas quais essa lei pode "produzir" o evento que realmente ocorreu, isto é, a queda da pedra. Normalmente, a lei geral é uma afirmação indutiva que nos diz que eventos iguais àquele que estamos tentando explicar tendem a ocorrer sempre que ocorrem condições específicas; em outras palavras, a lei geral nos informa de uma regularidade da qual o evento isolado em questão pode ser descrito como um caso particular. No nosso exemplo, a lei geral é a lei da gravidade; as condições – chuvas pesadas e prolongadas, vento forte ou um som agudo – são coisas que podem superar a "força contrária" do atrito e da inércia que mantinham a pedra no lugar.

No entanto, se foi John Smith que caiu da ribanceira, não consideraríamos que a lei da gravidade era a resposta à nossa pergunta. Em vez disso, tentaríamos explicar a queda fazendo referência a alguns estados interiores da sua mente, que poderiam "dar sentido" ao que aconteceu. Ele poderia ter avaliado, racionalmente, que não tinha uma vida digna e decidido cometer suicídio. Ou ele pode ter agido num acesso de desespero quando seu amor não foi correspondido. Ou pode ter se distraído enquanto se dedicava a desenvolver o roteiro de um novo livro. Em todos esses casos, procuramos "dar sentido" à queda de John mergulhando nas profundezas invisíveis da sua mente, naquilo que chamamos de "intenções", "motivos", "estruturas mentais", "emoções" etc. Não precisamos desse exercício para satisfazer a nossa curiosidade quanto às causas que levaram à queda da pedra.

Será que precisamos, de fato, conhecer o processo psíquico que ocorre dentro da mente do agente para *compreender* seu comportamento? Será que reconstruímos realmente esse processo mental quando tentamos compreender? É verdade que, normalmente, nos referimos a esses processos mentais quando explicamos a nossa *interpretação*. Nós verbalizamos a nossa versão da conduta dos outros utilizando expressões como "ele acha que", "ele não gosta disso", "ele não deseja", "ele queria", "o que ele quis dizer foi" etc., todas sugerindo que penetramos no "interior" da mente do nosso companheiro e encontramos ali o significado do seu comportamento. No entanto, a questão é saber se esses são apenas os termos que utilizamos para exprimir a nossa interpretação ou se eles são uma expressão verdadeira do que realmente fizemos.

Nosso bom senso, naturalmente, sugere que a segunda opção é a verdadeira. As expressões verbais que utilizamos sugerem que realmente investigamos e revelamos o que se passava na mente da outra pessoa, o que a outra pessoa realmente pensava, pretendia, queria dizer etc. Só quando começamos a analisar as bases dessas crenças é que a dúvida começa a surgir. Percebemos que, afinal de contas, só "sabemos" o que *nós* achamos, pretendemos, queremos dizer; é dessa experiência "interior" que é feita a estrutura na qual pomos as outras pessoas. Atribuímos a elas o que sabemos a respeito de nós mesmos. Na verdade, não sabemos o que *"elas* pensam", "pretendem", "querem dizer". Ou, ao menos, não sabemos do mesmo modo que conhecemos nosso próprio pensamento, nossa própria intenção, nosso próprio propósito. Conhecemos apenas a ação delas, as frases que elas pronunciam, as características prosódicas que acompanham seu discurso, os aspectos "paralinguísticos" do seu comportamento (combinações de parâmetros baseados na fisiologia, sendo que a agudeza, a altura, a duração e o silêncio variam em relação à identificação delas; por exemplo, graus diferentes de altura diferenciam os sussurros "comuns" dos sussurros "de palco").[20] Tudo isso se refere ao que podemos ver e ouvir. Quando falamos do pensamento, da intenção e do propósito delas, nãos nos referimos ao que vemos ou ouvimos, mas ao modo pelo qual interpretamos o que vemos ou ouvimos.

Segundo Wittgenstein, esse tipo de discurso baseado no senso comum é lamentável, já que ofusca, em vez de revelar, a verdadeira natureza da compreensão. Ele sugere que a atividade da compreensão precisa do que, na verdade, ela pode (e deve!) muito bem prescindir: conhecer algo que é essencialmente "incognoscível". Quando eu peço que você me dê um lápis vermelho, é razoável que eu espere que isso aconteça. No entanto, eu não faço a menor ideia de como você experimenta a "cor vermelha" do lápis, se a sua experiência de cor vermelha é "igual" à minha. No entanto, o essencial é que esse conhecimento é desnecessário para que a nossa interação ocorra de uma forma que satisfaça ambas as partes. Apesar do fato de ambos termos as nossas experiências particulares e incomunicáveis de "cor vermelha", nós dois "sabemos como seguir em frente". A única coisa que realmente importa é que tanto você como eu usamos a palavra "vermelho" da mesma maneira, isto é, ambos a usamos como o nome do mesmo conjunto de objetos. Portanto, a preocupação com aquilo que você "sente" quando olha para um objeto vermelho é totalmente desnecessária do ponto de vista do meu "conhecimento de como seguir em frente" e do controle da situação, que é a essência do meu impulso de compreender. A "similaridade" entre o seu uso da palavra "vermelho" e o meu se baseia no nosso conhecimento da língua, e não na "similaridade" da nossa experiência de "vermelho". Reflitam:

> A frase só tem sentido como parte de um sistema de linguagem. [...] Não adianta mais *postular* a existência de um tipo específico de ato mental ao lado da nossa expressão. [...]

---

[20] Lyons, Human Language. In: Hinde (org.), *Non-Verbal Communication*, p.53

A compreensão como a expansão da forma de vida

> Se examinarmos detidamente os usos que fazemos de palavras como "pensamento", "significado", "desejo" etc., e prosseguirmos nesse processo, livraremo-nos da tentação de procurar um ato de pensamento específico, independente do ato de expressar nossos pensamentos, e escondido num meio específico. [...]
> Para nós, o significado de uma frase é caracterizado pelo uso que fazemos dela. O significado não é um efeito secundário mental da expressão. Portanto, a frase "Acho que quero dizer algo com isso", ou 'Tenho certeza de que quero dizer algo com isso", que ouvimos com tanta frequência nas discussões filosóficas para justificar o uso da expressão, para nós não é, de modo algum, uma justificativa. Perguntamos "*O que* você quer dizer?", isto é, "Como você usa esta expressão?".[21]

Assim, compreendemos uma frase porque ela faz parte da linguagem (ou um símbolo porque ele faz parte de um sistema simbólico), não porque apreendemos intuitivamente a ligação invisível entre a frase e a intenção do falante que a acompanhou. Essa compreensão, que é a condição indispensável da comunicação, é assegurada (ou não) por nosso conhecimento da linguagem (ou pela falta dele).

Sabemos, no entanto, como a linguagem é insatisfatória como um veículo de expressão, apesar de sua riqueza praticamente ilimitada. Se realmente importa "ser compreendido", mas, ao mesmo tempo, estamos cientes de que isso não é fácil, muitas vezes "procuramos as palavras certas" e ficamos desanimados com a sua ambiguidade perniciosa. Percebemos que mesmo as palavras escolhidas com o maior cuidado não conseguem abranger a área que queremos expressar, que seus limites são indefinidos e que elas deixam resíduos difíceis de classificar e que estão condenados a permanecer nas margens do exprimível. Nas palavras, uma vez mais, de Wittgenstein:

> Podemos, por meio da explicação de uma palavra, significar a explicação que, quando nos pedem, estamos dispostos a dar. Isto é, se *estivermos* dispostos a dar qualquer explicação. Nesse sentido, muitas palavras não têm, portanto,

---

[21] Wittgenstein, *The Blue and Brown Book*, p.42-3, 65.

um significado preciso. Mas isso não é um defeito. Pensar que é seria o mesmo que dizer que a luz da minha lâmpada de leitura não é, de modo algum, uma luz de verdade porque não tem uma fronteira definida.[22]

Esta é, na verdade, uma excelente analogia. Palavras são lâmpadas que iluminam partes da nossa experiência. A exemplo da luz em condições atmosféricas naturais, as palavras das linguagens naturais não têm fronteiras definidas. Como a atmosfera que dispersa os raios de luz, rodeando os pontos iluminados com uma área sombreada que aos poucos se mistura com a escuridão, as palavras da nossa linguagem natural também põem em relevo um pouquinho da nossa experiência, e a clareza do quadro que elas iluminam diminui quanto mais nos afastamos do centro. Não existem meias-sombras num planeta sem atmosfera. Talvez seja possível obter uma clareza perfeita das fronteiras conceituais numa linguagem artificial destinada a explicar a "experiência" limitada e totalmente controlada do experimento científico. Mas essa clareza é inatingível nas linguagens naturais. Isso aumenta a importância da analogia de Wittgenstein. Ela nos ajuda a lembrar que, assim como as fronteiras indefinidas da luz não privam uma lâmpada de leitura da sua utilidade como uma "luz", a falta de um significado preciso de definição não desqualifica as palavras como instrumentos úteis de comunicação.

O contrário é verdadeiro. Uma linguagem purificada de toda ambiguidade só poderia ser utilizada por um grupo em que cada membro participasse plenamente do mesmo conjunto de atividades relativamente restritas, e se referindo somente a aspectos dessas atividades que foram inteiramente "objetificados", isto é, reduzidos em seu significado ao significado determinado pela definição. É assim que as linguagens formais das ciências extremamente estruturadas alcançam a clareza da qual elas justamente se orgulham. Porém, é por isso também que nenhuma dessas linguagens é suficientemente flexível e maleável para ser usada na comunicação em situações

---

[22] Ibid., p.27.

controladas com menor rigidez e por pessoas que não adquiriram a "incompetência treinada" para olhar além dos aspectos que uma determinada linguagem lhes permite perceber. Para as outras pessoas e em outras situações, só uma linguagem de palavras polissêmicas com fronteiras indefinidas pode ser usada como um veículo de comunicação.

Quando lhe peço que me dê um lápis vermelho, posso esperar recebê-lo não porque a sua experiência da cor vermelha é idêntica à minha (como eu saberia, se nenhuma quantidade de palavras seria capaz de transmitir plenamente os conteúdos dessas experiências?), mas porque a realização da minha expectativa não depende dessa identidade. Ela depende muito do seu e do meu conhecimento de como usar as palavras "vermelho", "lápis" e "dar". A possibilidade de uma comunicação bem-sucedida, isto é, de uma interação que não nos dê ensejo de experimentar a incompreensão, depende da nossa capacidade de separar os símbolos que utilizamos dos "estados mentais" particulares, subjetivos e idiossincráticos que os acompanham "no interior" deste ou daquele agente; de tornar seu uso independente de possíveis diferenças entre esses estados mentais.

Sociologicamente, para que a apreensão do significado de um símbolo não seja problemática, não precisamos saber o que "alguém realmente quis dizer quando o empregou". O que de fato precisamos saber é o contexto em que o símbolo normalmente é utilizado e o tipo de comportamento ao qual ele normalmente está associado. Compreender um símbolo consiste em referi-lo não às intenções desconhecidas do usuário, mas a seus usos estabelecidos pela comunidade. Como diz Wittgenstein, compreender uma linguagem significa conhecer "uma forma de vida". Inversamente, quando eu digo "não compreendo", não me refiro à minha incapacidade de penetrar as profundezas insondáveis da mente do outro, mas à estranheza da forma de vida da qual faz parte o símbolo em questão.

Essa estranheza pode se manifestar em muitos níveis, e, consequentemente, a falta de compreensão pode surgir em diversos níveis

A compreensão como a expansão da forma de vida

da organização social. Frequentemente, "eu não compreendo" se refere a ruídos na comunicação entre indivíduos. Dois amigos muito íntimos podem desenvolver um sistema hermético de alusões e dicas que só eles compreendem; embora fisicamente acessíveis, esses símbolos permanecem semanticamente distantes para os outros. Uma pessoa promovida a um cargo hierarquicamente superior em sua empresa provavelmente cometerá inúmeras gafes antes que o significado das palavras e dos silêncios trocados "nas altas esferas" deixe de lhe escapar. Um etnólogo fica desnorteado diante de um ritual estranho que não faz sentido no contexto de tudo que ele conheceu até o momento. Aparentemente diferentes, os três exemplos são, na verdade, variações sobre o mesmo tema: uma "forma de vida" se encontra com outra, com a qual não foi estabelecido um número suficiente de pontos de contato que torne possível controlar a situação que envolve a forma "estranha".

Diante disso, tendemos (pelos motivos explicitados anteriormente) a expressá-la penetrando nos símbolos para chegar às intenções, aos valores e aos modos de pensar das pessoas cujo comportamento inexplicável nos surpreende. Se estivéssemos a par da terminologia técnica, chamaríamos a tarefa de "empatia", um esforço para pensar os pensamentos daquelas pessoas e sentir seus sentimentos. No entanto, hoje sabemos que isso não é possível; ou melhor, que aquilo que consideramos "entrar dentro da mente do outro" permanecerá para sempre uma interpretação de um comportamento explícito que remete à nossa própria experiência introspectiva. Isso significa que a barreira entre formas estranhas de vida está condenada a permanecer impermeável? Para compreender o garoto antilhano de Leicester, eu tenho de ser igual ao garoto antilhano de Leicester; mas eu não posso ser igual ao garoto antilhano de Leicester. Portanto, eu não posso compreender o garoto antilhano de Leicester. O silogismo parece impecável.

No entanto, a questão é que a primeira premissa é falsa. Eu não preciso ser um garoto antilhano de Leicester para compreender um

A compreensão como a expansão da forma de vida

garoto antilhano de Leicester. Eu não sou a minha mulher, nem sou meu amigo Michael, ainda assim, nós nos compreendemos muito bem. Pelo menos nunca temos dificuldade de nos comunicar um com o outro e de resolver os mal-entendidos que aparecem. Compreender, por assim dizer, não tem a ver com "sentir os sentimentos" e "pensar os pensamentos" dos outros, mas com partilhar uma forma de vida. Ou, no exemplo do encontro entre formas até então estranhas, *com construir uma forma de vida de uma "natureza superior", que incorpore as duas anteriores como suas subformas*. Essa forma de vida de natureza superior conterá todos os "pontos adjacentes" em que as duas formas anteriores se tornam elementos da situação uma da outra.

Ao apresentar o problema da compreensão entre formas de vida inicialmente estranhas por meio do estabelecimento de uma forma de vida de natureza superior, eu tomo como modelo as ideias de Claude Lévi-Strauss referentes às tarefas e limitações da pesquisa histórica e etnográfica. Historiadores e etnógrafos são as duas categorias profissionais que se defrontam com a tarefa da comunicação entre formas de vida separadas pelo tempo ou pela distância. Elas também são as duas profissões que têm de realizar essa tarefa *em prol* da sociedade; elas se esforçam em produzir uma traduzibilidade que ainda não foi realizada "na prática", no processo difuso dos relacionamentos, como geralmente acontece no caso de novos vizinhos que vêm de lugares distantes, mas que "passam a se conhecer" por meio do compartilhamento mútuo de suas vidas. Historiadores e etnógrafos talvez sejam as únicas pessoas que, em razão da natureza do seu trabalho, têm de alcançar a compreensão "sozinhos", e por meio de um esforço puramente intelectual ("a antropologia é a ciência da cultura tal como ela é vista de fora"). É por isso que, no contexto da sua obra, a compreensão aparece mais frequentemente como um problema teórico e tende a ser discutida em termos metodológicos mais gerais. É por isso também que as suas reflexões

A compreensão como a expansão da forma de vida

podem esclarecer as práticas de outros cientistas sociais menos sensíveis aos assuntos em questão.

> Tanto a história como a etnografia se interessam por sociedades *diferentes* daquela em que vivemos. [...] Qual é o objetivo das duas disciplinas? É a reconstrução exata do que aconteceu, ou está acontecendo, na sociedade em estudo? Afirmar isso seria esquecer que, em ambos os casos, estamos lidando com sistemas de representações que são diferentes para cada membro do grupo e que, no geral, são diferentes das representações do investigador. O melhor estudo etnográfico não transformará o leitor num nativo. A Revolução Francesa de 1789 vivida por um aristocrata não é o mesmo fenômeno que a Revolução de 1789 vivida por Michelet ou Taine. Tudo que o historiador ou o etnógrafo pode fazer, e tudo que podemos esperar de qualquer um deles, é ampliar uma experiência específica para as dimensões de uma experiência mais geral, que, desse modo, se torna acessível *enquanto experiência* aos homens de outro país ou de outra época.[23]

Ou seja, não é mergulhando na singularidade específica das formas estranhas de vida ou revivendo-as como se fosse "de dentro" que vamos compreendê-las, mas adotando uma estratégia justamente oposta: descobrindo o geral no particular, ampliando tanto a experiência estranha como a nossa própria experiência de modo a construir um sistema mais amplo no qual cada uma delas "faça sentido" para a outra.

A objeção que se costuma fazer a essa proposta é que a estratégia que ela sugere iria "distorcer" inevitavelmente o significado intrínseco da forma de vida estranha. O significado, prossegue a argumentação, não é o resultado da comunicação entre formas, um produto final do esforço de compreensão, mas algo que já estava presente na forma de vida estranha (passado distante, cultura remota) antes mesmo que surgisse a necessidade de compreender. Esse significado foi atribuído à era ou à cultura por seus "membros". Portanto, revelar o significado quer dizer descobrir e registrar fielmente

---

[23] Lévi-Strauss, *Structural Anthropology*, v.2, 1977, p.55.; id., *Structural Anthropology*, 1963, p.17.

as representações desses membros. Já nos deparamos com essa objeção. Já vimos que ela é, no geral, uma preocupação imaginária no que diz respeito à compreensão por meio da interação cotidiana e prática (é só a minha representação da cor vermelha que eu conheço quando lhe peço ajuda para encontrar um lápis vermelho). Será que a preocupação é mais séria e real quando o que está em jogo é a busca do significado de épocas e culturas estranhas?

Lévi-Strauss evoca o caso de um kwakiutl a quem Boas convidou a Nova York para obter informações sobre a cultura kwakiutl. O indígena

> se mostrou totalmente indiferente ao panorama de arranha-céus e ruas coalhadas de carros. Ele reservou toda a sua curiosidade intelectual para os anões, gigantes e mulheres barbadas que se exibiam em Times Square à época, para os restaurantes em que a comida era distribuída por máquinas e para as bolas de aço que decoravam os corrimões das escadarias. Por motivos que eu não posso detalhar aqui, todas essas coisas questionavam sua própria cultura, e era apenas essa cultura que ele estava tentando reconhecer em alguns aspectos da nossa.[24]

Seria este o caso de uma mente particularmente obtusa, de um olhar treinado para ignorar o que "realmente" importa numa realidade cultural? Ou será que é isso que nós fazemos o tempo todo, e que só é bizarro por causa da inversão dos papéis habituais? Só achamos os fenômenos compreensíveis quando eles correspondem (ou quando conseguimos apresentá-los como se correspondessem) àquilo que a nossa própria experiência nos preparou para esperar e para não ficarmos desconcertados. Desenterramos em épocas passadas o verdadeiro significado "clássico" dos acontecimentos, que para os contemporâneos só poderia ser imperceptível. Somos forçados a pôr em evidência o dinamismo das antigas redes de relações humanas para apreender seu significado; novamente, um aspecto que só poderia ser obscuro para as gerações que viveram subjetivamente

---

[24] Lévi-Strauss, *The Scope of Anthropology*, p.44.

"fora da história". Referindo-se às modas passageiras durante a breve história do estudo moderno do totemismo, Lévi-Strauss sugeriu que "a teoria do totemismo é definida 'para nós', não 'em si mesma', e nada garante que em sua forma atual ela ainda não se origine de uma ilusão semelhante".[25] Do mesmo modo, o atual consenso a que chegamos em relação aos mitos como produtos culturais ricos de significado respeitável, uma postura tão contrária àquela assumida há algumas dezenas de anos por acadêmicos tão cultos como Frazer ou Lévy-Bruhl, não é, ao menos até certo ponto, uma façanha que só se tornou possível graças à transformação da nossa sensibilidade realizada pela revolução surrealista? E se, quando visitamos culturas distantes, não estamos mais interessados nas bolas de aço que decoram as escadarias, e sim na rotina do cotidiano – isto é, um subproduto do nosso próprio desenvolvimento interior, que tornou evidente para nós a esquisitice do usual e o caráter misterioso da rotina.

Lévi-Strauss nos diz que, na prática do etnógrafo:

> nunca é ele nem o outro que ele encontra no final da investigação. No máximo, ele pode alegar ter deslindado, por meio da superposição de si mesmo sobre o outro, o que Mauss chamou de fatos de funcionamento geral, que ele demonstrou serem mais universais e terem ainda mais veracidade.[26]

Em vez de esquecer sua própria forma de vida específica (como ele pensa com frequência, de maneira equivocada), o etnógrafo (ou, também, o historiador) só consegue apreender o significado de outra forma revelando a forma geral que está escondida nas duas singularidades da sua própria cultura e da cultura estranha. Agindo assim, a sua própria cultura é uma vantagem, não uma desvantagem. É a sua própria cultura, diferente daquela que está sob seu escrutínio, que lhe oferece um polo, suficientemente distante do outro, para

---

[25] Ibid., p.45.
[26] Ibid., p.15.

A compreensão como a expansão da forma de vida

ampliar os projetados "fatos de funcionamento geral" o quanto for necessário para torná-los visíveis. Quanto maior a distância entre a própria forma de vida do etnógrafo (ou do historiador) e a forma de vida investigada, mais as características gerais da vida humana podem ser necessárias para a compreensão, e mais elas são reveladas no decorrer dessa compreensão.

Lévi-Strauss não está empenhado, neste caso, em elaborar uma metodologia engenhosa de pesquisa etnográfica ou histórica. O que ele tenta fazer é revelar a estrutura predominante a qualquer esforço de compreender uma forma de vida estranha e "praticamente incoerente". Não é que devamos dominar métodos até então desprezados a fim de mudar nossos hábitos deploráveis, e sim que devemos ter consciência daquilo que, de qualquer modo, fazemos o tempo todo e de maneira inevitável. Simplesmente não existe outra forma de compreensão. Como diz Lévi-Strauss, basta "que a história se afaste de nós no tempo, ou que nós nos afastemos dela em pensamento, para que ela deixe de ser interiorizável e perca a sua inteligibilidade, uma inteligibilidade artificial vinculada a uma interioridade temporária".[27] A inteligibilidade ligada à "interioridade" (temporária por definição), a inteligibilidade dos "iniciados", é artificial, uma vez que existe na medida em que nunca foi trazida para o primeiro plano. Nós a denominamos inteligibilidade quando olhamos de fora para as pessoas que claramente não sentem a agonia da incompreensão; que claramente "precisam compreender", já que se movem em sua realidade com tamanho desembaraço e já que nunca reclamam de incompreensão. Trata-se, portanto, de uma inteligibilidade estranha; uma inteligibilidade que se mantém desde que não se sinta a sua falta. Quando estou mergulhado nesse tipo de "interioridade", distanciar-me dela está além das minhas forças. O máximo que eu posso fazer é saber

---

[27] Lévi-Strauss, *The Savage Mind*, p.255.

A compreensão como a expansão da forma de vida

(mas num registro diferente) que aquilo que eu vivo tão completa e intensamente é um mito – que se mostrará como tal para os homens de um século futuro, e talvez para mim daqui a alguns anos, e talvez não se mostre mais de modo algum para os homens de um futuro milênio.[28]

O tipo de inteligibilidade que é concedida aos iniciados não conseguiria sobreviver à tentativa de transformá-la num instrumento da "compreensão objetiva", do mesmo modo que o peixe de águas profundas, tão resiliente e versátil em seu *habitat* natural, não sobreviveria se fosse transferido para o tanque de um laboratório. A totalidade com a qual qualquer época histórica se torna trivial para aqueles que a vivem desaparece quando é observada por alguém de fora; ela se divide numa miríade de fatos, e os vínculos entre eles, que chamamos de seu significado, perdem sua imaculada autoevidência. Para compreender o monte de dados brutos que o passado me apresenta, primeiro eu tenho de fazer uma seleção.

> Na medida em que a história aspira ao significado, ela está fadada a selecionar regiões, períodos, grupos humanos e indivíduos nesses grupos, e destacá-los como personagens descontínuos em comparação com uma continuidade minimamente suficiente para ser usada como pano de fundo. [...] O que torna a história possível é a descoberta de que um subconjunto de acontecimentos, durante um determinado período, tem aproximadamente a mesma importância para um contingente de indivíduos que não vivenciaram necessariamente os acontecimentos e que até podem estudá-los com um intervalo de vários séculos. Portanto, a história nunca é história, mas história-para.[29]

História para – o quê? História para o padrão de significado que é defendido pelas pessoas envolvidas com o esforço da compreensão. Elas só conseguem atingir a compreensão tentando encontrar o mínimo denominador comum entre a experiência da era cujo significado querem aprender e a sua própria experiência. Por menor que

---

[28] Ibid.
[29] Ibid., p.257.

A compreensão como a expansão da forma de vida

seja, esse denominador comum nunca pode ser menor que nenhuma das duas experiências originais.

Que essa "generalização", em vez da mera "substituição" evolutiva, seja o modo de comunicação com formas de vida estranhas é uma contribuição importantíssima que o estruturalismo deu à luta em curso da ciência social com o desafio da hermenêutica. Recentemente, esse aspecto foi ressaltado de forma convincente por Anthony Giddens, e se mostrou um sólido argumento em favor da tese de que a relatividade predominante de todo significado (sua "interioridade" em relação a uma determinada forma de vida) não tem de resultar no relativismo interpretativo. Giddens repreende severamente, com razão, alguns intérpretes excessivamente ardorosos de Wittgenstein (particularmente Winch) por tratarem os universos do significado como "autossuficientes" ou não mediados.[30] Segundo Giddens, Winch exagera a unidade interna das formas de vida "e, consequentemente, não reconhece que o problema da mediação das diferentes estruturas do significado tem de ser tratado como o *ponto de partida da análise*".[31] Como já vimos, essa mediação poderia surgir de um nível de análise mais amplo, ou mais geral, e não do nível das duas formas de vida que se defrontam na tarefa de se compreenderem mutuamente. A compreensão comum, aquela a partir da qual a interação diária é construída, já está baseada nessa mediação (ou melhor, generalização), realizada na prática por meio da relação com pontos de referência objetificados cuja compreensão é compartilhada; esses pontos de referência formam um esquema interpretativo que precisa servir de base a todos os atos de compreensão. A diferença dos esquemas interpretativos gerados pela sociologia, e, na verdade, por todas as ciências "compreensivas", é o fato de eles assumirem a forma de um discurso sociocientífico. É a disponibilidade desse esquema interpretativo, que abarca a própria forma de vida e as

---

[30] Giddens, *New Rules of Sociological Method*, p.18.
[31] Ibid., p.158.

formas de vida estranhas – e não a "imersão" romântica no sujeito estranho –, que permite que o sociólogo compreenda a forma de vida estranha *como* uma forma de vida, em vez de descartá-la como uma versão deturpada, ou infantil, da sua própria forma de vida.

Iluminada pela obra dos estruturalistas, a generalização parece proporcionar a salvação dos dois perigos – a presunção etnocêntrica e a humildade relativista – que estamos procurando.

Como vimos, as diversas respostas dadas pelas ciências sociais ao desafio da hermenêutica (desenvolvidas, sobretudo, como uma reflexão metodológica sobre o trabalho da historiografia) podem ser mais bem compreendidas como esforços para reconciliar o reconhecimento da natureza essencialmente subjetiva da realidade social com a obtenção de uma descrição objetiva (universalmente aceitável ou/e apoditicamente obrigatória) dessa realidade. É amplamente aceito que essa reconciliação depende da demonstração de que é possível apreender o significado dos fenômenos sociais sem exercer empatia, "reviver", "reexperimentar" ou examinar de outra maneira o "interior" inacessível da mente individual.

Embora inspiradas pelo mesmo impulso, as respostas variaram de acordo com os fatores que elas consideraram decisivos. O mais radical, sem dúvida, foi a divisão entre as estratégias "historicista" e "racionalista". A primeira contava com o advento de uma era de "intersubjetividade universal", como consequência de transformações sociais já realizadas ou iminentes. No entanto, se essa expectativa não se realizasse, ela podia oferecer poucos conselhos práticos em relação a um consenso interpretativo um pouco menos absoluto, mas talvez mais realista, alcançável em condições históricas menos favoráveis. A segunda depositou todas as suas esperanças na razão analítica, sujeita à sua própria lógica e amplamente independente das vicissitudes da evolução histórica mais ampla. Contudo, ela não conseguiu indicar a maneira pela qual as descobertas dessa razão, por mais refinada e metodologicamente elegante que fosse, poderiam ser reinseridas no consenso social e, portanto, contribuir para a promoção do consenso interpretativo. Ambas as estratégias visavam a obtenção da verdadeira compreensão como algo essencialmente diferente dos temas e recursos da compreensão comum e sensata; ambas consideravam que a sua tarefa fundamental era a crítica do senso comum. Ambas, porém, não conseguiram se empenhar num diálogo prático com o senso comum que elas criticavam, e, por isso, só puderam lidar com a compreensão prática como um problema da teoria da interpretação e da verdade.

A falta de comunicação com a compreensão rotineira da vida cotidiana foi brandida contra as respostas historicista e racionalista ao desafio hermenêutico por parte da crítica de inspiração existencialista. Essa crítica rejeitava a diferença qualitativa entre compreensão científica e comum, e reduzia a tarefa da teoria à investigação do modo pelo qual a compreensão comum é alcançada; em outras palavras, à reflexão sobre a "gramática gerativa" da compreensão comum. O interesse renovado na rotina e no habitual levou, porém, à dissolução do problema da verdade dentro no conceito de existência. As abordagens que afirmavam que a compreensão era a tarefa da vida cotidiana só podiam lidar com a interpretação e a verdade como uma realização prática e contínua do consenso comunitário.

A contribuição duradoura da crítica existencialista para o problema da compreensão foi expor a compreensão como uma tarefa que tem origem nas dificuldades do acordo comunitário. A compreensão surge como um problema, isto é, como uma tarefa que não pode ser resolvida sem reflexão, quando (a) as dicas ou orientações de conduta são ambíguas, (b) a remoção dessa ambiguidade (isto é, a aquisição do conhecimento de "como seguir em frente") parece depender da obtenção de uma interpretação consensual dessas dicas ou orientações, e (c) esse acordo tem de ser alcançado por meio de negociações com outros, que são reconhecidos como sujeitos independentes. Resumindo: a preocupação com a compreensão vem em resposta aos desentendimentos que surgem em condições de relativa igualdade e suposta observância das regras democráticas de conduta.

Poderíamos concluir do nosso levantamento das contribuições existencialista e estruturalista para o debate que o acordo simples

A compreensão como a expansão da forma de vida

e sem reflexão é realizável graças ao compartilhamento de uma "forma de vida", de uma experiência de vida partilhada comunitariamente e de uma linguagem sustentada comunitariamente. O acordo negociado é necessário quando as formas de vida nas quais os respectivos parceiros estão inseridos são diferentes. Ele é composto da ampliação de cada uma das duas ou mais formas de vida envolvidas; se bem-sucedido, ele resulta na construção de uma nova forma de vida mais ampla; o progresso da compreensão comunitariamente acordada consiste em generalizar, em vez de substituir, formas sucessivas de vida.

As regras para chegar a um acordo (ou a um consenso comunitário), porém, não são idênticas às regras que guiam a busca pela verdade; portanto, o problema da compreensão objetiva, ou verdadeira, não pode ser transformado no problema do consenso. A compreensão *objetiva* é buscada como uma salvaguarda contra o consenso imposto, como um recurso contra o resultado inaceitável da negociação comunitária. Em certo sentido, a compreensão objetiva é buscada como um substituto do controle sobre as condições práticas do acordo. O anseio pela compreensão objetiva como algo distinto do consenso meramente comunitário é gerado pelas restrições impostas sobre a igualdade e a democracia pela estrutura de dominação que está na base do processo de negociação.

Portanto, as regras que norteiam a obtenção da compreensão objetiva, ao contrário da compreensão meramente consensual, terão de se concentrar nas condições de genuína igualdade das formas de vida envolvidas na negociação e da genuína democracia dos procedimentos. As regras de obtenção da verdade são, acima de tudo, as regras da crítica que permitem expor as imperfeições das condições práticas nas quais o acordo consensual ocorre, e, por meio disso, expor o conteúdo do acordo que não consegue satisfazer o ideal da compreensão objetiva. As regras de obtenção da verdade, como todos os métodos da atividade científica, só podem ser concebidas como um método crítico. É o que procuraremos demonstrar no último capítulo.

10
Consenso e verdade

No conto "A busca de Averróis",[1] o grande escritor latino-americano Jorge Luis Borges reflete sobre um exemplo mal-sucedido de compreensão, uma tentativa malograda de compreensão. Não é a complexidade do universo, nem a sua conhecida receptividade a interpretações contraditórias, que, nesse caso, desafia o poder do intelecto. É a própria parcialidade do intelecto, a sua tendência de enxergar algumas coisas em vez de outras, que é responsável pelo malogro. Qualquer intelecto, por mais poderoso que seja, se põe a trabalhar carregado com seu próprio passado; esse passado é, simultaneamente, o seu passivo e o seu ativo. Graças ao seu passado, o intelecto é capaz de ver; por causa dele, está fadado a permanecer parcialmente cego.

A história de Averróis não é uma história "do arcebispo da Cantuária que se dispôs a provar que existe um Deus; depois a dos alquimistas que buscavam a pedra filosofal; depois a dos fúteis que dividem o ângulo em três partes iguais e traçam a quadratura do círculo". Esses pretensos heróis envolvidos em suas batalhas perdidas são, por assim dizer, representantes da espécie humana como um

---

[1] Borges, *Labyrinths*, 1970.

todo, que ainda não sabem que os caminhos que eles estavam explorando estão para sempre fechados aos humanos. Sua derrota tem, por assim dizer, uma importância para toda a espécie; ela estigmatiza algumas tarefas como irrealistas, um veredito que permanecerá válido para todo o sempre. A história de Averróis é diferente; ela conta o "caso de um homem que estabelece para si um objetivo que não é proibido para os outros, mas que é para ele". Além disso, a derrota de Averróis não pode ser atribuída, de modo algum, à sua deficiência intelectual "pessoal"; assim como outros luminares do mesmo gênero, Averróis representava o ápice que o ser humano podia alcançar nas condições delimitadas pelas realizações acumuladas da história. Se ele fracassou, qualquer um em seu lugar também fracassaria. Portanto, o objetivo era "proibido" para ele unicamente porque a tradição que formou seu intelecto não lhe ofereceu nenhum objeto ao qual ele pudesse referir o significado de um produto cultural estranho. Por mais que Averróis tentasse compreender o que poderiam significar as duas palavras curiosas usadas por Aristóteles, ele, "encerrado no mundo do Islã, jamais poderia saber o significado dos termos *tragédia* e *comédia*"; ele não poderia "imaginar o que é um drama sem jamais ter suspeitado o que é um teatro". Usando a única tocha de que dispunha – a da experiência cultural islâmica – para dissipar a escuridão de um texto estranho, Averróis escreveu em seu manuscrito: "Aristu (Aristóteles) dá o nome de tragédia a panegíricos, e de comédia a sátiras e anátemas. Tragédias e comédias admiráveis abundam nas páginas do Corão e em um *mohalacas* do santuário [...]". Não era um problema de dicionário. Se compreendidas, as palavras nos dizem como seguir em frente. Mas Averróis não tinha para onde ir.

Esta é a mensagem de Borges: não existe compreensão sem uma experiência à qual se possa referir o objeto. Mas a relação inversa também é válida: o significado só é acessível junto da experiência. Logo, quando a experiência varia, o significado varia. Portanto, o significado não está sujeito a um "duplo vínculo", limitado simultaneamente pelo texto e pelo leitor? E, se for assim, será que o significado pode alguma vez ser conclusivo, definitivo, corroborado, enfim, de uma vez por todas?

Pierre Menard, o herói de outra história de Borges,[2] decidiu produzir algumas páginas de *Dom Quixote* que coincidiriam, "palavra por palavra e linha por linha", com as de Miguel de Cervantes. A forma mais evidente de executar a tarefa era "conhecer bem o espanhol, recuperar a fé católica, guerrear contra os mouros ou contra os turcos, esquecer a história da Europa entre os anos de 1602 e 1918, *ser* Miguel de Cervantes". No entanto, essa solução, embora a mais evidente e simples, era, infelizmente, impossível: "Trezentos anos não transcorreram em vão, carregados como foram de complexíssimos fatos. Entre eles, para apenas mencionar um: o próprio *Quixote*". O que restou a Menard foi uma tarefa muito mais árdua e desafiadora: "continuar sendo Pierre Menard e chegar ao *Quixote* por meio das experiências de Pierre Menard". Essa era a única coisa que Menard podia fazer, e foi isso que ele fez; ou, ao menos, essa é a única forma pela qual podemos compreender a sua proeza.

De fato, Menard produziu diversos fragmentos idênticos, "palavra por palavra e linha por linha", àqueles que tinham vindo da pena de Cervantes. Mas será que os significados dos dois eram idênticos? Dificilmente poderiam ser. Afinal de contas, o segundo texto veio de Menard, por meio da experiência de Menard. E simplesmente não podemos compreender a experiência de Menard se nos esquecermos de que ele viveu trezentos anos depois de Cervantes, que ele era um simbolista de Nimes, um fã de Edgar Allan Poe, de Baudelaire, de Mallarmé, de Valéry. Sabemos tudo isso. Justamente por isso, não podemos compreender o texto de Menard do mesmo modo

---

[2] Borges, Pierre Menard, Author of the *Quixote*. In: *Labyrinths*. [Ed. bras.: Borges, Jorge Luis. Pierre Menard, autor do quixote. Trad. Davi Arrigucci Júnior. In: *Ficcções*. São Paulo: Companhia das Letras, 2007, p.39. (N. T.)]

que compreendemos o de Cervantes. Acompanhemos Borges para perceber como as duas compreensões divergem.

Três século separam Menard de Cervantes; o texto de Menard tinha de ser mais sutil, mais rico e mais ambíguo que o de Cervantes. As imagens, as frases e as palavras de *Dom Quixote* impregnaram e absorveram novas emoções e participaram de novas associações. Para começar, Cervantes "de modo desajeitado, contrapõe aos romances de cavalaria a realidade provinciana espalhafatosa do seu país". Não é o que faz Menard: ele "escolhe como 'realidade' a terra de Carmen durante o século de Lepanto e Lope de Vega". As "alternativas objetivas" que confrontavam Menard no século XX não eram as enfrentadas por Cervantes no século XVII; desse modo, escolhas idênticas só poderiam ter significados diferentes. Uma escolha deve o seu significado às possibilidades que ela deixa para trás, "objetivamente, rejeitos". Quando Menard escreveu, a Espanha do século XVII usava muitas máscaras, que Cervantes não podia descartar pela simples razão de que elas tinham sido postas em seu rosto muito depois da sua morte. No entanto, se essas máscaras são ignoradas na obra de Menard, isso só pode ser compreendido como uma decisão artística do autor. *Vemos* no *Quixote* de Menard (embora não no de Cervantes, naturalmente) a ausência evidente de "charangas ciganas, ou de conquistadores, ou de místicos, ou de Felipe II, ou de autos de fé" – todos esses clichês nos quais os séculos posteriores envolveram firmemente a Espanha de Quixote. A naturalidade desajeitada de Cervantes se transformou na sutileza refinada de Menard.

Do mesmo modo, a franqueza de Cervantes se transformou na ambiguidade de Menard. O Dom Quixote dos dois autores participa de um debate durante o qual ele elogia as armas e zomba das letras. Quanto a Cervantes, dificilmente se poderia esperar uma atitude diferente de um ex-soldado. Menard, um intelectual "naturalmente" desconfiado de tudo que fosse marcial e coercitivo, "um contemporâneo de *A traição dos intelectuais* e de Bertrand Russell", *tem* de ser um caso diferente. Não surpreende, nos diz Borges, que a sua atitude curiosa tenha inspirado numerosas interpretações. No entanto, ninguém apresentou um motivo tão convincente e simples como aquele que nos permite compreender Cervantes com tamanha facilidade. As interpretações de Menard estão fadadas a permanecer polêmicas; percebemos essa nossa incerteza como a "riqueza" ou a "ambiguidade" do texto de Menard.

Para realçar ainda mais essa característica interpretativa decisiva, comparemos – acompanhando Borges novamente – duas visões de história:

> É uma revelação comparar o *Dom Quixote* de Menard com o de Cervantes. Este último, por exemplo, escreveu (primeira parte, capítulo nove):
>> [...] verdade, cuja mãe é a história, rival do tempo, depósito de proezas, testemunha do passado, modelo e mentora do presente e conselheira do futuro.
>
> Escrita no século XVII, escrita pelo "gênio laico" Cervantes, esta lista é um mero elogio simbólico da história. Menard, por outro lado lado, escreve:
>> [...] verdade, cuja mãe é a história, rival do tempo, depósito de proezas, testemunha do passado, modelo e mentora do presente e conselheira do futuro.
>
> História, a *mãe* da verdade; a ideia é espantosa. Menard, um contemporâneo de William James, não define a história como uma investigação da realidade, mas como a sua origem. A verdade histórica, para ele, não é o que aconteceu, é o que julgamos que aconteceu. As frases finais – *modelo e mentora do presente e conselheira do futuro* – são descaradamente pragmáticas.

Talvez Menard fosse um leitor voraz de William James e seu ardente seguidor; talvez ele nunca tenha tido o livro de James nas mãos. De qualquer forma, o significado de suas afirmações não seria afetado. Não eram as próprias convicções de Menard que preenchiam suas afirmações com um conteúdo pragmático. Embora apresentemos esse conteúdo como se tivesse origem na intenção de Menard, como um significado que existe "em seu nome", só podemos "punir" essa intenção por causa do que sabemos a respeito do período do discurso histórico no qual a afirmação foi criada ou no qual supomos que ela foi criada. Como sabemos, o período de Menard foi dominado pelas opiniões influentes de James. Parecia, ao menos para seus contemporâneos, que James pusera em descrédito, de uma vez por todas, a visão de história ingênua e reflexiva, e que depois dele nenhuma visão de história pôde ser a mesma. A frase simples "verdade, cuja mãe é a história" não podia mais alegar a inocência afilosófica que só a "ausência objetiva" do argumento de James pode oferecer. As velhas frases ganharam um novo significado pelo simples fato de terem sido capturadas por uma nova filosofia. Elas só podiam ser empregadas junto do novo significado. A mera presença de James transformou Menard, sem que ele fizesse mais nada, num pragmatista. E assim por diante. O estilo literário, por exemplo. O contraste entre o estilo de Cervantes e o de Menard, como nos diz Borges, é "impressionante. O estilo arcaico de Menard – bastante estranho, afinal de contas – sofre de certa afetação. O mesmo não acontece com seu precursor, que lida com facilidade com o espanhol corrente do seu tempo". A formalidade simples do vernáculo de Cervantes se transformou em arcaísmo afetado na pena de Menard.

A ideia de um Menard escrevendo novamente um livro escrito séculos atrás parece, para dizer o mínimo, bizarra. Mas há outras questões envolvidas para além de outra façanha espantosa de alucinação literária de Borges. Menard, naturalmente, é um produto da imaginação de Borges, mas o problema que a história de Menard revelou não é. Menard ajuda Borges a vislumbrar o problema da compreensão e da interpretação em sua forma mais pura. Como resultado, foram revelados aspectos que, em casos "reais" e, portanto, "impuros", podem muito bem escapar à nossa atenção.

O que ele expõe, sobretudo, é a fluidez predominante do significado. Longe de estar, de uma vez por todas, fixado ao texto por meio da intenção do autor, o significado continua mudando junto do mundo dos leitores. Ele faz parte deste último mundo, e só pode ser significativo dentro dele. O texto que o autor produziu adquire vida própria. É verdade que o texto deriva seu significado do ambiente no qual ele foi concebido. Nesse ambiente, porém, as intenções do autor são apenas um fator entre muitos outros; e, certamente, o fator sobre o qual sabemos menos. Não menos significativos são aqueles outros elementos do ambiente que o texto absorveu, e aqueles que o texto poderia absorver, mas não o fez; a ausência é tão gritante quanto a presença. Por outro lado, o leitor não está mais livre que o autor para determinar o significado do texto. É verdade que ele tem uma vantagem sobre o autor, pois pode saber mais sobre o ambiente no qual o texto nasceu. Ele sabe, ou pelo menos pode saber, todas as coisas das quais o autor poderia estar a par e (de propósito ou por omissão) não estava. Mas o leitor também é filho do seu tempo. Ele compreende o tanto que o seu conhecimento lhe permite. Sua tentativa de se distanciar desse conhecimento não resultaria numa melhor compreensão, mas em ignorância. O texto se encontraria diante dele obscuro e impenetrável, como uma afirmação feita numa língua incompreensível (quando aprendemos uma língua estrangeira, procuramos incorporar sua estrutura dentro da sintaxe e da semântica da língua que já conhecemos). Se o autor envia seus sinais de uma ilha cujo interior ele não tinha explorado nem podia explorar plenamente, o leitor é um passageiro que caminha pelo convés de um veleiro que ele não pilota. O significado é o instante em que eles se encontram.

Essa fluidez de significado, tão diferente da suposta solidez do seu "recipiente" textual, ganhou destaque graças à transparência engenhosa do caso de Menard. Mas a profundidade da descoberta não está, de maneira nenhuma, confinada ao laboratório da imaginação de Borges. Reflitam atentamente sobre isto:

> Menard (talvez sem o desejar) enriqueceu, por meio de uma nova técnica, a arte fixa e rudimentar da leitura: a técnica do anacronismo deliberado e da atribuição errônea. Essa técnica, cujas aplicações são infinitas, nos leva a percorrer a *Odisseia* como se fosse posterior à *Eneida* e o livro *Le Jardin de Centaure*, de Madame Henri Bachelier, como se fosse de Madame Henri Bachelier. Essa técnica povoa de aventura os livros mais pacíficos.

Na verdade, de forma irreverente, somos lembrados de uma questão importantíssima: o que transforma o "olhar para o texto" em compreensão é o ato de pôr o texto em um contexto. A atribuição anacrônica não é uma técnica tão nova como Borges pretende. Como uma boa caricatura, ela apenas exagera as características do seu objeto: a habitual, e a única possível, técnica de compreensão. Considerar de maneira errônea que Homero é um sucessor de Virgílio não é tecnicamente diferente de localizar de maneira correta Madame Henri Bachelier. Ambos precisam ser localizados em algum lugar para serem compreendidos. Compará-los a contextos alternativos só revela o que já estava presente no próprio projeto de compreensão: a variabilidade intrínseca dos possíveis significados e de suas interpretações. Acima de tudo, isso revela o vínculo estreito entre o significado e o mundo do leitor. O texto é um objeto mudo que só o ato da interpretação por meio da localização pode obrigar a falar.

A conclusão que podemos tirar das experiências de Averróis e Menard não é do agrado de todos. De fato, o que se segue é que os conceitos de compreensão "certa" ou "errada" só fazem sentido num determinado contexto. A compreensão mais completa que se possa imaginar ainda depende do contexto e está limitada a ele. Não está claro, de imediato, por que essa conclusão deve ser perturbadora. Afinal de contas, desde que continuemos num determinado contexto, também podemos continuar convencidos de que nada no significado do texto nos escapa; não podemos sentir falta de algo de cuja possibilidade não estamos cientes (lembrem-se de Averróis). Na maioria dos objetivos da comunicação prática, a dependência do contexto parece apenas um inconveniente secundário. Por que nos preocupamos, então? Por que a hipótese da natureza irrevogavelmente "relacional" de toda compreensão tende a gerar esforços intermináveis de refutação teórica ou neutralização metodológica? Por que ela inspirou gerações de pensadores a procurar freneticamente por significados independentes do contexto?

Consenso e verdade

O motivo não é tanto a superioridade intrínseca da compreensão independente do contexto em relação à vinculada ao contexto, e sim o desejo de controle que nenhuma compreensão vinculada ao contexto consegue saciar, na medida em que nenhum contexto é plenamente controlado. Como está vinculado a um contexto cujas dinâmicas estão fora do meu controle, o significado não consegue satisfazer a necessidade de controle que é a fonte original do esforço de compreensão. Só se eu puder ter certeza de que aquilo que eu apreendi é, de agora em diante, imutável e imune às incertezas do destino é que o meu conhecimento pode me dar a sensação de um controle real sobre o objeto. Portanto, o verdadeiro problema (o verdadeiro motivo da nossa ansiedade), não é a estrutura predominante da compreensão teórica, mas *a ausência prática de controle da situação de vida*, que a interpretação mais perfeita será incapaz de corrigir. *A compreensão objetiva aparece*, por assim dizer, *como um substituto do controle prático da situação*, como uma "socialização intelectual" das condições das ações que, na verdade, pertencem à esfera privada. *É por isso que as tentativas de alcançar a compreensão objetiva sempre se repetirão, e é por isso que elas nunca terão êxito*. Ou seja, a menos que uma situação totalmente diferente de ação as prive do seu objetivo. Paradoxalmente, *uma compreensão realmente objetiva só seria acessível em condições que não a exijam, que não presumam que tal compreensão seja um problema*.

As teorias que realmente presumem que a compreensão é um problema metodológico tentam descobrir, ou delinear, um método interpretativo que possa ser considerado como conduzindo a resultados objetivos, isto é, universalmente aceitáveis. Baseados nessa metodologia, os resultados seriam apoditicamente verdadeiros; portanto, eles teriam de ser aceitos por todos os lados. O impacto negativo do atual equilíbrio de poder entre os lados seria neutralizado. As vantagens decorrentes do acesso ao poder da espada ou do dinheiro seriam superadas pelas vantagens oferecidas pelo acesso a uma metodologia infalível. O resultado da negociação e a essência

Consenso e verdade

do acordo resultante serão, em grande medida, independentes dos elementos de poder diferentes daqueles diretamente possuídos e operados pelos intérpretes.

A maioria das abordagens do problema da compreensão que nós avaliamos pertence a essa categoria. (Heidegger, Schütz e as correntes etnometodológicas inspiradas por eles fornecem as poucas exceções que se recusaram a discutir a verdade como uma autoridade exterior ao processo de obtenção do acordo. Eles não oferecem nenhum instrumento para que o intérprete avalie a validade dos significados que ele determinou. Em especial, lhe são negados os recursos com os quais poderia diferenciar uma base "verdadeira" de acordo comunitário de uma "falsa".) Elas estão relativamente menos interessadas na anatomia da compreensão rotineira, na qual Heidegger e Schütz concentram a atenção. A falta de interesse vem da dúvida de que as regras que guiam a busca e a obtenção da verdade possam ser encontradas na interação comum. Os dois tipos de abordagens concordam, de certa forma, que o acordo comunitário, por meio do qual se alcança a compreensão na vida diária, não depende da veracidade das opiniões a respeito das quais a comunidade concorda. A busca da verdadeira compreensão, ao contrário do acordo comum, precisa, portanto, se distanciar do discurso cotidiano e buscar suas próprias regras em outro lugar. O que importa não é a maneira pela qual uma interpretação foi alcançada, mas a maneira pela qual a sua validade objetiva pode ser defendida e – idealmente – comprovada. Só descobrindo essa maneira é que se pode conferir à interpretação a autoridade necessária em relação a interpretações alternativas que não podem ser defendidas assim. As regras que guiam o processo de obtenção do acordo na interação de rotina certamente não são as regras que guiam a busca da verdade. Logo, a busca da compreensão especificamente *verdadeira* exige um conjunto independente de regras que constituiria essa atividade como uma esfera autônoma, autossustentável e autocontrolada.

Esse postulado foi levado ao extremo na fenomenologia de Husserl. Esse método veda de forma hermética a busca do verdadeiro significado da influência potencialmente distorciva do contexto sócio-histórico. Mesmo o interesse em significados defendidos por indivíduos ou grupos empíricos concretos é considerado potencialmente corruptor; a avaliação do conteúdo das ideias presentes na pura consciência acaba sendo o único porto seguro em que a verdadeira compreensão pode atracar. Vimos que, mesmo se um porto desse tipo, ao abrigo das correntes provenientes do mar aberto, fosse mais que uma fábula nascida do desespero, sua impermeabilidade seria tanto uma maldição como uma bênção. Nenhum produto da "verdadeira compreensão" assim concebido poderia ser transportado para além das suas fronteiras sem perder tudo que ele havia ganho com o isolamento. Não existe nenhuma maneira clara de introduzir descobertas fenomenológicas no discurso comum e influenciar significados produzidos e inseridos na vida diária.

Outros teóricos tiveram o cuidado de jamais apresentar a ruptura entre a busca sistemática da verdade e a compreensão comum como algo consumado e irreparável. Ao contrário, eles nunca perderam de vista a esperança na organização racional da sociedade (Weber) ou na política científica (Mannheim) como o objetivo de seus esforços. A intenção de reinserir os resultados que eles alcançaram de forma sistemática no tecido da vida social era fundamental para a sua estratégia. Portanto, a verdadeira compreensão não foi retratada como uma negação da compreensão comum, mas como a sua correção, como uma versão racionalizada e purificada dos significados que os membros da sociedade se esforçam para alcançar, mas que não conseguem se não forem auxiliados. A aposta estava na preferência que os membros da sociedade confeririam às opiniões capazes de demonstrar credenciais científicas. No tempo de Marx, Weber ou Mannheim, o prestígio da ciência estava solidamente enraizado (dentro da civilização ocidental) e o papel dos especialistas, insti-

Consenso e verdade

tucionalizado. Esperava-se que pontos de vista relativos baseados na comunidade dariam lugar a declarações da ciência com a mesma inevitabilidade com que o curandeirismo dera lugar à medicina científica. O padrão se repetiria sem exceção, bastando apenas que as interpretações sistemáticas elaboradas dentro das ciências sociais reivindicassem, e ganhassem, os direitos já concedidos a outras ciências. Em outras palavras, o acordo alcançado pela comunidade de cientistas sociais se tornaria a base do acordo universal.

Até agora, essa esperança parece muito longe de se realizar. A proliferação de interpretações sistematicamente selecionadas apresentada em nome da ciência social parece, quando muito, contribuir mais para a dispersão de opiniões e as divergências resultantes. Além das interpretações contraditórias sobre o significado da sociedade moderna ou da desigualdade social, temos assistido recentemente ao surgimento de sociologias "negras" ou "feministas". Não que a sociedade como um todo falhou em cumprir um acordo alcançado por seus especialistas sociocientíficos – isso continua sendo uma probabilidade remota na medida em que as fissuras e clivagens no interior da comunidade sociocientífica mostram uma resistência tenaz.

A falta de consenso, particularmente visível se comparada com as ciências da natureza, parece ter raízes mais profundas que as fragilidades humanas e profissionais dos cientistas sociais.

Toda ciência é constituída pelos hábitos de seus praticantes. Dizer isso é admitir uma grande autonomia para a ciência, a qual fornece a base social para a autoridade das suas descobertas. Nesse sentido, o fato de Galileu empunhar o telescópio e utilizá-lo para contestar a visão popular dos corpos celestes pode ser considerado a data de nascimento da ciência. Dali em diante, e num grau cada vez maior, instrumentos controlados e operados por cientistas lhes deram acesso a realidades que o olho e o ouvido desarmado não podiam alcançar. A conversa entre homens de ciência e leigos passou de uma batalha incessante de capacidades mentais, na qual um equi-

Consenso e verdade

líbrio de poder tinha de ser restabelecido a cada nova escaramuça, a um processo de ensino e aprendizagem dentro de uma estrutura institucionalizada com papéis e *status* claramente definidos. Toda ciência que seguiu esse caminho evolutivo se transformou cada vez mais numa discussão de eventos que ocorriam no laboratório científico, eventos inconcebíveis sem instrumentos operados e controlados por cientistas. Um acelerador de partículas não é um equipamento padrão de uma casa comum. Mas a visão que o físico moderno tem da estrutura do núcleo atômico só é imaginável como uma interpretação de eventos produzidos com a ajuda dos aceleradores. A autoridade das interpretações proferidas pelos físicos está baseada socialmente na autonomia das práticas às quais essas interpretações se referem. Em *O racionalismo aplicado* (1949), Gaston Bachelard chamou os "dados" da física ou da química modernas de "teoremas reificados". De fato, os fenômenos que os cientistas modernos investigam não estariam presentes na natureza não fosse a tecnologia científica; eles nem mesmo são consequências naturais do universo fora do laboratório. O "novo intelectualismo científico" tem como fundamento *la cité scientifique* confinada e hermeticamente fechada.

Evidentemente, porém, esta não é (com algumas exceções) a situação das ciências sociais; em particular, não é a situação da sociologia como atividade "compreensiva". Não é apenas que o "laboratório" dos sociólogos é a sociedade global, sobre a qual eles têm pouco, ou nenhum, controle. Mais importante: o fenômeno que eles estudam – os significados – são fatos aos quais o acesso deles não é mais privilegiado que o dos leigos. Nenhum controle monopolista de instrumentos torna o campo de estudo de um "sociólogo compreensivo" inacessível a um membro comum da sociedade. As declarações dos sociólogos têm como referente a prática desses membros, não a sua própria prática. Além disso, a sociologia é uma reflexão sobre práticas que são, elas mesmas, autorreflexivas (considerem a teoria da "dupla hermenêutica" de Giddens). *Portanto, a sociologia compreen-*

siva não pode deixar de ficar permanentemente envolvida numa conversa com seu próprio objeto, uma conversa na qual o objeto e o sujeito empregam basicamente os mesmos recursos. Se a verdade dos físicos é o subproduto do acordo alcançado por físicos em relação a fenômenos plenamente controlados por físicos, a verdade da sociologia é o subproduto de um acordo alcançado (quando muito) no debate entre sociológicos e os objetos da sua pesquisa, em relação a fenômenos cujo controle é dividido entre sociólogos e seus objetos, com clara desvantagem para os sociólogos. *A verdade da sociologia tem de ser negociada da mesma maneira que o acordo comum é*; com frequência, não é o sociólogo que estabelece as regras de negociação.

Esse parece ser o motivo principal pelo qual a busca da verdade no contexto da compreensão do significado parece apresentar problemas extremamente mais complexos que uma busca semelhante no contexto da explicação causal. Esse também parece ser o motivo pelo qual um grande número de sociólogos tentou (e ainda tenta) se livrar do discurso comum elaborando uma linguagem que exclui referências a significados, ou uma linguagem na qual termos que aparentemente se referem a significados derivam integralmente seu sentido da sua relação lógica com outros termos da mesma linguagem fechada (vimos uma tentativa no caso de Parsons). Pelo mesmo motivo, porém, relatos produzidos no interior dessa linguagem ficam muito aquém de ganhar um reconhecimento semelhante ao dos relatos dos físicos. Ao contrário do discurso físico, eles têm um "lado de fora" e um "lado de dentro"; eles são observados desse "lado de fora" e depois percebidos como apenas uma entre muitas interpretações concorrentes, nenhuma das quais consegue demonstrar a sua superioridade apoditicamente convincente.

Os sociólogos que concordam que a referência ao significado tem de ser um elemento fundamental de qualquer descrição aceitável dos fenômenos sociais talvez ainda insistam num acesso privilegiado à "verdadeira compreensão", alegando a superioridade dos recursos analíticos empregados pelos sociólogos em relação aos empregados pelos leigos. Avaliamos diversos instrumentos que podem ser utilizados para sustentar essa alegação. Para muitos teóricos, a teoria do acesso privilegiado do intérprete à verdade equivale à afirmação de que é possível superar, em princípio, o relativismo comum das opiniões e dos significados. Uma das primeiras manifestações dessa crença foi a afirmação de Schleiermacher referente à superioridade hermenêutica do intérprete sobre, digamos, um artista, ao determinar o verdadeiro significado da obra de arte. Ao ser mais elaborada por Dilthey, a afirmação se mostrou uma tentativa frágil de transcender o relativismo. Partindo da ideia de um círculo hermenêutico cada vez mais amplo, ou do fato igualmente evidente de que as interpretações dos fatos culturais tendem a ser substituídas, mais cedo ou mais tarde, por interpretações que recorrem a um conjunto mais abrangente de fenômenos culturais, não existe nenhum caminho claro que leve à certeza de que o círculo hermenêutico um dia deixará de girar e de que alguma interpretação será não apenas relativamente "mais abrangente" que a precedente, porém a mais abrangente possível, e, consequentemente, definitiva. Este é um exemplo da impossibilidade geral de argumentar a partir de generalizações empíricas para verdades apodíticas, mesmo aquelas que foram extremamente testadas. É difícil perceber como é possível justificar a crença no fim da relatividade da compreensão argumentando a partir da superioridade relativa (compreensão, utilidade, ascendência) desta última sobre as interpretações anteriores.

Nesse aspecto, não houve muita mudança desde a época de Schleiermacher. Isso é perceptível na argumentação recente de Ernest Gellner contra a opinião de Winch de que os fatos culturais só podem ser compreendidos dentro de suas próprias "formas de vida", e que, portanto, a interpretação correta dos significados tem sempre de permanecer relativa. Para demonstrar que o problema aparentemente insolúvel da relatividade da compreensão tem solução, Gellner começa com "o mundo como realmente é", e depois prossegue a partir dessa realidade empírica, supostamente livre de tratamento hermenêutico, da seguinte maneira:

> A importância filosófica da "forma de vida" científico-industrial, cuja rápida difusão global é o principal acontecimento da nossa época, é que, para todos os efeitos práticos, ela realmente nos fornece uma solução para o problema do relativismo. [...] A superioridade cognitiva e técnica de tal forma de vida é tão evidente e tão carregada de consequências para a satisfação dos desejos e necessidades humanos – e, para o bem ou para o mal, para o poder – que simplesmente é impossível questioná-la.[3]

Inúmeras objeções podem ser levantadas contra esse argumento. Em primeiro lugar, Gellner parece supor que a superioridade técnico-instrumental de uma civilização se espalha sobre seus aspectos menos técnicos e assegura, entre outras coisas, a sua primazia hermenêutica; mas isso é uma petição de princípio, não a sua comprovação. Em segundo lugar, ele parece supor que a "forma de vida científico-industrial" está culturalmente unificada como ocorre em sua realização técnico-científica, e que ela oferece, portanto, um ponto de vista homogêneo a partir do qual é possível observar e avaliar outras formas de vida; ele ignora o fato de que dentro de uma estrutura técnico-científica coexistem inúmeras formas de vida, muitas vezes conflitantes, que resistem de forma obstinada ao "julgamento científico". Em terceiro lugar, o argumento levanta outras questões problemáticas que ele deveria resolver: a superioridade da forma de vida científico-industrial é defendida justamente em termos dos valores (satisfação das necessidades humanas, poder, difusão global) que essa "forma de vida" aprecia e considera superior. A sua superioridade, que devia ser comprovada, foi, portanto, aceita como premissa básica.

No entanto, existe outra objeção mais importante em relação ao nosso tema. A essência do argumento de Gellner é que, na medida

---

[3] Gellner, *Cause and Meaning in the Social Sciences*, p.71-2.

Consenso e verdade

em que aceitamos os valores da nossa civilização como critérios de progresso, consideramos seu atual predomínio mundial como a confirmação de que o conflito histórico de pontos de vista e de significados tende a ser resolvido por meio da obtenção da verdade. Esse argumento, porém, poderia ser empregado por qualquer civilização com tendências universais, independentemente de seus padrões e interpretações cognitivos. O argumento de Gellner contra o relativismo enquanto tal foi apresentado por causa da superioridade relativa de uma forma de vida histórica; de maneira indireta, ele pode ser interpretado como uma confirmação, não uma contestação, da relatividade. Não é impossível imaginar a substituição da civilização ocidental em sua forma atual por outra subordinada no presente, e, portanto, de acordo com o critério de Gellner, considerada inferior e ultrapassada (lembrem-se dos "bárbaros", que roubaram o controle universal das mãos dos romanos "pagãos" sofisticados). Por mais que não se consiga demonstrar de maneira indutiva a validade apodítica da indução, não se pode alegar a solução do "problema do relativismo" utilizando provas cujo *status* é, claramente, historicamente relativo.

Não estamos muito distantes da esperança sincera, embora especulativa, de Schleiermacher. Para passar da compreensão histórica, social e culturalmente relativa para uma interpretação que possa ser aceita como definitiva e apoditicamente verdadeira precisamos de critérios que nos permitam julgar a validade dessa compreensão, critérios que, por definição, devem ser externos a qualquer cultura particular. Não é fácil, porém, sugerir padrões que não se mostrem, com um pequeno esforço, internos a uma forma de vida específica. Parece que estamos nos movendo num círculo vicioso. Parece que a compreensão está condenada a permanecer para sempre transitória e relativa. Parece improvável que um dia encontraremos os caminhos da verdade e da compreensão. Parece que a sociologia interpretativa está condenada ao relativismo.

Consenso e verdade

Essas suposições são, certamente, menos chocantes que a primeira impressão que elas causam num leitor acostumado com a imagem impressionante da ciência como uma conversa com o absoluto. Elas se sobrepõem, em grande medida, às conclusões da mais sofisticada das versões de ciência disponíveis, como foi apresentada por Karl Popper. Segundo Popper, a ciência desenvolveu apenas critérios "negativos": critérios de procedimento que podem levar a uma contestação convincente de uma teoria científica. "Podemos determinar, quando muito, a falsidade das teorias". O cientista está interessado em teorias ainda não contestadas porque "algumas delas *podem* ser verdadeiras". O progresso da ciência consiste, porém, no que diz respeito a seus resultados duradouros e definitivos, em descartar teorias falsas e em desacordo com as novas experiências. O progresso da ciência é, na essência, um esforço infindável para desmascarar e eliminar as falsas teorias:

> Por meio desse método de eliminação, é possível encontrar uma teoria verdadeira. Em nenhum caso, porém, o método consegue *estabelecer* a sua veracidade, mesmo que ela seja verdadeira, pois o número de *possíveis* teorias verdadeiras continua infinito, a qualquer momento e depois de um número qualquer de testes decisivos. [...] Naturalmente, as teorias realmente apresentadas serão em número finito; e pode muito bem acontecer que refutemos todas elas, e não consigamos pensar numa outra.
>
> Por outro lado, como *entre as teorias realmente apresentadas* pode haver mais de uma que não é refutada num momento *t*, podemos não saber quais delas devemos preferir. [...]

O método que serve de base à proeza espetacular da ciência ocidental é negativo em vez de positivo. A criação de novas teorias é algo não codificado, e muitas vezes não sistemático; pode-se chegar a uma nova teoria por intuição, por uma feliz coincidência, por um inexplicável lampejo de inspiração (como diz Jacoby, a descoberta é um "estupro seguido de sedução"). Só o processo de contestação está sujeito a métodos rígidos e codificáveis: "O método descrito pode ser chamado de *método crítico*. É um método de tentativa e eli-

334

Consenso e verdade

minação de erros que propõe teorias e as submete aos testes mais severos que podemos imaginar". Dito isso, *"não há garantia de que conseguiremos avançar na direção de teorias mais adequadas"*. A melhor condição que uma teoria pode almejar é ser uma afirmação até então não refutada; nunca uma afirmação irrefutável. O que podemos ter certeza é que fizemos o possível para demonstrar que as nossas teorias não são verdadeiras, mas não tivemos êxito; nunca podemos ter certeza, com o mesmo grau de convicção, de que as nossas teorias são realmente verdadeiras e não serão consideradas falsas no futuro. A substituição de uma teoria específica não é necessariamente um passo na direção da verdade, e, mesmo se fosse, não teríamos como demonstrá-lo.

A questão importante, porém, é esta: a rejeição da visão ingênua da ciência como uma atividade que não apenas se depara com teorias verdadeiras, mas que "tem certeza" de que isso é exatamente o que aconteceu num determinado caso, não implica a negação do papel decisivo desempenhado pela ideia de verdade em qualquer êxito prático (por mais que seja logicamente experimental) do qual a ciência possa, com razão, se vangloriar. Quase se poderia dizer que não haveria ciência se não fosse pela onipresença da ideia de verdade. Essa ideia porém, torna a sua presença palpável na forma da pressão constante de um ideal; como, por assim dizer, um horizonte utópico com uma força de atração inesgotável. Ela permanece um elemento influente na orientação da atividade científica (em linha com outros ideais utópicos) desde que seja considerada um objetivo, e não seja confundida com a descrição de um estado de coisas específico alcançado aqui e agora. Como diz Popper, "considerar que as regras em que a atividade chamada ciência se baseia estão sujeitas ao *objetivo geral da discussão racional, que é chegar mais próximo da verdade"*.[4]

Desde que se mantenham na forma genérica apresentada nas citações anteriores, as regras da atividade científica assim formula-

---

[4] Popper, *Objective Knowledge: An Evolutionary Approach*, p.12-7.

Consenso e verdade

das também parecem se aplicar à busca da "verdadeira compreensão", já que elas se adaptam à busca de leis científicas. Em ambos os casos, a verdade é um objetivo irrealista se for postulada como um predicado de um conjunto hipotético de afirmações específicas sobre a realidade. Em ambos os casos, porém, a verdade é um fio condutor decisivo da discussão racional em curso, resultando, de vez em quando, em acordos racionalmente concretizados. Na verdade, *se o ideal de verdade não fosse o critério máximo de certeza, nenhuma interpretação acordada do significado seria concebível.* A verdade talvez seja um estado inalcançável do conhecimento, mas ela é indispensável para que o conhecimento exista.

A verdade é indispensável porque indica as regras da discussão racional, enquanto a busca das leis científicas, assim como a busca da compreensão objetiva, só pode ocorrer dentro do contexto de suas respectivas discussões racionais, e só tem função e sentido dentro desses contextos.

O que quer que passe por verdade em cada um dos dois contextos só pode estar relacionado aos parâmetros históricos, culturais e sociais de uma determinada discussão. Essa relatividade, porém, não é um atributo da discussão em si nem da sua estrutura. A busca da verdade e a busca da objetividade, como fios condutores da atividade técnica e prática humana – do trabalho e da comunicação humanos –, são características antropológicas, não históricas, da existência humana; elas são condições transcendentais do modo de existência especificamente humano.

A ideia anterior foi enunciada de forma convincente pelo herdeiro vivo mais notável da Escola de Frankfurt dentro das ciências sociais alemãs, Jürgen Habermas. Na visão de Habermas, as dificuldades lógicas evidentes que encontramos sempre que tentamos explicar a relação entre verdade e compreensão (assim como a relação entre verdade e investigação empírica) têm origem no fato de que as regras que validam as nossas interpretações e explicações causais estão situadas, erroneamente, no nível da lógica transcendental – nas condições da razão teórica pura, ao estilo de Kant. Foi demonstrado com frequência que as suas "condições de conhecimento enquanto tais" são insuficientes para basear tanto o método do círculo hermenêutico como a dialética sutil da teoria e dos "fatos". A dificuldade deixa de ser insuperável, porém, quando percebemos e aceitamos que a validade das afirmações verificada ao longo da atividade técnica e prática humana está baseada em condições transcendentais um pouco menos abstratas e apodíticas que as da razão pura, em condições especificamente humanas do ser-no-mundo, que se baseiam no trabalho e na comunicação humanos, as duas características exclusivas, mas universais, da espécie humana. Nas palavras de Habermas:

> A lógica das ciências da natureza e das do espírito não tem de lidar, como a lógica transcendental, com a constituição da razão teórica pura, mas com as regras metodológicas para a organização de processos de pesquisa. Essas regras não têm mais o *status* de regras transcendentais puras; elas têm um valor posicional transcendental, mas procedem de contextos de vida factuais: de estruturas de uma espécie que reproduz sua vida por meio de processos de aprendizagem do trabalho socialmente organizado, tanto quanto por meio de processos de entendimento em interações mediadas pela linguagem corrente. [...] O sujeito transcendental é substituído por uma espécie que se reproduz sob condições culturais [...].[5]

As condições dessa "espécie transcendental" têm a estrutura de interesses. O modo de autorreprodução – ou melhor, de autoconstituição – especificamente humano só pode ser sustentado se dois interesses forem buscados de forma persistente: o técnico e o prático.

O primeiro se manifesta na atividade do trabalho; o segundo na atividade da comunicação. O primeiro visa controlar a natureza, mais especificamente, eliminar, reduzir ou contrabalançar a incerteza contida nas forças esmagadoras da natureza. Ele tenta penetrar na ordem que se esconde por trás da superfície da incerteza, tendo

---

[5] Habermas, *Knowledge and Human Interests*, p.194-5. [Ed. bras: *Conhecimento e interesse*. Tradução e apresentação de Luiz Repa. São Paulo: Editora Unesp, 2014, p.297-8. (N. T.)]

Consenso e verdade

como objetivo orientador a possibilidade de prever e eventualmente controlar. A verdade é a norma que protege a busca desse objetivo. O reflexo cognitivo do interesse técnico demonstrado no trabalho assume a forma das ciências empírico-analíticas:

> As ciências empírico-analíticas exploram a realidade na medida em que ela aparece no círculo de funções da ação instrumental [...] *eles abrangem a realidade tendo em vista uma disposição técnica, possível sempre e em toda parte sob condições especificadas.*[6]

O segundo interesse, prático, encontra seu reflexo cognitivo nas ciências culturais e "compreensivas". Esse interesse é gerado frequentemente por uma situação na qual coexistem muitas formas diferentes de vida, sendo que cada uma delas fornece sua própria estrutura para a interpretação da realidade; a expressão "forma de vida" é entendida, neste caso, de maneira ampla, como qualquer estrutura de interpretação relativamente diferente, começando com sistemas culturais abrangentes e chegando até a "seleções de formas" biograficamente determinadas e únicas. Se as ciências empírico-analíticas só são possíveis se partirmos do pressuposto de que existe uma regularidade e uma recorrência essenciais de determinados padrões de prática laboral e de seus efeitos, *as ciências culturais só são possíveis se partirmos do pressuposto de que existe uma base mais ampla de intersubjetividade que as formas de vida poderiam partilhar, que a discussão e, eventualmente, o acordo entre formas de vida é, portanto, alcançável.* A verdade, nesse caso, é a norma que guia a busca pelo entendimento. Como disse Habermas, afirmações hermenêuticas "aprendem interpretações que dizem respeito à possível intersubjetividade da compreensão mútua guiada pela ação específica de um determinado ponto de partida hermenêutico".[7] Se as ciências empírico-analíticas

---

[6] Ibid., p.195. [Ed. bras., op. cit., p.298]

[7] Ibid. Existe mais a respeito da teoria do interesse gerador de conhecimento de Habermas em Bauman, *Towards a Critical Sociology*, cap. 3.

Consenso e verdade

facilitam o controle técnico dos processos de trabalho, as ciências hermenêuticas ajudam a prática da comunicação e o esforço para alcançar o entendimento.

Já vimos que os métodos das ciências empírico-analíticas não podem garantir a veracidade das afirmações científicas; eles só podem garantir que as afirmações falsas serão finalmente desmascaradas e rejeitadas. O que o método científico – o método crítico – demonstra sem sombra de dúvida é que, em determinadas condições, afirmações correlatas são inválidas; e o método consiste, acima de tudo, em explicitar essas condições de invalidação. O método da hermenêutica sociológica não pode querer mais. Ele não garantirá a veracidade do entendimento intersubjetivo; ele não servirá de base para a crença de que a ação conjunta que resulta evidentemente do processo de negociação reflete um consenso verdadeiro no que diz respeito aos significados. *O método da hermenêutica sociológica, como o da ciência empírico-analítica, só pode satisfazer a prática da comunicação em sua função negativa, como o método da crítica. Ele pode desmascarar algumas condições de comunicação que levam a um consenso ilegítimo e falso.*

Compreender é "saber como seguir em frente"; o esforço intersubjetivo da compreensão mútua visa objetivamente uma aceitação recíproca de normas que acabarão guiando o comportamento das partes que participam da negociação. Se os discursos que constituem a ciência empírico-analítica estão preocupados em fundamentar afirmações (fornecer validade e legitimação a elas), os discursos práticos estão preocupados, idealmente, em fundamentar normas de conduta (fornecer um argumento racional em defesa delas). Vimos como a etnometodologia descreveu esse objetivo formador de conduta da negociação do significado: uma troca verbal, aparentemente preocupada com objetos "lá de fora", leva ao estabelecimento de um padrão de relações mútuas entre os interlocutores. Ao discutir o mesmo assunto num contexto teórico diferente, Gregory Bateson descreveu que o sistema humano de comunicação utilizava "uma sintaxe e um sistema de categorização adequados para discutir coi-

Consenso e verdade

sas que podem ser controladas, enquanto, na verdade, discutia os padrões e as incertezas do relacionamento".[8] Se o tema do discurso é diferente, as condições da sua racionalidade não são. Em ambos os casos, os resultados do discurso têm de ser rejeitados como inválidos se o discurso não conseguir fornecer bases racionais para a aceitação das suas afirmações.

O discurso racional significa, particularmente, que

> alegações de validade das afirmações, recomendações ou advertências são o único objeto da discussão; que não há limitação de participantes, temas e contribuições, exceto no que refere ao objetivo de testar as alegações de validade em questão; que nenhuma força é exercida, exceto a do argumento mais satisfatório; e que, consequentemente, todas as motivações são excluídas, exceto a da busca conjunta pela verdade.

A menos que essas condições estejam presentes na íntegra, não se pode aceitar que o consenso resultante reflete a "vontade racional".[9] Em outras palavras, não se pode aceitar que a compreensão manifestada é "verdadeira" se as negociações precedentes minimizaram as bases de validade das normas de conduta defendidas (e finalmente aceitas), se essas bases foram "deixadas de lado" e não passaram pelo escrutínio argumentativo dos participantes. Se, por exemplo, os participantes foram aconselhados a obedecer às normas defendidas não por seu mérito, mas por causa do apoio fornecido por uma autoridade influente, ou se os participantes foram impedidos a levar em conta normas e interpretações alternativas.

O segundo grupo de condições do discurso racional se refere à qualidade da participação:

> Já que todos os afetados têm, em princípio, ao menos a oportunidade de participar na deliberação prática, a "racionalidade" da vontade discursivamente formada consistirá no fato de que as expectativas comportamentais recíprocas

---

[8] Bateson, *Steps to an Ecology of Mind*, p.341-2.
[9] Habermas, *Legitimation Crisis*, p.107-8.

Consenso e verdade

promovidas a condição normativa dão validade a um interesse *comum* determinado *sem* engano. O interesse é comum porque o consenso livre de coação só admite o que *todos* podem querer; ele é livre de engano porque até mesmo as interpretações das necessidades nas quais *cada indivíduo* tem de ser capaz de reconhecer o que ele quer se tornam objeto da formação discursiva da vontade. A vontade discursivamente formada pode ser chamada de "racional" porque as propriedades formais do discurso e da situação deliberativa garantem, de maneira adequada, que um consenso só pode surgir por meio de interesses *generalizáveis* corretamente interpretados, e com isso me refiro a necessidades *que podem ser compartilhadas de forma comunicativa*.[10]

Só a igualdade de participação no discurso é que pode, ao menos potencialmente, evitar que o consenso se baseie no engano. Nenhum suposto interesse, seja ele público ou privado, está livre de uma discussão da qual todos os interessados têm o direito de participar em condições iguais (diferenciados apenas pela força de uma argumentação relevante). Num discurso racional, existem *apenas* participantes – e todos os interessados *são* participantes.

É facílimo demonstrar o irrealismo do "discurso racional" descrito por Habermas. Esse tipo de discurso jamais ocorreu, exceto, talvez, em "grupos primitivos" pouco avançados no caminho da institucionalização. É particularmente difícil visualizar um discurso que satisfaça à descrição de Habermas ocorrendo na escala de uma sociedade complexa moderna. Porém, para aqueles ansiosos em descartar a descrição em razão do seu irrealismo, convém fazer dois comentários.

Em primeiro lugar, o modelo do "discurso racional" não é mais "utópico" (ou não é menos "realista") que, digamos, o modelo da experiência ideal ou dos cânones do raciocínio indutivo. As experiências concretas se aproximam em graus diferentes do modelo ideal, mas nunca satisfazem plenamente a exigência rigorosa de controle total sobre as condições ou das "outras coisas sendo iguais". Do mesmo modo, na prática, as conclusões indutivas são alcançadas

---

[10] Ibid., p.108.

e provisoriamente aceitas muito antes que a "singularidade" de uma diferença ou a semelhança de um fator comum tenha sido (quando muito) comprovada. O modelo do discurso racional, como todas as outras descrições ideais das hipotéticas regras da ciência, não é uma generalização da prática, mas a definição do seu horizonte idealizado. É a reprojeção resultante desse ideal nas práticas concretas que fornece o critério de avaliação de resultados, assim como exerce pressão no sentido de um aperfeiçoamento.

Em segundo lugar, o modelo de Habermas é, certamente, uma afirmação das condições transcendentais do consenso alcançado racionalmente (compreensão que pode ser considerada verdadeira). Seu papel não consiste em nos informar como se parecem as negociações concretas em torno do significado, mas quais são as circunstâncias em que as negociações intersubjetivas poderiam levar a um entendimento racional. Na prática, o modelo destaca a lacuna empírica entre a comunicação concreta e as condições ideais do debate racional. Seu poder heurístico, como o poder de toda metodologia científica, reside basicamente em seu papel de receita para a crítica. *Graças apenas à análise apurada das condições transcendentais do entendimento racional é que podemos perceber o consenso concreto como resultado de uma comunicação distorcida, portanto, como um falso consenso.* Graças à mesma análise, sabemos como tentar aproximar o debate concreto das condições de racionalidade.

O modelo de entendimento racional de Habermas não deve, portanto, ser menosprezado. Ao contrário, ele traz a metodologia das ciências compreensivas tão próximas do ideal da crítica guiada pela verdade como as regras da prática experimental trouxeram as ciências empírico-analíticas.

Ele coloca, porém, o problema da "verdadeira compreensão" e da sua fundamentação numa perspectiva diferente. A busca por essa fundamentação tem se guiado até o momento por uma semelhança muito superficial com a condição das ciências empírico-analíticas: tem se esperado que a veracidade da compreensão acabará se ba-

Consenso e verdade

seando plenamente nas práticas dos intérpretes, que, portanto, irão conquistar uma autoridade semimonopolista em matéria de interpretação verdadeira, parecida com a autoridade desfrutada em seu campo pelos cientistas naturais. O modelo de Habermas acaba com essas esperanças. O modelo demonstra que a racionalidade do discurso nas ciências culturais, comparável à das ciências empírico-analíticas, não pode ser codificada sem que se faça referência às dimensões sociais do debate; em outras palavras, que *a epistemologia da hermenêutica não pode ser separada da sociologia da comunicação*. Se os cientistas sociais tivessem de usurpar o direito de julgar a veracidade dos significados e depois apresentar suas decisões como vereditos apoiados na autoridade da ciência, teríamos apenas mais um caso de comunicação distorcida, isto é, uma violação da única regra que poderia, nas condições da hermenêutica, levar à verdade. A conquista da verdadeira compreensão depende de muito mais coisas que os métodos operados e controlados por hermeneutas. Ela depende, em primeiro lugar, da estrutura da situação social na qual a negociação do significado ocorre e da qual o consenso resultante se origina. Ela exige, acima de todas as outras coisas, que as bases de validade dos significados orientados pela ação sejam discutidas abertamente e que elas sejam discutidas, com os mesmos direitos, por todos os interessados. Ela exige, em outras palavras, uma operação comprometida com a sociedade, e não apenas com as práticas dos especialistas.

O principal obstáculo no caminho do verdadeiro consenso é a estrutura de dominação, que desafia as duas condições do entendimento racional. A discussão das bases de validade das normas comportamentais é suprimida e substituída pelas legitimações sagradas ou seculares, mas sempre ideológicas, da autoridade da fonte. (Segundo Michel Foucault, os elementos essenciais da "formação discursiva" responsável pelos significados socialmente aceitos são as perguntas "Quem está falando? Quem, dentre o conjunto dos indivíduos falantes, recebeu o direito de usar esse tipo de linguagem?" e os "lugares institucionais" dos quais são feitas as contribuições para o discurso.[11] Na teoria de Habermas, esta é uma característica de uma comunicação distorcida; uma característica que a maioria dos etnometodólogos tende a deixar completamente invisível.) E os papéis ativo e passivo, do emissor e do receptor, no debate são definidos e mantidos separados. A situação, no geral, está longe do ideal em que "nenhuma força é exercida, exceto a do argumento mais satisfatório".

Seguem-se conclusões importantes para uma sociologia que quer estar a serviço da civilização cujo valor principal é a obtenção do consenso racional, do entendimento baseado na verdade. A sociologia não estará à altura desse padrão se o "andar de cima" da sua "dupla hermenêutica" ruir sobre o andar de baixo, se ela limitar sua tarefa à compreensão e à elaboração do atual consenso socialmente alcançado, ou seja, um consenso alcançado e mantido em condições desfavoráveis para o discurso racional. Também não estará à altura do seu padrão se esquecer do "térreo" da sua hermenêutica e considerar que a sua própria atividade não está limitada pelo consenso comum e, consequentemente, por condições sociais que não sustentam o discurso racional; ou seja, se considerar sua própria atividade como o único fundamento em relação ao qual os critérios de verdade poderiam ser avaliados. A validade universal (veracidade) da compreensão acordada, como o ideal atraente da nossa civilização, pode ser muito bem atendida por essa sociologia, que visa uma teoria evolutiva que mostre o caminho que a sociedade poderia seguir no sentido de obter condições cada vez mais livres dos obstáculos ao entendimento racional.

Os cientistas sociais podem ter um papel decisivo não apenas no desenvolvimento de uma teoria como essa (sua tarefa, obviamente). Eles podem desempenhar um papel importante facilitando a sua concretização, isto é, criando condições para a verdadeira compreensão. Repito, seu papel não será basicamente diferente do

---

[11] Foucault, *The Archeology of Knowledge*, p. 50-1.

Consenso e verdade

papel desempenhado pelos cientistas naturais. A contribuição mais espetacular feita pelas ciências empírico-analíticas à vida humana é a crítica científica constante da atividade técnico-instrumental humana. A contribuição das ciências compreensivas pode consistir numa crítica da prática social. Ao revelar os elementos de distorção na situação do discurso, essas ciências podem desempenhar seu papel na aproximação cada vez maior das condições de uma sociedade racional.

Os critérios de verdade por meio dos quais o conteúdo do consenso pode ser avaliado (ao contrário dos critérios de aceitação interna de um determinado ambiente cultural, histórico e social) *só podem ser os critérios ideais do discurso racional.*

Resumindo: os métodos da atividade científica conhecida como sociologia têm de levar em conta o fato de que – ao contrário das ciências que tratam seu objeto como natureza – a negociação do entendimento em sociologia inclui seus objetos como "sujeitos autônomos reconhecidos". A sociologia não pode deixar de estar permanentemente envolvida numa conversa com seu próprio objeto; ao longo dessa conversa, tanto "objetos" como "sujeitos" empregam basicamente os mesmos recursos. Portanto, na sociologia, o consenso é buscado numa negociação comunitária cuja escala se estende além das fronteiras da sociologia profissional propriamente dita.

Consequentemente, o interesse da sociologia pela compreensão objetiva (verdadeira) requer não apenas uma preocupação com as regras de entendimento entre os sociólogos, mas um profundo interesse nas condições que servem de base para a obtenção do consenso na sociedade como um todo. A sociologia é "socialmente engajada" não apesar dos seus motivos de busca da verdade ou em transgressão a eles, mas como consequência desses motivos. De modo inverso, a sociologia só pode perseguir seu objetivo da verdadeira compreensão, ao contrário da compreensão meramente consensual, graças à sua participação ativa na tarefa de promover oportunidades iguais e democracia.

Consenso e verdade

A forma especificamente sociológica dessa participação só pode consistir na aplicação do método científico geral de crítica ao escrutínio do consenso alcançado na sociedade. Do mesmo modo que a ciência emprega o modelo da experiência ideal para desmascarar e eventualmente eliminar as falhas na prática dos cientistas, a sociologia também emprega o modelo da comunicação ideal para desnudar e eventualmente ajudar a eliminar as falhas na prática do consenso social.

Quando é absorvida pela ciência social e adaptada a suas tarefas, a epistemologia da hermenêutica se transforma em sociologia do acordo comunitário, em geral, e do consenso ilegítimo e verdadeiro, em particular. A metodologia da verdadeira interpretação – a preocupação principal da hermenêutica – se transforma na teoria da estrutura social, que, idealmente, facilita a comunicação perfeita e a verdadeira universalização das formas de vida. *O êxito empírico da sociologia assim compreendida só pode ser avaliado pela intensidade com que a oposição entre consenso e verdade se reduz gradualmente e o problema da compreensão como uma atividade diferente da vida comunitária gradualmente desaparece.*

Referências bibliográficas

ABRAMS, M. H. The Mirror and the Lamp. Oxford: Oxford University Press, 1953.

ADORNO, Theodor W. et al.. *The Positivist Dispute in German Sociology*. London: Heinemann, 1976.

BALLARD, Edward G. On the Method of Phenomenological Reduction. In: EMBREE, Lester E.. *Life-World and Consciousness, Essays for Aron Gurwitch*. Evanston: Northwestern University Press, 1972.

BATESON, Gregory. *Steps to an Ecology of Mind*. London: Paladin, 1973.

BAUMAN, Zygmunt. *Towards a Critical Sociology*. London: Routledge & Kegan Paul, 1976.

_____. *Culture as Praxis*. London: Routledge & Kegan Paul, 1973.

BENVENISTE, Emile. Nature du signe linguistique. In: HEMP, Eric P.; HOUSEHOLDER, Fred W.; AUSTERLITZ, Robert (orgs.). *Readings in Linguistics*. Chicago: Chicago University Press, 1966. v.2. [Ed. bras.: Natureza do signo linguístico. In: _____. *Problemas de linguística geral*. Trad. Maria da Glória Novak e Maria Luiza Neri. Campinas: Pontes; EdUnicamp, 1991.]

BERGER, Peter L. Identity as a Problem in the Sociology of Knowledge. In: REMMLING, Gunther W. (org.), *Towards the Sociology of Knowledge*. London: Routledge & Kegan Paul, 1973.

BERLIN, Isaiah. Foreword. In: MEINECKE, Friedrich. *Historism*: The Rise of a New Historical Outlook London: Routledge; Kegan Paul, 1972.

BLUM, Alan. *Theorizing*. London: Heinemann, 1974.

BLUMENBERG, Hans. The Life-World and the Concept of Reality. In: EMBREE, Lester E. (org.). *Life-World and Consciousness*: Essays for Aron Gurwitch. Trad. de Theodore Kisiel. Evanston: Northwestern University Press, 1972.

BORGES, Jorge Luis. *Labyrinths*. Harmondsworth: Penguin, 1970.

BOWRA, M. *The Heritage of Symbolism*. London: Macmillan, 1959.

CICOUREL, Aaron V. *Cognitive Sociology*. Harmondsworth: Penguin, 1973.

COLINGWOOD, R. G. *The Idea of History*. Oxford: Oxford University Press, 1973 [1946].

CROCE, Benedetto. *Theory and History of Historiography*. Trad. de Douglas Ainslie. London: Harrap, 1921.

_____. *Philosophy, Poetry, History*: An Anthology of Esays. Oxford: Oxford University Press, 1966.

DESCARTES, René. *Meditations on First Philosophy*. Trad. de Elisabeth S. Haldane e G. R. T. RossLonon: Routledge, 1993.

DILTHEY, Wilhelm. Der Aufbau de Geschichtlichen Welt in den Giesteswissenschaften. In: *Gesammelte Schriften*. Leipzig: B. G. Teubner, 1927. v.7, p.191.

FAIRCHILD, Hoxie Neal. *The Noble Savage*. New York: Columbia University Press, 1928.

FARBER, Marvin. On the Meaning of Radical Reflection. In: *Edmund Husserl 1859-1959, recueil commémoratif à l'occasion du centenaire de la naissance du philosophe*. Haia: Martinus Nijhoff, 1959.

_____. *The Aims of Phenomenology*. London: Harper & Row, 1966.

FISCHOFF, Ephraim. The History of a Controversy. *Social Research*, v.11, p.53-77, 1944.

FOUCAULT, Michel. *The Archeology of Knowledge*. Trad. de A. M. Sheridan-Smith. London: Tavistock, 1974.

Referências bibliográficas

FRANCHINI, Raffaello. *La teoria della storia di Benedetto Croce*. Morano: [*s. n.*, c. 1968].

FREUD, Sigmund. *Civilisation and its Discontents*. Trad. de Joan Riviere. London: Hogarth Press, 1930.

FURST, R. *Romanticism in Perspective*. London: Macmillan, 1969.

GADAMER Hans Georg. *Hegel's Dialectic*: Five Hermeneutical Studies. Trad. de Christopher Smith. London: Yale University Press, 1976.

GADAMER Hans Georg. *Truth and Method*. Trad. de Garrett Barden e John Cumming. London: Sheed & Ward, 1975.

GARFINKEL, Harold. *Studies in Ethnomethodology*. Englewood Cliffs: Prentice Hall, 1967.

GELLNER, Ernst. *Cause and Meaning in the Social Sciences*. London: Routledge & Kegal Paul, 1973.

GELVEN, Nichael. *A Commentary on Heidegger's "Being and Time"*. New York: Harper & Row, 1970.

GIDDENS, Anthony. *New Rules of Sociological Method*. London: Hutchinson, 1976.

GRÜNWALD, Ernst. Systematic analyses. In: CURTIS, James E.; PETRAS, John W. (orgs.). *The Sociology of Knowledge, a Reader*, London: Duckworth, 1970.

GUNDERSON, Keith. The Imitation Game. In: ANDERSSON, Alan Ross (org.). *Minds and Machines*. Englewood Cliffs: Prentice Hall, 1964.

HABERMAS, Jürgen. *Knowledge and Human Interests*. London: Heinemann, 1972. [Ed. bras.: *Conhecimento e interesse*. Trad. e apresentação de Luiz Repa. São Paulo: Editora Unesp, 2014.]

_____. *Legitimation Crisis*. London: Heinemann, 1976.

HEGEL, Georg Wilhelm Friedrich. *The Philosophy of History*. Trad. de J. Sibree. New York: Dover, 1956.

HEIDEGGER, Martin. *Sein und Zeit*. 6.ed., Tübingen: Neomarius Verlag, 1949. (Publicado originalmente no *Jahrbüch für Philosophie und Phänomenologische Forschung*, 1926.)

_____. *An Introduction to Metaphysics*. Trad. de Ralph Mannheim New Haven: Yale University Press, 1959.

Referências bibliográficas

HEIDEGGER, Martin. *The Essence of Reasons*. Trad. de Terence Malick. Evanston: Northwestern University Press, 1969.

HUIZINGA, Johann. A definition of the Concept of History. Trad. de D. R. Cousin. In: *Philosophy and History*: Essays Presented to Ernst Cassirer. Oxford: Clarendon, 1936.

HUSSERL, Edmund. *Erste Philosophie* (orig. 1923-1924). *Husserliana*, Haia, v.8, 1959[1923-1924].

_____. Ideen zu einer reinen Phänomenologie und Phänomenologischen Philosophie (Ideen I), publicado originalmente em *Jahrbuch für Philosophie und Phänomenologische Forschung*, 1913.

_____. *The Paris Lectures*. Martinus Nijhoff, 1967 [1908].

HUSSERL, Edmund. *Phenomenology and the Crisis of Philosophy*. Trad. de Quentin Lauer. New York: Harper & Row, 1965.

KANT, Immanuel. Trad. de J. M. D. Meiklejohn, *Critique of Pure Reason*, New York: Dutton, 1969.

KING, Magda. *Heidegger's Philosophy*. Oxford: Basil Blackwell, 1964.

KOHN, Hans. *The Mind of Germany*. New York: Harper, 1965.

KOLAKOWSKI, Leszek. *Husserl and the Search for Certitude*. New Haven: Yale University Press, 1975.

LANDGREBE, Ludwig. *Major Problems in Contemporary European Philosophy*: From Dilthey to Heidegger. Trad. de Kurt F. Reinhardt. New York: Frederick Ungar, 1966.

LANGAN, Thomas. *The Meaning of Heidegger*. London: Routledge & Kegan Paul, 1959.

LAUER, Quentin. *Phenomenology, its Genesis and Prospects*. New York: Harper & Row, 1965.

LEROY, Maurice. *The Main Trends in Modern Linguistics*. Trad. de Glanville Price. Oxford: Blackwell, 1967.

LEVINAS, Emmanuel. Trad. de André Orianne, *The Theory Intuition in Husserl's Phenomenology*. Evanston: Northwestern University Press, 1973.

LÉVI-STRAUSS, Claude. *The Scope of Anthropology*. Trad. de S. O. e R. A. Paul. London: Cape, 1967.

LÉVI-STRAUSS, Claude. *The Savage Mind*. Chicago: University of Chicago Press, 1966.

_____. *Structural Anthropology*. Trad. de Jacobson e B. G. Schoeph. New York: Basic, 1963.

_____. *Structural Anthropology*. Trad. de Monique Layton. London: Allan Lane, 1977.

LYONS, John. Human Language. In: Robert A. Hinde (org.). *Non-Verbal Communication*. London: Cambridge University Press, 1975.

MAKKREEL, Rudolph A. *Dilthey, Philosopher of Human Studies*. Princeton: Princeton University Press, 1975. p.248.

MANNHEIM, Karl. *Essays on the Sociology of Knowledge*. London: Routledge, 1952.

_____. *Essays on Sociology and Social Psychology*. London: Routledge & Kegan Paul, 1953.

_____. *Essays on the Sociology of Cuture*. London: Routledge & Kegan Paul, 1956.

_____. *Ideology and Utopia*: Introduction to the Sociology of Knowledge. London: Routledge, 1970 [1955]. [Ed. bras.: *Ideologia e utopia*. Rio de Janeiro: Guanabara, 1986.]

MARX, Karl. Preface to *A Contribution to the Critique of Political Economy*. In: _____. *Selected Writings*. Indianapolis: Hackett, 1994.

_____. *Capital*. In: _____. *Selected Writings*. Indianapolis: Hackett, 1994.

_____. *Early Writings*. Trad. de Rodney Livingstone e Gregor Benton. London: Penguin, 1975.

_____. *Grundrisse*. Trad. de Martin Nicolaus. Harmondsworth: Penguin, 1973.

MARX, Karl; ENGELS, Friedrich. German Ideology. In: BOTTOMORE, T. B.; RUBEL, Maximilian (orgs.). *Karl Marx Selected Writings in Sociology and Social Philosophy*, Harmondsworth: Penguin, 1963.

MCDOUGALL, W. *An Introduction to Social Psychology*. London: Methuen, 1928 [1908].

MCHUGH, Peter et al. *On the Beginning of Social Inquiry*. London: Routledge & Kegan Paul, 1974.

MEDICUS, Fritz. On the Objectivity of Historical Knowledge. In: KLI-BANSKY, Raymond; PATON, H. J. (orgs.). *Philosophy and History*: Essays Presented to Ernst Cassirer. Oxford: Clarendon, 1936.

MOMMSEN, Wolfgang J. *The Age of Bureaucracy*. Oxford: Blackwell, 1974.

NATANSON, Maurice. *Literature, Philosophy, and the Social Sciences*. Haia: Martinus Nijhoff, 1962.

NEWTON, Eric. *The Romantic Rebellion*. New York: Shocken, 1964.

ORTEGA Y GASSET, Jose. History as a system. In: KLIBANSKY; Raymond; PATON, H. J. (orgs.). *Philosophy and History*: Essays Presented to Ernst Cassirer. Oxford: Clarendon, 1936.

PARSONS, Talcott. In: STAMMER, Otto (org.). *Max Weber and Sociology Today*. Oxford: Blackwell, 1971.

PARSONS, Talcott. *The Social System*. London: Routledge & Kegan Paul. 1970.

_____. *The Structure of Social Action*. Glencoe: Free Press, 1949.

PARSONS, Talcott; Shils, Edward A. (orgs.). *Toward a General Theory of Action*: Theoretical Foundation for the Social Sciences. New York: Harper & Row, 1962.

PEURSEN, Cornelis van. Some Remarks on the Ego in the Phenomenology of Husserl. In: INGARDEN, Roman; TYMIENIECKA, Anna-Teresa Tymieniecka (orgs.). *For Roman Ingarden*: Nine Essays in Phenomenology. Haia: Martinus Nijhoff, 1959.

PLATÃO. The Republic. In: _____. *Great Dialogues of Plato*. Trad. W. H. D. Rouse. New York: Signet, 2008.

POPPER, Karl R. *The Poverty of Historicism*. New York: Harper, 1964.

_____. The logic of the social sciences. In: ADORNO, Theodor et al. *The Positivist Dispute in German Sociology*. Trad. de Glyn Adey e David Frisby. London: Heinemann, 1976,7 b.

_____. *Objective Knowledge*: An Evolutionary Approach. Oxford: Clarendon Press, 1972.

REX, John. Typology and objectivity, a comment on Weber's four sociological methods. In: *Max Weber and Modern Sociology*.

RICOEUR, Paul. *The Conflict of Interpretations*: Essays in Hermeneutics. Trad. de Kathleen McLaughlin. Evanston: Northwestern University Press, 1974.

SAHAY, Arun. The Importance of Weber's Methodology in Sociological Explanation. In: _____. (org.). *Max Weber and Modern Sociology*. London; Boston: Routledge & Kegan Paul, 1971.

SCHOPENHAUER, Arthur. *Parerga and Paralipomena*. Trad. de E. F. J. Payne. Oxford: Clarendon Press, 1974. v.2.

SCHÜTZ, Alfred *Collected Papers*. Haia: Martinus Nijhoff, 1967. 2v.

_____. Husserl's importance for the social sciences. In: *Edmund Husserl, 1859-1959* recueil commémoratif à l'occasion du centenaire de la naissance du philosophe. Paris, Springer, 1960.

SCHÜTZ, Alfred; LUCKMANN, Thomas. *The Structures of the Life-World*. Trad. de Richard M. Zaner e H. Tristan Engelhardt Jr. London: Heinemann, 1974.

SCHÜTZ, Alfred; ZANER, Richard M. (org.). *Reflections on the Problem of Relevance*. New Haven: Yale University Press, 1970.

SLOTKIN, J. S. *Readings in Early Anthropology*. London: Methuen, 1965.

SOKOLOWSKI, Robert. Husserl's protreptic. In: EMBREE, Lester E. *Life-World and Consciousness, Essays for Aron Gurwitch*. Evanston: Northwestern University Press, 1972.

STERN, Fritz. *The Politics of Culture Despair*. New York: Doubleday, 1965.

TARDE, Gabriel. *Les Lois de l'imitation*. Paris: Alcan, 1890.

TATARKIEWICZ, Wladyslaw. *O Daskonalosci*, Varsóvia: Panstowe Wydawnictwo Naukowe, 1976.

THODES, Samuel J. Sensuous abstraction and the abstract sense of reality. In: EDIE, James M. (org.) *New Essays in Phenomenology*. Chigago: Quadrangle, 1969.

TURING, A. M. Computing machinery and intelligence. In: ANDERSSON, Alan Ross (org.). *Minds and Machines*. Englewood Cliffs: Prentice Hall, 1964.

USSHER, Arland. *Journey through Dread*. New York: Devin-Adair, 1955.

Referências bibliográficas

VYCINAS, Vincent. *Earth and Gods*. Haia: Martinus Nijhoff, 1969.

WACH, Joachim. *Das Verstehen, Grundzüge einer Geschchte der hermeneutischen Theorie in 19. Jahrhundert*. Tübingen: J. C. B. Mohr (Paul Siebeck), 1926. 3V.

WEBER, Max. *Werk und Person*: dokumente ausgewählt u. kommentiert von Eduard Baumgarten. In: BAUMGARTEN, Eduard (ed.). Tübingen: J. C. B. Mohr (Paul Siebeck), 1964.

_____. *From Max Weber*. Ed. de H. H. Gerth e C. Wright Mills (ed.). London: Routledge & Kegan Paul, 1970 1947.

_____. *Roscher and Knies*: The Logical Problems of Historical Economics. Trad. de Guy Oates. New York: Free Press, 1975.

_____. *The Methodology of the Social Sciences*. Trad. de Edward A. Shils e Henry A. Finch. New York: Free Press, 1949.

_____. *The Protestant Ethic and the Spirit of Capitalism*. London: Allen & Unwin, 1930.

_____. *The Theory of Social and Economic Organization*. Orgs. de Talcott Parsonse A. M. Henderson. New: Free Press, 1969.

_____. *Wirtschaft und Gesellschaft*. Tübingen: J. C. B. Mohr (Paul Siebeck), 1925. v.1.

_____. *Werke und Person*: Dokumente ausgewählt und kommentiert von Eduard Baumgarten Tübingen: Mohr, 1964.

WEINTRAUB, Karl J. *Visions of Culture*. Chicago: University of Chicago Press, 1966.

WELLMER, Albrecht. *Critical Theory of Society*. Trad. de John Cumming. New York: Herder & Herder, 1971.

WINCH, Peter. *The Idea of Social Science and its Relationship to Philosophy*. London: Routledge & Kegan Paul, 1967.

WITTGENSTEIN, Ludwig. *The Blue and Brown Books*. Oxford: Blackwell, 1975.

_____. *Philosophical Investigations*. Trad. de G. E. H. Anscombe. Oxford: Blackwell, 1953.

ZNANIECKI, Florian. *Cultural Sciences*: Their Origin and Development. Urbana: University of Illinois Press, 1963.

_____. *The Method of Sociology*. New York: Octagon, 1968.

Índice remissivo

A

abordagem êmica, 84-5, 118-9, 143-4, 306-8
afinidade como um fator de compreensão, 16, 51-3, 89-93, 102-3, 125-6, 190-1
Agostinho, Santo 169
Anselmo, Santo 54
Aristóteles, 83-4, 279, 318
Ast, Friedrich, 33-7
atitude científico-natural, 16-9, 41-2, 45-6, 93, 96, 123-4, 173-4, 189-90, 213, 287-94, 328-9

B

Bachelard, Gaston, 12, 329
Bateson, Gregory, 339-40
Benveniste, Émile, 291-2
Berkeley, George, 167-8
Berlin, Isaiah, 19-20
Blum, Alan, 263-4
Blumenberg, Hans, 164-5
Boese, Franz, 100
Borges, Jorge Luis, 317-24

C

Cicourel, Aaron, 249, 251-2
círculo hermenêutico, 20-1, 36-40, 57-61, 235, 330-1
Collingwood, R. G., 54-7
compreensão
   como controle, 274-9, 289-92, 325-6, 342-6
   como discurso racional, 284-6, 334-5, 339-44
   como universalização, 306-14, 336-43
   prosaica (habitual, *Aktuelle*, imediata), 39, 73-4, 89-91, 114-5, 208-9, 215-6, 222, 247-8, 253-4, 258-9, 274-7
   representacional e imanente, 89-91
   verdadeira (objetiva), 24-5, 61-2, 70-1, 77-8, 95-100, 102-8, 122, 123-8, 136-7, 144-7, 152-3, 170-1, 174, 181-2, 183-4, 212-3, 253-4, 266-8, 314, 325, 336-7
Comte, Auguste, 12-3, 18
conceito romântico de significado, 10-1, 13-4, 29-34, 37-8, 40-3, 128-9, 214
consenso de interpretação, 14-5, 25, 342-6

Índice remissivo

Croce, Benedetto, 54-7, 58-9
Cusa, Nicholas 43

D
Descartes, René, 161-8, 219-21
Dilthey, Wilhelm, 21-3, 29-63, 65,
   66-7, 78, 84-5, 88-9, 96-9, 104, 109,
   114-6, 123-5, 131-3, 138-9, 187-8,
   238-9, 267-8, 330-1
distanciamento como uma condição da
   compreensão, 33-4, 40, 44, 177, 218-9,
   223-4, 228-9, 249, 270-1, 273-5
Durkheim, Émile, 18, 133, 136, 202-3,
   266-7

E
Eichhorn, Karl Friedrich, 32-3
empatia, 14, 52-3, 97, 120-1, 126-7,
   131-2, 187-9, 249-52, 305, 313
Espinosa, Baruch, 293-4
espírito (*ethos*, cultura) como o objeto da
   compreensão, 30-7, 41-3, 47-51, 66,
   88-9, 123-4, 130, 143-5, 211, 232-3

F
Fichte, Johann, 30-1, 167-8
Fink, Eugen, 176
Foucault, Michel, 343-4
Franchini, Raffaello, 55
Freud, Sigmund, 231-2, 274

G
Gadamer, Hans, 38, 239, 289
Garfinkel, Harold, 40-1, 242-4, 263-4
Gellner, Ernest, 331-3
Giddens, Anthony, 26-7, 312-3, 329-30
Goethe, Wolfgang, 35, 43
Grünwald, Ernst, 134-5

H
Habermas, Jürgen, 121-2, 336-44
Halbwachs, Maurice, 18

Hegel, Georg, 20-2, 37-8, 65-79, 104
Heidegger, Martin, 25-6, 60, 70-1, 207-
   39, 245-7, 250, 253-4, 265, 267-8, 326
Herder, Johann, 30-1
hermenêutica como sociologia, 22, 79-
   82, 148-9, 329-30, 344-6
historicidade da compreensão, 17-8,
   21-2, 36-7, 52-4, 55-6, 60, 63, 71,
   82-3, 155-6, 234-6
Horkheimer, Max, 121-2
Hugo, Gustav, 32-3
Huizinga, Johann, 60
Husserl, Edmund, 23-5, 70-1, 155-82,
   183-4, 189, 192-3, 198-9, 201, 204-
   5, 207-8, 209, 212-3, 235-6, 238-9,
   243-7, 253-4, 262-3, 267-8

I
Ichheiser, Gustav, 146-7
imaginação e intuição na compreensão,
   10-1, 41-3, 50-1
interpretação psicológica, 11, 38-9,
   50-1, 115, 122, 134-6, 155-6, 183-4,
   201-2, 204-5

K
Kant, Immanuel, 9-10, 42-3, 65-6, 134-
   5, 192-6, 254-7, 262-3, 336-7
King, Magda, 222-4
Kolakowski, Leszek, 157-8

L
Lamprecht, Karl, 32-3
Lévi-Strauss, Claude, 86-8, 306-11

M
Makkreel, 41-2
Mannheim, Karl, 21-2, 23, 66-7, 78-9,
   102-3, 123-53, 327-8
Marx, Karl, 21-2, 65-93, 95-6, 104,
   139-40, 152-3, 327-8
Mauss, Marcel, 18, 309

Índice remissivo

McDougall, W., 281-2
Meillet, A., 291-2
Mommsen, Wolfgang, 105
Montaigne, 283-5
motivo (intenção, propósito),
  compreensão do, 13-4, 17-8, 31-2,
  46-7, 51, 59, 96-7, 110-1, 126-7,
  171-2, 181, 187, 293-7
mundo e experiência da vida, 25-6, 37-
  45, 48-51, 137-8, 162-5, 171-2, 177-
  82, 190-4, 207-8, 214-5, 220-2, 223-4,
  225-6, 244-7, 253-60, 263-5, 268-9

MN
Natanson, Maurice, 181
Novalis, 10, 37-8, 214-5

O
Ortega y Gasset, 44-5

P
papel
  da tradição na compreensão, 19,
    24-5, 151-2, 226-31, 235-6, 267-8,
    309-11
  dos intelectuais na compreensão,
    102-4, 139-53, 345-6
Parsons, Talcott, 24-5, 26, 47-8, 102-3,
  114-5, 183-205, 330
Platão, 159-61, 169, 174, 178, 214, 279
Popper, *Sir* Karl, 12, 156-8, 241-2, 262-3,
  287-8, 334-5
possibilidade, descoberta da, 231-4

R
racionalidade instrumental, 109-15,
  184-5, 190-1, 195-6, 204-5
relativismo, 19, 25, 59-60, 61-2, 84, 107,
  120-1, 143-4, 155-6, 183-4, 267-70,
  312-3, 330-3
Rickert, Heinrich, 96, 101-2, 118
Ricoeur, Paul, 86-8, 155, 182, 207-8

S
Sahay, Arun, 119-20
Saint-Simon, Claude, 18
Saussure, Ferdinand de, 291
Savigny, Karl von, 32-3
Scheler, Max, 176, 257-8
Schopenhauer, Arthur, 273
Schütz, Alfred, 25-6, 179-81, 193-4,
  241-71, 326
Shelley, Percy B., 10
significado construído analiticamente,
  117-22, 126-9, 189-90, 201-4, 249-53,
  297-301
Sokolowski, Robert, 174-5

T
Tarde, Gabriel, 281-2
Turing, A. M., 296

U
Ussher, Arland, 219

V
Vycinas, Vincent, 222-4

W
Wach, Joachim, 33-8
Wackenroder, W. H., 10
Weber, Max, 21-3, 26, 49-50, 66-7, 78,
  83-4, 95-122, 123-6, 128-30, 138-9,
  150-3, 184-5, 191-2, 194-6, 199,
  201, 280-1, 287, 327-8
Winch, Peter, 292-4, 312-3, 331-2
Winckelmann, Johann, 9
Wittgenstein, Ludwig, 35, 69-70, 250-1,
  274, 297, 301-4, 312-3

X
Xenófanes, 157

z
Znaniecki, Florian, 143-4, 253-4

SOBRE O LIVRO

Formato: 14 x 21 cm
Mancha: 24,5 x 38,7 paicas
Tipologia: Iowan Old Style 10/14
Papel: Off-white 80g/m² (miolo)
Cartão Supremo 250g/m² (capa)
1ª edição Editora Unesp: 2022

EQUIPE DE REALIZAÇÃO

Capa
Negrito Editorial

Edição de texto
Miguel Yoshida (Copidesque)
Maísa Kawata (Revisão)

Editoração eletrônica
Eduardo Seiji Seki (Diagramação)

Assistência editorial
Alberto Bononi
Gabriel Joppert

Impressão e Acabamento

Bartiragráfica

(011) 4393-2911